I0392396

O FUTURO DO DIREITO

Fundamentos para a informatização da atividade judicial.

RODRIGO REIS RIBEIRO BASTOS

Direitos autorais do texto original © 2016

Grupo Editorial Sapere Aude

Todos os direitos reservados

Sumário

Nota inicial e agradecimentos

O texto que se segue é o mesmo que apresentei à banca para a obtenção do título de Doutor em Direito na Pontifícia Universidade Católica de São Paulo em fevereiro de 2016.

Optei por não fazer alterações no texto original. As únicas mudanças foram a alteração do título original, A possível influência dos teoremas da incompletude de Kurt Gödel na formação da norma hipotética fundamental de Hans Kelsen, que me pareceu demasiadamente hermético para um livro dirigido ao público.

Não posso deixar de agradecer, publicamente, aqueles que foram indispensáveis para a elaboração desse trabalho, em especial ao amigo, mestre e mentor Márcio Pugliesi, a meu orientador Tércio Sampaio Ferraz Júnior, ao amigo Willis Santiago, com suas observações sempre desafiadoras, a companheira de toda vida Cristiane e a Maria minha mãe por opção, que me acolheu como um de seus filhos.

Muitas foram as contribuições de professores, colegas de sala, companheiros de trabalho e de todos aqueles que, de uma forma ou de outra, tiveram a paciência de suportar minha falação infinita sobre as contradições do infinito.

Introdução

Os lances desse amor fadado à morte e a obstinação dos pais sempre exaltados que teve fim naquela triste sorte em duas horas vereis representados. Se emprestardes a tudo ouvido atento, supriremos as faltas a contento. (Willian Shakespeare – Romeu e Julieta)

Sempre me perguntei porque escrevemos tanto na academia se ninguém vai ler mesmo. Fazemos provas, artigos, trabalhos de final de curso e, quando temos sorte, esses textos são lidos por uma pessoa – o professor que os exigiu ou seu assistente. A única resposta possível é que escrevemos só para cumprir as exigências da academia. Como professor percebi que sofro com a outra face da mesma moeda; sou obrigado a ler textos que não quero que, na sua grossa maioria, de tão maçantes não merecem ser lidos. Escrever um texto para cumprir uma exigência não é nada motivador e sem motivação o texto certamente ficará ruim e, por isso mesmo, ninguém vai querer lê-lo. É um círculo vicioso! Os textos são mal escritos porque não se destinam a leitura e não são lidos porque são mal escritos. Como tinha pela frente a tarefa hercúlea de escrever minha tese de doutorado e queria sair deste círculo vicioso resolvi dar um "giro copernicano" no problema: os textos não são lidos porque são maçantes. São maçantes e mal escritos porque se destinam apenas a cumprir exigências da academia. O jeito, então, foi tentar fazer um texto diferente que fosse possível ser lido e ainda assim servisse para atender o sistema. Com isso em mente, me vi frente a dois problemas: o conteúdo e a forma.

Um texto para ser interessante tanto para quem escreve quanto para quem lê precisa de um conteúdo relevante. A essa altura você deve estar pensando que isso é uma bobagem já que os textos dos romances mais lidos do mundo ocidental não possuem a menor relevância. Aí que você se engana! Os bons romances são espelhos de nós mesmos, de nossa civilização e são capazes de nos despertar pensamentos e sensações desconhecidos. Mas deixemos isso de lado. Precisava conseguir um tema relevante ligado a filosofia do direito e o mais importante, um tema que fosse relevante para mim e para meus leitores (em uma tese de doutorado sei que tenho pelo menos cinco leitores cativos). Acho que consegui. Deixe contar como foi:

Desde muito jovem, na faculdade de direito, sempre busquei um critério que fosse capaz de separar o erro do acerto, em termos jurídicos. Meu raciocínio era mais ou menos o seguinte: estou estudando direito, logo o direito tem um objeto e um método que é aceito por aqueles que se dedicam a estudá-lo. Se é assim, seguindo o método devo ser capaz de avaliar se uma dada conclusão está ou não de acordo com o método, isto é, seguindo a ciência do direito devo ser capaz de aferir se uma decisão, proposição ou doutrina está certa ou errada. Caso isso não seja possível o método está errado ou não existe ciência do direito. Se o método está errado devemos modifica-lo, se não existe ciência do direito vamos estudar outra coisa que faça algum sentido. O problema do meu raciocínio estava em sua premissa transcendental onde afirmo que o direito tem um objeto e um método.

Descobri que não é nada fácil estabelecer qual o objeto e qual o método da ciência do direito e que sem fixar esses dois pontos toda minha tentativa de descobrir e aplicar um critério para a avaliação das afirmações jurídicas estava fadado ao fracasso. O problema, então era meta-jurídico. Como um crente indeciso que tem a necessidade de acreditar em uma força superior, mas não decidiu qual religião seguir e muda de uma para outra em busca qualquer uma que atenda seus anseios, fui procurar a definição do método e do objeto do direito.

Minha primeira parada, como a de todos os estudantes do meu tempo, foi na dogmática jurídica. Pensei que poderia tirar dos livros de doutrina e da legislação a resposta para minhas questões. Segui esse caminho com afinco e ao final dele, descobri que a dogmática pode ser manipulada de forma bastante eficiente para justificar todo e qualquer ponto de vista. Na verdade, conclui que, com a boa utilização da dogmática, toda e qualquer questão jurídica comporta, pelo menos, duas respostas. Como sei que meu leitor é conhecedor do direito posso me aventurar a um exemplo sem causar-lhe tédio.

Imagine que um cidadão, no dia do casamento, com a igreja cheia, fotógrafos a postos padrinhos no altar e padre de batina, ao ser perguntado pelo sacerdote se aceita casar-se com a noiva responde que não. Frente a tamanha vergonha a noiva cai em prantos, o pai vocifera a mãe desmaia e os convidados ficam frustrados pela ausência da festa que ocorreria depois da cerimônia (cá entre nós, era o que de fato lhes interessava). Passado o susto, a noiva ajuíza uma ação pleiteando uma compensação por danos morais. Será correta a condenação do marido recalcitrante? Ora, como tudo na dogmática jurídica, a resposta é: depende. Mas depende de que? Basicamente da vontade de quem decide. A condenação ou não do marido fujão são perfeitamente justificáveis. Por um lado, podemos dizer que a pergunta feita no ato do casamento pelo padre ou pelo juiz não é meramente retórica, assim ao responder que não quer se casar nosso herói apenas está exercendo regularmente um direito. Como, salvo em raras hipóteses, ninguém pode ser condenado por exercício regular de direito ele deve ser absolvido. Por outro lado, se vejo o quase marido como um vilão posso condená-lo a indenizar justificando minha decisão no fato de que embora ele tenha o direito de não se casar exerceu esse direito de forma abusiva. A mesma mecânica servirá para toda e qualquer questão jurídica. No seio da dogmática, dentro do sistema, é possível justificar qualquer coisa desde o indigitado casamento até a prescrição intercorrente em matéria tributária e, acredite quando digo: não é preciso buscar nada fora da dogmática, nada fora do sistema jurídico para fazer isso.

Como você deve estar imaginando os vários anos de estudo da dogmática não responderam a minha pergunta inicial, já que a dogmática sempre responde: depende.

Minha segunda tentativa foi pela via do que chamo de novo jusnaturalisno, que por essas bandas leva o nome de constitucionalização do direito ou de interpretação pelos princípios.

Com o fim da Segunda Guerra Mundial o mundo ocidental ficou chocado com as práticas de extermínio adotadas pelo Estado Nazista. O choque foi maior ao perceber que essas práticas, em sua grossa maioria, eram legais a luz do direito alemão de então. Como era possível existir um direito que sancionasse tantas atrocidades e mais, como seria possível punir aqueles que as praticaram dentro da estrita legalidade? A solução foi dizer que há um conjunto de valores universais e transcendentes que devem ser obedecidos por todos os ordenamentos jurídicos. Quando uma lei ou um ordenamento como um todo não obedecem a esses valores embora pareçam direito não o são e aqueles que o seguirem podem vir a ser responsabilizados por obedecê-los. Mas que valores são estes? Fácil: a liberdade, a dignidade, o direito a integridade física e mental e por aí vai. O problema é que o conteúdo dessas expressões é demasiadamente fluido e está longe de ser uniforme. Cada povo, cada indivíduo, cada julgador, irá compreender seu conteúdo e aplica-lo de forma peculiar obedecendo única e exclusivamente a suas convicções pessoais. Pense no termo dignidade da pessoa humana e veja na doutrina e na jurisprudência a enorme quantidade de posições opostas que ele justifica. Imagine um problema banal qualquer, dê a ele duas respostas opostas e as justifique usando a expressão "dignidade da pessoa humana". O desafio de tão fácil fica sem graça. Se fossemos fazer uma receita jurídica para soltar todos os presos do Brasil bastaria usar duas colheres de "dignidade humana" e uma pitada do "Pacto de San José" e voilá! Ao contrário, se desejássemos prender cautelarmente todos os suspeitos de crimes sob investigação, bastariam duas xícaras de "garantia da ordem pública", uma colher de "garantia da instrução criminal" e um apitada de "garantia da aplicação da sentença penal", e o bolo fica pronto.

Ao sair da dogmática tradicional para buscar as respostas as minhas inquietações na seara do novo direito natural as coisas ficaram piores. Sob meu ponto de vista, da tentativa da descoberta de um objeto e um método para o direito, o recurso aos princípios como forma última de justificação só deixa as coisas mais difíceis.

Tentei então conversar com alguns amigos, alunos e colegas de sala que exerciam a magistratura e obtive respostas, ainda que não surpreendentes, aterradoras. Um me disse que o termo sentença é derivado de sentimento e que, por isso, o julgamento não precisa de nenhuma justificação. Outro me disse que decidir é uma arte e ele se via como um verdadeiro impressionista, nas palavras dele "um Turner do direito". Outro me disse para eu largar mão disso, porque o "direito é o que o juiz diz que é e ponto".

Confesso que ao final da busca fiquei decepcionado e assustado. Decepcionado porque passei a acreditar que o direito não serve para nada e que as decisões são arbitrárias mesmo, nos restando apenas espernear. Se o exercício do direito se resume a argumentação isso significa que passei os últimos trinta anos da minha vida estudando o assunto errado, devia ter estudado marketing. E assustado porque sem um critério técnico para as decisões devo acreditar que todos os nossos magistrados são grandes artistas ou são, no mínimo, pessoas com extrema sensibilidade. Como, estatisticamente, é impossível que tenhamos dez mil Picassos atuando no Poder Judiciário confiar no seu talento artístico para proferir julgamentos que podem ser decisivos para a vida de todos é, no mínimo, temerário.

Já estava a ponto de desistir e admitir que o direito é uma bobagem, que não vale tanto esforço, quem dirá trinta anos de estudo e dedicação, quando tive uma epifania: mesmo sendo profundamente imperfeito e ainda que não exista um critério seguro para separar a tolice da genialidade, o direito cumpre em nossa sociedade um papel que é insubstituível, o de garantidor da ordem social.

Viver em sociedade significa distribuir entre seus membros deveres e direitos, ou se você preferir, satisfações e frustrações. Se optássemos por abrir mão do direito como poderíamos resolver os conflitos que decorrem da insatisfação dos membros do grupo com esta distribuição? Estressando o argumento um pouco mais: sem o direito como criaríamos regras para a distribuição dos ônus e dos benefícios da vida em sociedade? Não teria jeito! Sem o direito estaremos fadados a desagregação institucional e com a desagregação virá o fim do nosso modo de vida. Sou comodista; feliz com os benefícios da sociedade. Adoro luz elétrica, antibióticos, agua quente e batatas fritas. Embora nossa sociedade seja falha, injusta e imperfeita temos que dar um jeito nela sem destruí-la e uma parte essencial desse jeito passa pelo direito, tanto pela criação das normas gerais e abstratas quanto pela aplicação pela via da criação das normas individuais e concretas. Esta constatação mudou radicalmente meu foco sobre o direito. Entendi, a duras penas, que não existe um critério seguro para a operação e o estudo do direito, mas que, mesmo assim, o direito é imprescindível, com isso passei a me interessar por outro tema: como fazer com que o direito funcione da melhor forma possível evitando a desagregação institucional? E aqui estamos nós - eu escrevendo e você, assim espero, lendo - tentando responder esta pergunta.

O direito, assim como o dinheiro, depende da crença que as pessoas têm nele. O dinheiro era feito de um monte de papeis e metais sem valor e sem utilidade, hoje nem isso, são bytes dentro de um servidor. O dinheiro só vale alguma coisa porque todos nós acreditamos que ele vale, não existe para o dinheiro nenhum valor intrínseco. Por incrível que pareça o mesmo acontece com o direito.

Seguindo um dos heróis dessa nossa jornada vamos admitir que o direito seja um conjunto de normas. Como toda norma, as normas jurídicas são dotadas de sanção. A diferença entre o direito e os outros conjuntos de normas está em duas coisas: A) na aplicação da sanção de forma coercitiva e institucionalizada; B) na percepção objetiva da legitimidade das normas postas, ou melhor, na crença que os destinatários têm de que as normas do direito devem ser obedecidas. A percepção objetiva é essencial na medida em que seria impossível, em sociedades complexas, impor todas as normas pela força. É preciso que os destinatários acreditem na sua obrigatoriedade e as cumpram de forma mais ou menos espontânea. O uso da força institucionalizada dever ser a exceção e não a regra, mesmo assim não pode ser negligenciado, porque, se o for, toda crença, ou percepção objetiva, cai por terra. Aqui entra a atuação do Poder Judiciário.

Em um mundo ideal, uma vez que se tenha tomado conhecimento do descumprimento de uma norma o infrator deveria ser levado frente a um magistrado que, observado o devido processo legal, julgaria o caso e determinaria a aplicação ou não da sanção de forma atenta individualizada e detalhada. Acontece que, infelizmente, não vivemos em um mundo ideal e o tempo que se passa entre a apresentação da infração ao magistrado e o cumprimento efetivo da sentença é a cada dia maior. O problema é que a ineficácia do cumprimento da aplicação das sanções devido à demora das decisões judiciais corrói a crença na obrigatoriedade do cumprimento das normas o que ameaça a sociedade como um todo. Tanto isso é verdade que foi inserido, pela emenda 45, um inciso no artigo 5° da Constituição Federal que garante, como direito básico de todos, a razoável duração do processo.

Para garantir a razoável duração do processo não basta contratar mais juízes e funcionários, nem tão pouco é suficiente a alteração da legislação processual. Nosso país tem hoje duzentos e quatro milhões de habitantes, além disso estamos enfrentando uma judicialização cada vez maior das relações interpessoais. Nunca as pessoas recorreram tanto ao judiciário. A única saída é agregar ao aumento da máquina do Poder Judiciário e a alteração da legislação processual a informatização dos procedimentos.

É preciso deixar claro que informatizar e computadorizar são coisas bem diferentes. Computadorizar significa manter os mesmos procedimentos usando outros meios. Troca-se a máquina de escrever pelo processador de textos e as fichas de andamentos de processos por bancos de dados. Isso já foi feito, está pronto! O próximo passo é a informatização. Informatizar significa automatizar procedimentos com base em sistemas formais hierarquizados. Não sou ingênuo nem louco, sei que a tecnologia digital, binária, da qual dispomos hoje não é capaz de proferir sentenças, mas sei, também, que há muito no processo que pode ser automatizado, até mesmo a atribuição das sentenças.

Você, eu e o Conselho Nacional de Justiça sabemos que a grande maioria das demandas em curso hoje já foram decididas. Posso citar como exemplo as sentenças proferidas pela Justiça Federal onde o nome do modelo aparece discriminado no cabeçalho, ou os julgamentos por lista dos recursos nos tribunais. E isso é compreensível. As demandas são quase todas iguais. A questão passa a ser, então, separar os processos para os quais já existem modelos sentenças. Uma vez separados, descobrir qual modelo de sentença encaixa onde. Além disso, outras questões como competência, prescrição (inicial e intercorrente) podem ser resolvidas de forma mais barata, rápida e eficiente com a informatização.

Não se iludam, a informatização da prestação jurisdicional já está em curso. Um grande passo nesta direção foi a adoção do processo eletrônico. O problema é que isto não está sendo feito de maneira uniforme, cada tribunal, cada vara e cada juiz adotam métodos próprios de informatização. A falta de coesão e de uniformidade decorre na inexistência de uma teoria que seja capaz de fundamentar o processo de informatização dos processos. O que pretendo aqui é oferecer uma opção teórica viável para a criação dos fundamentos jurídicos e filosóficos da informatização na área do direito. Para isso, resolvi traçar uma comparação, ou melhor, resolvi interpretar a teoria normativa de Kelsen à luz dos teoremas da incompletude de Gödel.

A essa altura você deve estar se perguntando: Porque Kelsen e Gödel? O que ele quer provar com a tese (onde quer chegar com isso)? Vou tentar responder de forma esquemática:

1- A informatização de grandes porções da atividade judicial já está em curso e sua expansão é inevitável;

2- O processo de informatização está sendo feito de forma aleatória sem que se leve em consideração nenhum fundamento sólido para tanto;

3- É imprescindível a criação de um fundamento teórico para a informatização do direito sob pena de, no limite, chegarmos a desagregação institucional pela corrosão da crença dos

15

destinatários em um sistema jurídico cujas decisões são totalmente aleatórias e sem fundamento;

4- Para que a informatização seja possível é necessária a prévia formalização dos conteúdos que serão objeto do processo;

5- Somente sistemas consistentes podem ser formalizados;

6- Para serem consistentes os sistemas complexos devem ser incompletos (teorema de Gödel);

7- A formalização só é possível em sistemas com significado semântico reduzido (significação passiva dos signos);

8- O sistema normativo criado por Kelsen pode ser consistente já que é incompleto (a norma fundamental está fora dele);

9- O sistema normativo criado por Kelsen tem um fundamento com significado semântico reduzido (a norma fundamental não dota o sistema de conteúdo, é dinâmica);

10- Por esses motivos o sistema normativo Kelseniano é o melhor candidato a servir de fundamento teórico para a informatização do direito;

11- Ao final desse texto pretendo demonstrar que:

A) É possível fazer uma interpretação da norma fundamental (e com isso de todo sistema normativo) de Kelsen a luz dos teoremas da incompletude de Gödel;

B) Interpretado dessa forma o sistema Kelseniano é capaz de servir de fundamento sólido para a formalização e informatização do direito que se expandirão exponencialmente nos próximos anos.

Tentei criar, ou melhor reunir, o que penso serem os fundamentos necessários para a informatização do direito. A informatização e automação dos procedimentos depende da adoção de modelos de sistemas formais hierarquizados que precisam ser interpretados isomórficamente pelos programas de computadores e, por fim, pela linguagem de máquina (não se assuste com os termos, tudo será explicado nas próximas páginas). No direito quem chegou mais perto da criação de um modelo formal hierarquizado foi Hans Kelsen com sua Teoria Pura do Direito. Além disso, ao que parece, Kelsen tinha clara noção das limitações intrínsecas e insuperáveis dos sistemas formais. Uma fundamentação útil, correta e coerente para a informatização do direito deve levar tais limites em conta. Como os limites dos sistemas formais foram descobertos e demonstrados por Kurt Gödel e tendo os dois vivido na mesma época, na mesma cidade, estudado e lecionado na mesma universidade e tido amigos em comum, é razoável supor que Kelsen tenha sido influenciado pelos teoremas da incompletude de Gödel na construção da norma fundamental.

Bem, aqui está o tema. No início da introdução disse que os textos acadêmicos não são lidos porque são mal escritos e são mal escritos porque seu conteúdo é desinteressante e a forma é entediante. Espero que vocês compartilhem comigo o interesse pelo assunto. A criação de fundamentos para a inevitável informatização do direito é urgente e necessária, e a melhor forma de estabelecer tais fundamentos é partindo da Teoria Pura do Direito com a estrita observância dos limites da formalização expostos pelos Teoremas da Incompletude.

Ao longo do caminho iremos nos deparar com duas personagens distintas e fascinantes, com surpresas e reviravoltas, tudo isso acontecendo na "Cidade dos Sonhos". Dividi o texto em três capítulos. No primeiro tento criar o cenário onde se passa a ação, a cidade de Viena entre 1900 e 1936. No segundo capítulo exponho minhas bases teóricas e meus pressupostos ontológicos e alguns conceitos indispensáveis para a compreensão do texto. No terceiro capítulo exponho, da forma mais detalhada possível, a teoria da norma fundamental, o sistema normativo e os teoremas da incompletude e tento estabelecer a correlação entre eles. Ao final, na conclusão, volto ao tema da informatização. Espero, sinceramente, que você tenha tanto prazer em ler quanto eu tive em escrever esta história fascinante.

Capítulo I – O Cenário

E quem garante que a História
É carroça abandonada
Numa beira de estrada
Ou numa estação inglória
A História é um carro alegre
Cheio de um povo contente
Que atropela indiferente
Todo aquele que a negue
(Pablo Milanés)

Antes de tudo devo alertar ao leitor, de certo acostumado com a verve acadêmica, que o texto que apresento está escrito na primeira pessoa do singular. O alerta é necessário pois o estilo que adoto é substancialmente diferente da maioria das dissertações, teses, artigos e trabalhos de conclusão de curso comumente submetidos às lides universitárias. Os textos acadêmicos, em geral, são escritos no infinitivo, como se não tivessem autor, ou na primeira pessoa do plural, dando a impressão de que foram escritos por mais de uma pessoa, ou pior, por um monarca. Não tenho nada contra o estilo acadêmico, nem poderia, afinal já estou a mais de trinta anos envolvido, ora como professor ora como aluno, com o ensino superior. Escrevo na primeira pessoa do singular por uma questão de coerência. Espero que você me acompanhe até o fim nessa empreitada, se assim o for, terá a oportunidade de, já nas próximas páginas, perceber que o tema central, a hipótese, da tese que apresento é a coerência. Escrever de outra forma seria incorrer em contradições com relação as premissas que explicitamente adotei.

Além disso, devo chamar sua atenção para outro ponto em que meu texto destoa dos textos acadêmicos usuais: as citações. Não creio que qualquer coisa nova e relevante possa vir de argumentos de autoridade. Como professor e coordenador de cursos de pós-graduação *lato sensu* passei, inúmeras vezes, pela experiência desagradável de ter que reprovar estudantes por plágio em seus trabalhos de conclusão de curso. Naquela época, e acho que hoje não é diferente, a comunidade acadêmica considerava plagiados os trabalhos que possuíam partes copiadas literalmente de outros autores sem lhes dar o devido crédito. Paradoxalmente, as melhores notas eram concedidas aos alunos que traziam em seus textos grande quantidade de obras alheias indicando precisamente as fontes. Provavelmente a prática de usar e abusar das citações como meio para dar credibilidade a uma afirmação decorre dos hábitos da carreira jurídica. Para os operadores do direito nada é mais natural do que rechear suas peças processuais com citações doutrinárias e jurisprudenciais buscando demostrar que a interpretação ali exposta é "pacificada" nas cortes superiores. Não creio que uma tese de doutorado possa seguir o mesmo modelo. O conhecimento não é obtido pela democracia, a diferença entre uma afirmação tola e outra, brilhante não depende de quantos votos cada uma tem. Se assim fosse ainda teríamos que adotar o modelo ptolomaico de astronomia e a física aristotélica. Tendo isso em conta, me pareceu clara a opção de fazer apenas as citações bibliográficas estritamente necessárias para dar crédito a quem merece, em outras palavras, as citações apenas aparecem quando a ideia exposta já foi defendida pelo citado em algum texto, vídeo ou aula e não para dar credibilidade, *ad vericundian*, as minhas premissas ou conclusões. Feito esse esclarecimento inicial, passemos ao texto propriamente dito.

Todos os manuais e oficinas destinadas a novos escritores alertam aos novatos que devem criar bons personagens, mas sem se deixar de lado o cenário, o contexto. Os aspirantes a autores devem, sempre, responder as perguntas: Quem? O que? Quando? Onde?

Quem são os envolvidos nesta história é um tanto quanto óbvio: os personagens principais, Hans Kelsen e Kurt Gödel; o narrador que vos fala e; você meu caro leitor, a figura mais enigmática de todas já que só posso imaginá-lo sem ter, como no caso dos personagens principais, nenhuma referência a seu respeito.

O assunto principal (o que?), se você está me acompanhando desde o início e é tão paciente quanto imagino, já sabe que se trata da criação de fundamentos teóricos para informatização do direito tomando por base a teoria normativa, em especial no que toca a norma fundamental de Kelsen interpretada a luz dos teoremas da incompletude de Kurt Gödel.

Quando e onde são as perguntas que tentarei responder neste capítulo. Para isso é indispensável uma breve exposição da biografia de nossos heróis. Seguindo uma ordem estritamente cronológica começarei pelo personagem mais velho: Hans Kelsen.

1- Hans Kelsen

Kelsen nasceu em Praga em 11 de outubro de 1881, e morreu em Berkeley no ano de 1973 aos 92 anos, deixando mais de quatrocentos trabalhos escritos.

Como estudante de direito minha imagem de Kelsen era de uma pessoa tradicional, sem graça que, segundo pensava, tinha sido sobretudo um conservador aborrecido cujo o único desvio seria sofrer de "normose[1]". Mas o que se podia esperar! Meu primeiro contato com a obra de Kelsen foi aos dezessete anos, no início do curso de direito. Para um garoto ainda adolescente e rebelde um cidadão de terno, nascido no século XIX, defensor da legalidade e da hierarquia só podia ser um representante implacável do *status quo* que eu, como todo jovem, desejava mudar[2]. Nos anos seguintes, por várias vezes estudei as teorias e as contradições de Kelsen, acabei por me tornar, em alguma medida um discípulo de suas ideias, mas, paradoxalmente, nunca mais pensei na pessoa de Hans Kelsen. Quando comecei minhas pesquisas para a tese julguei que deveria conhecer um pouco mais a biografia dos homens que tiveram as ideias que são o ponto central do trabalho. Foi surpreendente descobrir um Hans Kelsen para mim era totalmente desconhecido e até mesmo inimaginável. Sua trajetória de vida é fascinante, daria um grande filme de ação hollywoodiano. Kelsen foi tudo, menos defensor do *status quo*, e nunca sofreu de normose, sendo perseguido quase toda vida por isso. Trocou de religião pelo menos três vezes: nasceu judeu, se converteu ao catolicismo em 1905 e em

24

1912 se converteu ao protestantismo luterano. Teve quatro nacionalidades: austríaca, alemã, checa e americana[3]. Suas teorias sobre o direito eram tudo, menos consensuais ou conservadoras. Eram e são até hoje, revolucionárias, modernas, no melhor sentido do termo. Em um mundo dominado por deuses e princípios, considerar o direito um sistema imanente e profano é de uma ousadia quase sem limites.

Embora a vida de Kelsen seja fascinante e sua produção acadêmica para lá de extensa, aqui abordarei só o período que vai do seu nascimento até o ano de 1934, quando é publicada de forma sistemática pela primeira vez a teoria da norma fundamental[4]. Mesmo durante este período não abordarei todos os acontecimentos, mas apenas aqueles que julgo mais relevantes[5], especialmente os anos em que viveu na "Cidade dos Sonhos."

Na época em que Kelsen nasceu, Praga, sua cidade natal, pertencia a parte austríaca do Império Austro-Húngaro. O pai, Adolf Kelsen era judeu de língua germânica (falava alemão). E como ficará claro mais tarde, esses dois fatos embora pareçam irrelevantes serão decisivos para o futuro de Kelsen. Casou- se em Praga com Auguste Löwy, dez anos mais jovem, assim como Adolf, judia de língua germânica, mas nascida em Neuheus na Bohemia, também pertencente a parte austríaca do Império Austro-Húngaro. Embora a língua materna de Auguste fosse o alemão ela era igualmente fluente em Checo. Quando Hans tinha três anos, em 1883, a família se mudou para Viena, onde nasceram seus irmãos: Ernesto, Gertrude e Paul.

Não era uma família rica. Adolf era um pequeno produtor de lâmpadas, primeiro a gás, depois elétricas e castiçais. Mesmo assim fizerem todo o possível para proporcionar ao filho mais velho uma educação de alta qualidade que lhe permitisse ascensão social. Embora os pais fosses judeus, eram abertamente indiferentes as práticas da religião, por isso, matricularam o filho na escola evangélica tida e havida como uma das melhores escolas de Viena à época. A escola era privada e paga. No último ano de sua formação a família não teve como custear os estudos e ele foi transferido para uma escola pública perto de casa, no quarto distrito. Embora a escola evangélica fosse particular e paga, aos melhores alunos era oferecida a possibilidade de estudar sem pagar. Esse benefício nunca foi dado a Hans Kelsen. Ele era um aluno medíocre, talvez porque nunca nenhum de seus professores tenham lhe despertado especial interesse.

A despeito da transferência de escolas e da mediocridade apresentada por Hans ele conseguiu, em 1892, ser aprovado no exame de admissão (mais ou menos como um vestibular) para a melhor escola do Império[6]: o Imperial e Real Akademisches Gymnasium. Os Ginásios Reais e Imperiais funcionavam como uma porta de entrada para melhores condições sociais na medida em que dotavam os jovens estudantes de uma excelente formação.

Só para se ter uma ideia, Ludwig von Mises[7]; Lise Meitner[8] e Erwin Schrödinger com seu famoso gato[9] foram alguns dos os "colegas de escola" de Hans[10].

Após a conclusão de seus estudos Hans entrou na Universidade de Viena no ano de 1900. Em 1905 publicou seu primeiro livro com o tema: A doutrina do Estado em Dante Alighieri. Em 1906 recebeu o título de Doutor em Direito. Em 1911 iniciou sua carreira como professor de teoria do direito e filosofia do direito na Universidade de Viena. Durante a primeira grande guerra Kelsen foi assessor do Ministério da Guerra.

Os anos da Grande Guerra foram intelectualmente produtivos. Entre os anos de 1911 e 1914 se formou o grupo que viria a ser conhecido como a Escola de Viena. Como muitos outros intelectuais de sua época Kelsen formou seu próprio círculo que congregava atividades sociais, culturais e intelectuais. Dentre os membros estavam: Adolf Merkel, Leonidas Pitimac, Alfred Verdross a quem se juntaram, depois da guerra, Walter Henrich, Josef Kunz, Félix Kalfmann, Fritz Schreier, Fritz Sander[11], dentre outros[12].

Depois de 1918 Kelsen assumiu o cargo de professor ordinário de direito do Estado, que ocupou até 1929. Ao mesmo tempo foi responsável por escrever parte da constituição austríaca de 1920 e ocupou a posição de juiz no recém-criado tribunal constitucional até 1929 data em que foi afastado por tomar uma decisão que limitava os poderes da Igreja[13].

Em 1931 aceitou o cargo de professor de direito internacional na universidade de Colônia. Em 1933, com a ascensão dos nazistas ao poder, foi afastado de suas funções e mudou-se com a família para Genebra[14].

Nos anos de 1933 e 1934 Kelsen empreendeu a primeira sistematização de sua epistemologia e teoria geral do direito com a publicação da primeira versão da Teoria Pura do Direito[15]. Em 1960 lançou o que é sua obra mais famosa e estudada até hoje nos meios universitários, a segunda edição da Teoria Pura do Direito que, em suas próprias palavras, "representa uma completa reelaboração dos assuntos versados na primeira edição e uma substancial ampliação das matérias tratadas"[16]. Em 1965 escreveu um artigo para Stanford Law Review, onde respondendo às críticas formuladas pelo Professor Julius Stone esmiúçou cada uma das críticas dirigidas a sua teoria[17]. Após sua morte, em 1979, o Instituto Hans Kelsen publica uma obra póstuma baseada nos manuscritos por ele deixados[18].Pode parecer surpreendente, mas as grandes contradições, arrependimentos e polêmicas que envolvem a obra Kelseniana não fazem nenhuma diferença para o problema que abordo aqui[19]. O tema central deste texto é a criação de um fundamento para a informatização do direito pela a interpretação do sistema normativo e da teoria da norma fundamental de Kelsen com base nos teoremas da incompletude de Gödel. Por esse ângulo desde que a concepção de uma norma fundamental não posta, não positivada, fora do sistema jurídico, seja preservada pouco importa se ela é vista como um pensamento, uma ficção ou um dogma.

Embora Hans Kelsen seja uma personagem fascinante com a vida repleta de incidentes rocambolescos, não é possível, nos limites de tempo impostos pela academia contar em maiores detalhes a sua fantástica história de vida, quem sabe em outra oportunidade?

Vamos, agora, ver o que aconteceu, no mesmo período na vida de nosso outro personagem, Kurt Gödel.

2-Kurt Gödel

Meu contato com Gödel e seus teoremas foi totalmente diferente do que tive com Kelsen. Só vim a tomar conhecimento dos teoremas da incompletude há alguns anos quando no mestrado de filosofia do direito passei a me interessar diretamente pelos problemas e as limitações do conhecimento em si. Este interesse surgiu como consequência mais ou menos natural de meu estudo sobre a fundamentação das decisões judicias.[20]

Desde muito jovem me incomoda a falta de um critério capaz de separar, na prática jurídica, a tolice da sabedoria. Ao longo de quase trinta anos de advocacia vi sentenças e decisões de todos os tipos, algumas, poucas, brilhantes e outras, infelizmente em número muito maior, que de tão disparatadas beiravam a irracionalidade. No entanto, ambos os tipos eram dotados da mesma eficácia e autoridade. Como então separar o joio do trigo? Nesta busca acabei por "tropeçar" nos sistemas formais como paradigma de racionalidade e em suas limitações. Como os sistemas formais perpassam o dia-a-dia da sociedade contemporânea pela informatização cada vez maior de todas as esferas de nossas vidas, a teoria dos sistemas formais, Gödel e seus teoremas imediatamente despertaram meu interesse. O passo seguinte foi imaginar como a informatização do direito está sendo feita e como ela pode vir a acontecer. Ainda que os operadores do direito sejam a classe que mais resiste ao uso da informática, a automação dos processos e procedimentos é inevitável e a negação desse movimento fará com que sejamos atropelados pelo carro da história. A informatização certamente modificará o direito, nos níveis da teoria, da prática do ensino e da aplicação. Frente a esta nova realidade temos duas atitudes possíveis: podemos tomar a liderança da evolução ou nos contentarmos com nossa obsolescência que já está planejada. Para poder capitanear os novos tempos precisamos compreender os sistemas formais, seus limites e descobrir como aplica-los ao direito, por sorte a nossa, boa parte desse trabalho já foi feita por Hans Kelsen o que temos que fazer é comparar os sistemas formais e seus limites, tal como apontados por Gödel, com as teorias de Kelsen; e aqui estamos nós.

São pouquíssimos os dados e as referência biográficas encontradas sobre a vida de Hans Kelsen, embora ele tenha escrito uma autobiografia, a história que ele nos conta se resume a sua trajetória intelectual[21]. Seu biógrafo mais conhecido não foge ao padrão do biografado e concentra seu trabalho também nos aspectos acadêmicos da vida de Kelsen[22]. Totalmente oposto ao que acontece com Kurt Gödel. Seu espólio intelectual é composto por várias anotações pessoais, uma extraordinária quantidade de cartas trocadas especialmente com sua mãe, além inúmeros manuscritos. Kurt Gödel foi biografado algumas vezes[23], mas o principal narrador da sua história foi seu amigo e discípulo Hao Wang[24][25].

Da mesma forma que fiz com Kelsen, terei que limitar a narração desta vasta e bem documentada biografia a um período relativamente curto.

Gödel nasceu em Brüun, na Morávia parte do Império Austro-Húngaro, em 28 de abril de 1906. Filho de pais pertencentes a comunidade de língua alemã, foi batizado igreja luterana. Seu pai, Rudolf Gödel, era sócio e diretor da fábrica de tecidos Friedrich Redlich. Pode-se dizer, que foi um homem que fez a si mesmo. Católico não praticante, de origem humilde veio de Viena para Brüun, ali se estabeleceu, formou sua família e viveu até sua morte prematura em 1929 aos 55 anos. Sua mãe, Marianne, era luterana, tal como Rudolf não praticante, e embora proveniente de uma família humilde, era extremamente culta e ligada as artes, dedicava muito de seu tempo a cantar e tocar piano. Uma das decepções de Marianne era o pouco interesse que seus dois filhos nutriam pela música[26][27].Os filhos eram extremamente apegados à mãe que podia ser descrita como um excelente anfitriã e dona de casa. Já o contato com o pai era bem menos caloroso.

Kurt Gödel teve uma infância tranquila e confortável. Filho caçula de uma família rica matinha, ao que parece, um bom relacionamento com seu irmão mais velho Rudolf. A diferença de idade entre eles era relativamente pequena, apenas quatro anos, o que permitia aos dois meninos compartilhar jogos e brincadeiras. Em resumo: tinha tudo para ser uma criança feliz, mas sua inteligência lhe causava problemas. Já aos cinco anos apresentava leves sintomas de ansiedade e depressão[28].

Aos quatro anos recebeu dos pais e do irmão mais velho o apelido de "Sr. Porque" (Der Herr Warum) já que não parava de fazer perguntas sobre tudo, muitas vezes desconcertantes, (como quando que perguntou a uma visita porque seu nariz era tão grande) em um tempo em que não era comum os filhos perguntarem e muito menos os pais responderem[29]. Parece que Gödel, ao longo de toda vida, nunca deixou de fazer perguntas desconcertantes e de difícil resposta.

Aos seis anos, Kurt entrou na escola protestante (Evangelische Volkschule in Brünn) onde estudou até 1916. Entre 1914 e 1915, segundo relatos de seu irmão Rudolf, ele sofreu uma febre reumática que viria a ser decisiva para o seu quadro futuro de hipocondria, desde então começou a acreditar que sofria de um problema no coração, problema esse que nunca foi detectado em qualquer exame médico. Embora Kurt fosse conhecido como uma criança tímida e gentil já apresentava os sintomas do quadro depressivo que o acompanharia por toda vida.

Em 1916, aos dez anos, Kurt foi estudar no Ginásio Imperial-Real (Staatsrealgymnasium in Brünn mit deutscher Unterrichtsspracheonde). Durante seus anos de escola só teve uma nota abaixo da máxima e, por incrível que possa parecer, foi em matemática. Aos quatorze anos, em 1921, surgiu seu interesse pela matemática, a partir de então causa espanto aos seus colegas e professores o domínio que apresentava sobre conteúdos avançadíssimos da disciplina. Em 1922, aos 16 anos, Gödel teve o primeiro contato com a filosofia de Kant[30].

Em 1914 eclodiu a primeira guerra mundial que não teve grandes impactos sobre a família Gödel. Seu pai já era muito velho para ser convocado (tinha quarenta anos) e os dois meninos muito jovens. Por outro lado, a cidade de Brüun não ficava perto de nenhuma frente de batalha. Ao final da guerra, em 1918, cai o Império Austro-Húngaro e a Checoslováquia se torna um país independente, ainda assim Gödel se considerava austríaco e nunca falou uma palavra de checo. Ele conclui seu período no ginásio no ano de 1924.

34

Ao tentar resumir os primeiros dezoito anos da história de vida de Gödel entendo onde está a origem da depressão e neurose que o acompanharão por toda vida culminando com sua morte por inanição aos setenta anos. Imagine, um garoto filho de família rica que é totalmente devotado aos estudos e que só uma vez na vida teve uma nota menor que dez. Embora isso seja o sonho de todos os pais e mães que conheço, só pode acabar mal. É o exemplo vivo da situação em que cumprir todas as normas não conduz a normalidade, muito pelo contrário.

Em 1924 Gödel ingressou na Universidade de Viena com a intenção de estudar física teórica. Em Viena, Kurt passou a dividir um apartamento com seu irmão Rudolf, mas eles pouco se viam. Naquela época Rudolf estava no final do curso de medicina e passava a maior parte do tempo no hospital. Gödel, por seu turno, se dedicava à Universidade.

Quando Kurt Gödel chega a Viena sua rotina muda totalmente, ao menos em termos práticos. Durante toda sua vida ele se viu como um austríaco exilado em uma pequena cidade industrial da Checoslováquia, ao mudar para Viena as coisas se invertem. Ele passa a se enxergar com um imigrante Checo vivendo em uma grande cidade que poucos anos antes era a capital de um vasto império que dominava toda Europa central. Antes do ingresso na Universidade de Viena seu contato com a cultura Vienense era praticamente nenhum[31].

Agora imagine: um jovem brilhante, com dezessete para dezoito anos, sem problemas financeiros morando sozinho em uma das cidades mais progressistas e fascinantes do mundo durante a primeira metade do século XX. O que ele fazia? Estudava, estudava e estudava.... Mais nada! Primeiro, física teórica, depois matemática e, enfim, lógica.

Como em toda sua vida, Kurt era extremamente dedicado aos estudos. Em princípio seu interesse era voltado para a física teórica em seguida, após participar de um curso sobre a teoria dos números, voltou-se para a matemática.

Cabe aqui um parêntese. A estrutura acadêmica da Universidade de Viena era totalmente diferente daquela com a qual estamos acostumados. Não havia a figura de um orientador nem tão pouco currículo obrigatório. Os alunos eram livres para frequentar as disciplinas que quisessem, onde não havia provas, exames ou controle de frequência. Havia só um exame público ao fim de três ou quatro anos de estudos. Os anos de universidade não precisavam ser cursados na mesma instituição. Para comprovar sua "carreira universitária" os alunos possuíam uma espécie de passaporte onde ficavam anotados os cursos que haviam frequentado. Os alunos escolhiam as universidades e os cursos de acordo com sua área de interesse e a fama dos professores. Ao longo de sua vida como estudante o curso que mais o impressionou foi o de teoria dos números dado pelo professor Frtwängler, ao que parece Gödel não foi o único, o curso chegou a ter quatrocentos alunos e, para atender a todos, foi organizado um sistema de distribuição de "passes" para as cadeiras que eram usadas pelos estudantes em dias alternados (uns ficavam sentados e outros em pé, em dias alternados).

O passaporte de Gödel se perdeu, no entanto, por outros registros e pelos depoimentos do próprio Gödel alguns cursos e professores foram marcantes, além do curso de teoria dos números, entre eles: História da Filosofia Europeia com o Professor Heinrich Comprez; Teoria Cinética dado pelo Professor Kotteler; Seminário sobre a Introdução a Filosofia Matemática de Bertend Russell, ministrado por Moritz Schilick. Embora não existam registros que comprovem a participação de Gödel em nenhum curso ministrado por Hans Hahn a influência dele no pensamento e na obra de Gödel é perceptível.[32] Existem ainda referências a Carnap.

Entre os anos de 1924 e 1928 Gödel foi frequentador assíduo das reuniões semanais do Círculo de Viena, mesmo não concordando com muitas das ideias ali defendidas. Em um tópico posterior, ainda neste capítulo, vou tratar do

Círculo em mais detalhes visto que ele é um dos prováveis elos de ligação entre Gödel e Kelsen.

Também em 1928 Gödel conheceu aquela que será sua futura esposa, Adele, que na época trabalhava em um café de Viena, com quem se casará em 1938 a despeito da oposição de seu irmão e de sua mãe, casamento que irá durar até o final de sua vida.

Em 1929 Gödel apresenta sua tese de doutorado sobre a completude a lógica de primeira ordem. Em 1931 publica seu trabalho mais conhecido, um artigo de dez páginas intitulado "Sobre as proposições indecidíveis nos Principia Mathematica e Sistemas Correlatos". Como o objeto e objetivo deste capítulo é oferecer a você o pano de fundo pessoal e histórico onde Hans Kelsen e Kurt Gödel desenvolvem suas teorias não falarei neste momento sobre as teorias propriamente ditas. O terceiro capítulo será dedicado a isso, onde estes dois trabalhos, seu conteúdo e significação serão explicados.

Ao longo de toda sua vida Kurt Gödel foi internado várias vezes com sintomas de depressão e paranoia.

Em 1940 Gödel se muda para os Estados Unidos onde se naturaliza americano e vive até sua morte, aos setenta anos, em 1976.

Contei, brevemente, a história de Kurt Gödel e Hans Kelsen, com ênfase nos anos que antecederam as primeiras sistematizações das teorias que estou tentando comparar e entre as quais procuro pela eventual correlação. Fiz isso para que fosse possível fixar o cenário de nossa história.

O que os dois têm em comum? Bem, ambos nasceram no período que antecedeu a queda do Império Austro-Húngaro, na região da Checoslováquia (com vinte e cinco anos de diferença); pertenciam a famílias de origem germânica; estudaram primeiro em escolas protestantes, depois no Imperial-Real Ginásio (em cidades diferentes); foram alunos e posteriormente professores da Universidade de Viena; mantiveram contato com o Círculo de Viena mesmo discordando de várias de suas posições; acabaram por ter que fugir da Áustria para os Estados Unidos e se naturalizaram americanos (Kelsen teve quatro cidadanias: Austríaca, alemã, checa e americana. Gödel teve três: Checa; austríaca e americana); publicaram a sistematização de suas ideias pela primeira vez na década de 30 do Século XX (Gödel em 1931 e Kelsen em 1934) e; morreram nos Estados Unidos na década de 70 com três anos de diferença (Kelsen em 1973 e Gödel em 1976).

3-Viena

Alguém mais esperto do que eu já disse que do nada nada se cria[33]. Os teoremas da incompletude e a norma hipotética fundamental não surgiram do nada, da noite para o dia como em um passe de mágica. Existe toda uma reflexão e preparação que os antecede. Reflexão e preparação que são condicionadas pelo ambiente histórico, político, econômico e intelectual em que são gestadas. No caso de Hans e Kurt parece claro que o ambiente que permite e cria as condições necessárias para o florescimento de suas ideias é a Cidade de Viena entre os anos de 1900 e 1930, mais conhecida como a Cidade dos Sonhos. Este será o nosso cenário.

Robert Musil faz uma descrição convincente da Viena de 1913 em seu romance O Homem sem qualidades. Como eu jamais conseguiria fazer melhor vale citação que é longa mas compensa.

Automóveis emergiam disparando das ruas estreitas e fundas para a rasa claridade das praças. A mancha escura de transeuntes formava fios nevoentos. Onde riscos de velocidade maior cruzavam aquele ritmo negligente, os fios se adensavam, corriam mais depressa, retornando depois de algumas pulsações ao ritmo regular. Centenas de sons enroscavam-se, produzindo um rumor metálico do qual brotavam pontas isoladas, correndo ao longo de suas beiradas cortantes e recolhendo-se outra vez; saltavam dele lascas de tons claros, que logo sumiam esvoaçantes. Nesse rumor, sem poder defini-lo, alguém que tivesse estado ausente vários anos teria, de olhos fechados, reconhecido a capital do Império, Viena, a Residência. As cidades se reconhecem pelo andar, como as pessoas. Abrindo os olhos, o recém-chegado deduziria o mesmo da vibração do movimento nas ruas, muito antes do que de qualquer detalhe típico. Ainda que fosse só imaginação, não importa. A supervalorização da pergunta: onde estou? Vem do tempo dos nômades, em que era preciso registrar os locais de pastagem. Seria importante saber por quê, ao falarmos num nariz vermelho, nos contentamos que seja vermelho, sem nos importarmos com o tom especial de vermelho, embora este possa ser descrito com exatidão em micro milímetros, pela frequência das ondas. Mas numa coisa tão mais complexa como a cidade em que nos encontramos, sempre gostaríamos de saber exatamente que cidade é. Isso nos distrai de pontos mais importantes. Portanto, não se dê valor maior ao nome da cidade. Como todas as cidades grandes, era feita de irregularidade, mudança, avanço, passo desigual, choque de coisas e acontecimentos, e, no meio disso tudo, pontos de silêncio, sem fundo; era feita de caminhos e descaminhos, de um grande pulsar rítmico e do eterno desencontro e dissonância de todos os ritmos, como uma bolha fervente pousada num recipiente feito da substância duradoura das casas, leis, ordens e tradições históricas[34]

A cidade de Viena da virada do século XIX para o século XX até a ocupação nazista em 1938, como descrita por Musil, é uma metrópole cosmopolita em plena efervescência cultural. É onde vivem alguns dos personagens mais interessantes de todas as áreas da vida humana, cujas ações influenciam até hoje os rumos da cultura e da civilização tal como conhecemos. Dentre leses estão: Karl Kalus, Adolf Hitler, Leon Trotsky, Joseph Tito, Sigmund Freud, Joseph Stalin, Gustav Klimt, Moritz Schilick, Rudolf Carnap, Ludwig Wittigenstein, Gustav Mahler, Arnold Schönberg, Otto Wagner, Adolf Loos[35].

Como capital do Império Austro-Húngaro, Viena era um caldeirão cultural. O Império era composto por quinze nacionalidades, com cinquenta milhões de habitantes e doze línguas diferentes. Viena, com seus dois milhões de habitantes era o destino natural das elites e dos maiores talentos surgidos no império. Além disso, o poder central dos Habsburgo não era tão forte nem severo, tornando Viena o lugar perfeito para quem queria se esconder do resto do mundo[36].

O relato feito por Kandel de um encontro entre Klimt e Rodin ocorrido em Viena no ano de 1912 traduz o espírito da intelectualidade vienense na virada do Século XIX par o Século XX." Quando Auguste Rodin visitou Viena em junho de 1902, Berta Zuckerkandl convidou o grande escultor francês e Gustav Klimt, o pintor austríaco mais reconhecido da época, para um *Jause,* um típico evento da tarde vienense onde eram servidos bolos e cafés. Berta era crítica de arte e uma excelente "guia" dos melhores salões da cidade, relembrando o encontro entre os dois artistas ela faz o seguinte relato em sua autobiografia:

Klimt e Rodin estavam sentados ao lado de duas belas e jovens mulheres – Rodin olhava encantado enquanto isso .... Alfred Grünfeld [que fora pianista na corte do Imperador Guilherme I da Alemanha e agora vive em Viena] sentou ao piano que ficava num estúdio enorme onde havia uma porta dupla completamente aberta. Klimt pediu a ele: "Por favor, toque algo de Schubert". Gründfeld, então, com um cigarro no canto da boca, tocou lindamente notas que pareciam flutuar no ar junto com a fumaça do cigarro. Rodin se aproximou de Klimt e disse: Eu nunca experimentei uma tal atmosfera – seu trágico e magnífico Beethoven; sua inesquecível exibição; e agora esse jardim, essas mulheres, essa música ... e toda essa alegria que nos cerca, como uma felicidade infantil ... Qual a razão disso tudo? E Klimt concorda com um aceno e responde com uma só palavra: "Áustria[37]".

A descrição do diálogo mantido entre Klimt e Rodin retrata Viena como o epicentro do movimento modernista europeu. É neste contexto cultural que são criadas as personalidades, as inquietações e as teorias de Gödel e Kelsen. Mas nem tudo eram flores! Os aspectos mais sombrios daquela realidade também são importantes para a compreensão do contexto.

Para uma visão mais ampla do período é preciso ter uma noção, ainda que superficial, da formação e das características peculiares do Império Habsburgo, características estas que permitiram o desenvolvimento do que hoje chamamos de modernidade.

O Império Habsburgo foi uma das dinastias mais fascinantes da Europa. Seu início data do século XIII e sua queda final acontece só depois da primeira guerra mundial, são setecentos anos! O auge do Império é no Século XVI quando Carlos V é eleito Imperador do Sacro Império Romano Germânico. No período de seu reinado toda Europa, com exceção da França, Inglaterra e Rússia, ficou sob domínio Habsburgo.

O que a dinastia tem de absolutamente fascinante é sua ausência de pretensões de se constituir em um pais ou nação. Cada um dos povos que vive no império fala seu próprio idioma, tem sua cultura e governo. Só no século XVIII, no reinado de Maria Thereza, é que começa a se constituir um poder central e a se desenvolver a burocracia imperial. Apenas no Século XIX o alemão passa a ser o idioma oficial do governo. Só em 1804, com as guerras Napoleônicas e o fim do Sagrado Império Romano Germânico, as terras hereditárias dos Habsburgo passam a ter um nome oficial. É criado o Império da Áustria.

Após 1848, como resposta a onda de revoltas que varre a Europa, o Império começa a se reformular. Acaba o monopólio da igreja católica sobre a educação e são criadas as escolas protestantes e os Ginásios Reais e Imperiais (onde estudarão, no século seguinte Kelsen e Gödel), aos judeus é

45

dada a liberdade de culto e o acesso a cargos públicos, é instaurado o sufrágio universal masculino, é feita uma grande reforma urbana na cidade de Viena com a demolição da antiga muralha e criação em seu lugar da Ringstrass e a construção dos principais prédios públicos e cartões postais vistos em Viena até os dias atuais[38].

Em 1867, devido a pressões nacionalistas, é firmado um compromisso em que a Hungria passa a ter maior autonomia administrativa. Com isso, o Império Austríaco se converte em Império Austro-Húngaro, que dá origem ao termo "monarquia dual".

As reformas que ocorrem após 1848 fazem de Viena uma cidade moderna, dotada de uma infraestrutura invejável, até mesmo para os padrões atuais se comparada a certas cidades do interior do Brasil. Há iluminação pública, primeiro a gás e depois elétrica; as ruas são calçadas; há serviço de esgoto e água encanada; são criados transportes públicos com a instalação de trens urbanos[39]; o Império cria, até mesmo, uma modesta rede de proteção social e ajuda aos necessitados[40].

Neste ambiente floresce a vida noturna, os cafés, cabarés e os salões vienenses, onde se encontram os artistas e intelectuais de toda uma geração (Gödel conheceu sua esposa no cabaré "A Mariposa" - *Der Nachtfalter* – onde era dançarina[41]).

Os cafés vienenses são um capítulo à parte. Junto com a Universidade eles eram o centro da vida artística e intelectual de então. Um dos maiores e mais famosos da época, o Café Central, que tinha como frequentadores Freud; Trotsky, Adler, Hitler, dentre outros, existe até hoje, mais como ponto turístico ao estilo dos parques temáticos do que como café propriamente dito. Imagine quantos problemas teriam sido evitados se Hitler e Stalin tivessem consultado Dr. Freud!

A efervescência dos cafés vienenses mostra outra face, menos romântica da "cidade dos sonhos": o grave déficit habitacional. Como toda cidade grande, até os dias atuais, a Viena do início do Século XX, embora contasse com uma vasta e moderna infraestrutura padecia dos problemas urbanos decorrentes de seu sucesso. Sendo a capital do Império e centro cultural da Europa a cidade viu sua população mais do que dobrar em menos de cinquenta anos e com isso a qualidade e a quantidade das moradias se deteriorou. Para não ficarem confinados em moradias apertadas e de baixa qualidade, as opções para os vienenses eram o trabalho ou os espaços públicos. Disso decorre um grande fluxo de gente para os cafés, cabarés, teatros, parques, escolas e universidades. Este movimento possibilita, ou melhor, obriga, o convívio e a interação entre as pessoas. Vale lembrar que, no início do Século XX o telefone mal tinha sido inventado, não existam rádios, televisores muito menos internet, os livros eram, para a maior parte da população, caros. Imagine ficar trancado em um espaço pequeno, mal ventilado, sem nada para fazer, a tendência natural é buscar o convívio e o espaço público[42]. Nessas condições, são organizados vários grupos que têm como objetivo a produção artística, intelectual e o convívio social, dentre eles alguns foram não só famosos, mas decisivos para a construção da identidade ocidental dos anos seguintes, com reflexos até os dias atuais. A Secessão, o Círculo de Viena e a Escola de Viena foram alguns dos principais grupos formados naquela época e seus legados, tanto em obras quanto nos manifestos produzidos, deixaram para a posteridade testemunhos em primeira mão de como era a vida em Viena e são de grande ajuda para a compreensão do espírito daquele tempo.

4- Modernismo Vienense

O elo de ligação que há entre todas as manifestações, culturais, intelectuais, artísticas e acadêmicas é o movimento modernista, como adesão, reação, ou de maneira inconsciente, tudo era influenciado pelo modernismo. Mas o que é isso? O que é modernismo?

Definições são coisas difíceis, traiçoeiras, mas necessárias. Sempre que precisamos definir um termo nos deparamos o problema da limitação da riqueza e pluralidade dos significados das palavras. Uma palavra qualquer pode ser empregada e compreendida de muitas formas distintas e igualmente legítimas, na medida em que estabeleço qual delas deve ser usada em meu texto estou limitando não só minha expressão como também a sua liberdade. É fato que a liberdade de interpretação jamais será totalmente contida com as definições, por mim ou por qualquer escritor, já que as definições são dadas também em palavras que, por sua vez, admitem várias interpretações e assim por diante. A tentativa de conter esse processo só conduziria a regressão infinita. No entanto, mesmo com este inconveniente os termos sabidamente ambíguos precisam ser aclarados na tentativa de evitar mal-entendidos e preservar, minimamente, a coerência.

Modernismo, modernidade, moderno, movimento modernista são termos sabidamente ambíguos que são empregados em tantos sentidos diferentes (por vezes, contraditórios) que preciso ao menos tentar oferecer uma definição, sob pena de ser demasiadamente moderno.

Minha geração cresceu ouvindo cotidianamente, os termos moderno e modernidade, por vezes com conotações positivas, voltadas para um futuro brilhante que acabava de ser inaugurado. Na mídia as propagandas de carros, roupas, cigarros e eletrodomésticos sempre exaltavam a modernidade dos produtos. A arquitetura, moderna, também era objeto de consumo. O próprio consumo era tido como moderno. O moderno, neste sentido, era o oposto de "careta", antigo, obsoleto. Em outras vezes a conotação já não era tão lisonjeira. Toda arte medíocre era logo taxada de moderna, os pais e professores repreendiam o comportamento dos filhos dizendo que eles eram "moderninhos". Ao que parece, havia sempre um conflito, entre o moderno e o "careta" quando o moderno era valorizado e um conflito entre a tradição e os "moderninhos" quando o discurso valorizava a tradição.

As coisas e as palavras sempre existem aos pares. Quando criamos uma palavra, na verdade, estamos nomeando uma classe, um conjunto ou agrupamento de elementos que possuem determinadas características em comum. Por oposição, excluímos, no mesmo ato de criação, os elementos que não pertencem a classe criada por não ostentar as características essenciais de pertencimento. Por isso, cada classe, necessariamente, cria seu oposto, sua antítese. O tudo só existe se existir o nada, o ser depende do não ser, o bem precisa do mal, a criação da destruição; o cheio do vazio[43]. Mas os exemplos não precisam ser tão radicais, em tudo é possível encontrar um par: caneta/lápis; analógico/digital; claro/escuro, e assim por diante.

O diálogo entre Dr. Fausto e Mefistófeles, criado por Goethe no poema que é visto como o maior paradigma da modernidade, é exemplar:

> Falo verdade chã. Retro bazófias! Cada homem (microcosmo de loucuras) imagina-se um todo; e eu sou, confesso, parte da parte que era tudo in ovo; parte da treva, mãe da luz, sim dessa vaidosa luz, que à sua mãe pleiteia foros de universal; por mais que o tente não lhos há de usurpar; quem lhe deu posses para mais que abraçar as superfícies? Penetra num só corpo? (e inumeráveis são eles) só os tinge e aformosenta; e o mais pequeno em seu correr a embarga. Deixá-la; tenho fé que cedo acabe; se perece a matéria, está perdida.[44]

Aqui interessa o par modernidade e tradição. No próximo capítulo, onde abordarei a diferença entre ontologia, deontologia e epistemologia, ficará evidente que não tomamos decisões o tempo todo e que muitos dilemas que nos envolvem no dia-a-dia já foram solucionados pelo grupo em que estamos inseridos e que, tais soluções, compõe o acervo da tradição que é passado de geração a geração e ainda, que a modificação deste acervo tradicional jamais

51

poderá ser total já que a tradição é recursiva, para poder modificá-la é preciso em alguma medida segui-la, usar seus instrumentos. Por hora basta dizer que a modernidade é a tentativa da ruptura possível com a tradição.

Durante a maior parte da história do ocidente os grupos sociais adotaram uma tradição rígida, hierarquizada fundada no sagrado e no absoluto. Em algum momento começou a acontecer a transição de uma ontologia predominantemente sagrada e transcendente para outra, profana e imanente[45]. Na medida em que esse movimento toma impulso a tradição é posta em cheque seja por que sua utilidade se esvai seja porque os métodos que acompanham o movimento de secularização do mundo são com ela inconciliáveis. Com o avanço da nova ontologia o desafio à tradição passa a ter um valor e um nome: "modernidade". Moderno passa a ser o que desafia a tradição e, em última análise, a destrói. No Século XIX o desafio a tradição toma um impulso vertiginoso. As revoluções políticas que ocorrem nos Séculos XVIII e XIX, que põe fim a velha ordem aristocrática e as revoluções industriais do mesmo período não podem ser entendidas fora do contexto da modernidade. Somente com a o desafio e a ruptura da tradição elas são possíveis. Karl Marx percebe, de forma ímpar, o que é a modernidade e nos conta no Manifesto do Partido Comunista escrito em meio à onda de revoltas que assolam a Europa no ano de 1848. A seguinte passagem do manifesto, citada por Marshall Berman, expressa como nenhum outro texto o espírito da modernidade:

> O constante revolucionar da produção, a ininterrupta perturbação de todas as relações sociais, a interminável incerteza e agitação distinguem a época burguesa de todas as épocas anteriores. Todas as relações fixas, imobilizadas, com sua aura de ideias e opiniões veneráveis, são descartadas; todas as novas relações, recém-formadas, se tornam obsoletas antes que se ossifiquem. Tudo o que é sólido desmancha no ar, tudo o que é sagrado é profanado, e os homens são finalmente forçados a enfrentar com sentidos mais sóbrios suas reais condições de vida e sua relação com outros homens.[46]

A modernidade é o movimento que tenta destruir a tradição para, em seu lugar, construir outra, que está fadada a ser destruída e novamente substituída. Ao contrário das estruturas calcadas no sagrado e na tradição a modernidade não se pretende perene nem estável, a crise e o caos constituem seu ambiente. A modernidade se espalha por todos os setores da vida, nas artes, na ciência, na academia, na filosofia e na moralidade. É claro que esse processo não é indolor. A tradição reage e tenta se manter com unhas e dentes. O processo de modernização acaba por ser uma volta (looping) recursiva. A modernidade destrói a tradição, cria uma nova para substitui-la que, em seguida será destruída, outra tradição será criada e novamente destruída. Para modernidade o que importa é o processo, o caminho e não a conclusão. O conceito de término ou conclusão é tradicional e incompatível com os tempos modernos.

A secularização e a modernidade trazem para o mundo ocidental uma liberdade e uma responsabilidade que são sufocantes. Como não podemos mais nos fiar na tradição dependemos apenas de nós mesmos para criar e seguir todos os padrões que guiarão nossas vidas, mesmo quando nos socorremos do acervo tradicional para a tomada de decisões temos de fazê-lo com a consciência de que adotar ou não os padrões tradicionais é uma escolha nossa e não uma necessidade inexorável. O desconforto com a responsabilidade experimentada pelo exercício de escolhas não mais calcadas na tradição conduz as pessoas, muitas vezes, a uma reação feroz contra a mudança e a valorização, irreal e idílica, das pequenas comunidades tradicionais[47].

Como disse Mefistófeles ao Dr. Fausto "do nada nada se cria" nenhuma teoria pensamento nem mesmo uma individualidade está livre de seu tempo, de seu contexto, e é neste ambiente que são gestadas as teorias de Gödel e Kelsen.

Viena, entre as últimas décadas do Século XIX e a primeira metade do Século XX, mais precisamente até 1938 quando há a ocupação nazista, é chamada de "Cidade dos Sonhos" por ser o centro de expansão da modernidade europeia; é o ambiente perfeito para a proliferação de todo tipo de movimento e de ideias tão contraditórias quanto o nazismo e o comunismo, o antissemitismo e o sionismo[48].

Neste ambiente surgem vários movimentos intelectuais de grande importância, que produzirão reflexos sobre a cultura e o pensamento ocidentais até os dias atuais, dentre eles está o Círculo de Viena que, nesse texto, tem especial importância já que tanto Gödel quanto Kelsen mantiveram relações com o círculo e com seus membros[49]. Vale a pena dar uma olhada de perto.

5 - Círculo de Viena

Responder à pergunta:[50] "o que é o círculo de Viena?" Não é uma tarefa fácil, trivial ou retórica. O Círculo não era formalmente organizado, não tinha estatutos nem diretoria. Seus membros pensavam e publicavam seus trabalhos de forma independente, mas com alguma coisa em comum. Qual era o traço comum que os ligava, a despeito das profundas divergências teóricas, é a questão que atormenta todos aqueles que tem a imprudência de tentar entender o fenômeno que foi o Círculo de Viena.

As reuniões do grupo que viria a dar origem ao Círculo de Viena tiveram início em 1907[51]. Eram encontros realizados, a princípio, entre três personagens: Hans Hahn, Otto Neurath e Philipp Frank. Posteriormente Richard Von Mises[52] se juntou a eles. Era um grupo curioso, formado por filósofos de vários matizes: místicos, católicos, românticos e racionalistas. Os encontros aconteciam as quintas feiras na Universidade de Viena, na Boltzmanngasse número 5 ou no Café Josephinum. Eles se reuniam para discutir a aplicação do positivismo preconizado por Mach e Boltzmann em conjunto com o convencionalismo francês de Poincaré, ao pensamento científico e sua grande ambição era remover da ciência e do conhecimento toda e qualquer metafísica. Assim como Nietzsche, seus alvos preferidos eram a tradição essencialista (Platônicos e Pitagóricos) e os idealistas (Kant e os Neokantianos)[53]. Philipp Frank descreve, em primeira mão, como eram as reuniões:

Após 1910 houve um movimento em Viena baseado na filosofia positivista de Mach. Tendo em vista que a ciência tem grande importância para a vida intelectual geral [..] Foi uma tentativa feita por um grupo de jovens para reter os pontos mais essenciais de positivismo de Mach, especialmente sua posição contra o uso indevido da metafísica na ciência. [...] Para este grupo a que pertencia o matemático H. Hahn, o economista político Otto Neurath, e o autor deste livro [ou seja, Frank], que, então, era professor de Física Teórica, em Viena. [...] Nós tentamos complementar ideias de Mach com a filosofia francesa da ciência de Henri Poincaré e Pierre Duhem, e os conectando com a investigação lógica de autores como Couturat Schröder, Hilbert, etc. (Citado de Uebel, 2003, p.70)[54]

Com o início da primeira guerra mundial o grupo se dispersa e as reuniões são interrompidas e somente voltaram a acontecer após 1918.

Com o final da primeira guerra, Hans Hahn retorna a Viena como professor titular de matemática da universidade e retoma as atividades filosóficas do grupo. Mais ou menos na mesma época Moritz Schlick assume a cadeira de Filosofia Natural que havia sido criada por Ernest Mach, grande inspirador do positivismo e da antimetafísica tão caras ao Círculo. Na abertura de seu primeiro curso, no inverno de 1922/1923, Schlick já demonstra admiração inequívoca por Mach[55]. Em 1928 é fundada a Ernst Mach Society, para qual Schlick é escolhido como presidente.

57

No final de 1924 Friedrich Waismann e Herbert Feigl, alunos de Schlick sugerem a formação de um grupo que se reuniria fora dos horários de aula para discutir a aplicação do novo positivismo às ciências. A esse grupo se juntaram Rudolf Carnap, Bela Juhos, Heinrich Neider, Josef Schächter, Edgar Zilsel, Robert Neumann. Karl Menger, Kurt Gödel, Gustav Bergmann, Heinrich Löwy, Theodor Radakovic, Felix Kaufmann, Egon Brunswik, Rose Rand, Marcel Natkin, Walter Hollitscher, dentre outros.

Em 1929 o Círculo de Viena se formaliza, de certa maneira, com a divulgação de seu manifesto, que é assinado por Hans Hahn em nome da Ernst Mach Society, Otto Neurath e Rudolf Carnap, intitulado: "A concepção científica do Mundo"[56]. Dois anos depois, em 1931, Albert Blumberg e Hebert Feigl, publicam outro texto que tem por objetivo sintetizar as posições do Círculo, sob o título: "Positivismo Lógico"[57].

Ambos os documentos deixam claro o caráter moderno do Círculo. O que eles pretendem é, como toda modernidade em que o Círculo está inserido, romper com a tradição, especificamente com os fundamentos metafísicos do conhecimento.

O Círculo considera toda e qualquer metafísica, não um erro, mas composta de expressões totalmente destituídas de sentido[58] e que devem ser eliminadas do contexto da ciência e do conhecimento. Por metafísica eles entendem qualquer afirmação que não esteja baseada na experiência empírica ou que não seja proveniente de conclusões obtidas por via de métodos lógicos: axiomático dedutivo (ainda que hipotético) ou experimental indutivo. Desta linha de tiro não escapa quase nada.

É preciso ter em mente que durante toda história do ocidente o conhecimento, e por consequência a ciência, sempre esteve atrelado a pressupostos metafísicos que, por definição, não são verificáveis nem por confirmação nem por infirmação. Em certos momentos foram adotados pressupostos ligados a alguma divindade em outros, concepções de mundo que pressupunham algum tipo de transcendência[59]; um ser-em-si; uma essência ou outro pressuposto inefável que deve ser compreendido, mas que não pode ser dito. Só como exemplos podemos citar: as ideias platônicas; as intuições pitagóricas; e as proposições sintéticas a priori de Kant. Essas últimas foram objeto específico de fortes críticas por parte do Círculo[60].

Mas, apesar destes pontos em comum, o Círculo de Viena nunca foi homogêneo, durante toda sua existência conviveu com concepções de mundo, que mesmo repudiando a metafísica, eram muito distintas. O problema do Círculo é

59

o mesmo que assola a modernidade até os nossos dias: "Matar o elefante é fácil. Difícil é remover o cadáver", em outras palavras, uma vez destruída a tradição metafísica o que entrará em seu lugar? Era aqui que se manifestavam as divergências internas. Alguns imaginavam que todo conhecimento deveria ser produzido mediante o método axiomático dedutivo, outros acreditavam que o método deveria ser o empírico indutivo. Em outra frente, uns imaginavam criar uma linguagem formal pura e isenta de semântica, outros acreditavam que a linguagem natural era o método mais adequado[61].

Como contemporâneos e conterrâneos do Círculo, Kelsen e Gödel não podiam ignorá-lo.

Gödel foi membro efetivo frequentando as reuniões durante vários anos. Mesmo com essa proximidade sua posição era crítica com relação aos fundamentos antimetafísicos do Círculo. Ele adotava um ponto de partida Platônico/Pitagórico acreditando que a razão de ser do conhecimento é a descoberta e não a criação, por isso, para Gödel existia uma verdade intuitiva, inefável que não podia ser capturada por qualquer sistema lógico ou linguístico, para provar seu ponto de vista Gödel criou (ou descobriu) os teoremas da incompletude onde demonstra que nenhum sistema pode ser, ao mesmo tempo, completo e consistente.

Uma vez feita essa demonstração, segundo Gödel, fica provado que há verdades intuitivas que não são deriváveis de sistemas axiomáticos dedutivos ou empíricos indutivos, como pretendia o Círculo de Viena.

A primeira vez que pensei sobre Kelsen e suas relações com o Círculo, em especial com o positivismo lógico, tive a impressão de que entre eles deveria existir um laço estreito, afinal de contas aprendi durante toda minha vida que Kelsen era o paradigma maior do positivismo jurídico. Mesmo no curso de mestrado e de doutorado sempre ouvi as maiores críticas sobre as teorias Kelsenianas formuladas pelos cultores dos princípios (os novos jusnaturalistas). Foi surpreendente descobrir que Kelsen não era assim tão positivista, ao menos não no sentido do positivismo clássico ou do positivismo empírico defendido pelo Círculo de Viena.

Para o positivismo clássico o direito é um dado de fato que deve ser apreendido pela observação. Nesta toada direito e a força têm muito pouca diferença, direito é aquilo que quem tem força para impor diz que é. Em oposição, os defensores do direito natural afirmam que a existência de força para a imposição das regras não é o único elemento; deve existir um elo de ligação entre as imposições feitas pela força e uma certa moralidade. Para eles o direito injusto não é direito, em termos atuais tudo o que desrespeita os direitos humanos e os princípios não deve ser considerado como direito ainda que imposto pela força de forma institucionalizada[62].

Não importando qual o fundamento ontológico de cada um a distinção entre o positivismo clássico e os vários ramos do direito natural está na possibilidade, ou legitimidade, da separação ou não de quatro elementos, divididos em dois pares: direito e moralidade; direito e fato.

Para os positivistas clássicos não há separação entre direito e o fato da imposição de condutas de forma institucional pela força, o direito e a moral estão em campos separados e, ainda que não necessariamente, constantemente opostos. Um exemplo radical do positivismo assim descrito pode ser encontrado na escola da exegese que esteve na moda desde a publicação do Código Napoleônico até a segunda metade do Século XX. Sei disso porque não tenho a menor dúvida de que alguns de meus professores de graduação nos anos de 1980, eram expoentes da escola exegética[63].

Já para os jusnaturalistas direito e fato são perfeitamente separáveis, mas direito e moral não. Assim, quando o direito fere algum cânone (moral, religioso, social natural etc) embora se constitua em uma imposição de fato pela força não é verdadeiramente direito[64].

Em um livro pouco conhecido, mas fundamental, Kelsen defende a tese segundo a qual o raciocínio humano funciona segundo dois critérios: causalidade e retribuição[65]. A causalidade é inevitável; uma vez produzida a causa o efeito virá e essa relação de causa e efeito sempre pode ser objeto de observação, compreensão e predição pela mente humana. A ciência se desenvolve no âmbito da causalidade, da mesma forma o positivismo, em especial o positivismo empírico do Círculo de Viena, que pensa o mundo, exclusivamente, em termos causais. De outro lado, a retribuição está intimamente ligada ao merecimento e as culpas de cada um e da sociedade como um todo. Cada um e cada sociedade recebem aquilo que merecem. Para fundamentar o mérito e a retribuição há uma série infindável de critérios que vão da ira divina até a dignidade humana passando por todo espectro imaginável de ontologias e ideologias[66].

Kelsen criou uma teoria do direito que se apresenta como uma terceira opção entre o jusnaturalismo (retribuição) e o positivismo (causalidade). Seguindo seu ponto de vista o direito não pode se confundir com a moral nem tão pouco com os fatos. Não é uma questão de força nem está vinculado a outra ordem que lhe seja superior. O direito, para ele, estaria situado no campo do dever e não do ser. Como dever o direito não se confunde com os fatos e na medida em que deve ser compreendido de forma pura não pode tirar sua legitimidade ou validade de outro sistema além dele mesmo. Com isso Kelsen cria o que hoje é conhecido como positivismo normativo.

Esta posição o coloca, em princípio, em conflito com o Círculo de Viena que via na posição de Kelsen sérios traços metafísicos. Por seu turno Kelsen também tinha críticas a postura exageradamente empirista do Círculo. Mesmo assim durante vários anos ele manteve contato estreito com os principais expoentes do positivismo lógico. Nas palavras do próprio Kelsen em carta enviada a Henk L Mulder em 5 maio de 1963:

> Em resposta a sua carta de 31 de março
> gostaria de te dizer que não pertenço ao
> autodenominado Círculo de Viena. Tenho
> contato com o Círculo através de minhas
> relações com o Prof. Schlick, Dr. Otto
> Neurath, Prof. Phillipp Frank e Prof. Victor
> Kraft. O que me conecta a filosofia do
> Círculo – sem por ela ser influenciado – é
> sua atitude antimetafísica. Mas desde o
> início, rejeito a filosofia moral por eles
> professada tal como formulada por Schlick
> em "Questão de Ética". De toda forma, os
> escritos de Phillipp Frank e Hans
> Reicchenbach sobre causalidade
> influenciaram minha visão sobre o tema[67].

Do lado do Círculo Otto Neurath faz várias menções a Kelsen:

> Quando a teoria do direito não lida mais com
> problemas da lei divina ou da lei natural, mas
> sim com problemas relacionados a
> consistência de determinadas proposições,
> nós estamos no caminho do empirismo
> lógico. Então porque temos que discutir
> sobre especulações sobre as categorias de ser
> e dever?[68]

A despeito dos problemas entre eles a atitude do Círculo para com as teorias de Kelsen era, no mínimo, ambivalente. Tanto é assim que em 1943 um dos melhores e mais penetrantes textos de Kelsen, Society and Nature – A Sociological Inquiry, foi publicado no volume dois da Biblioteca da Ciência Unificada, série de livros dedicados ao

65

empirismo lógico e publicados por Neurath, Frank, Carnap e outros[69].

Em poucas palavras, o que aproximava Kelsen do Círculo era a atitude antimetafísica por eles compartilhada, o uso da lógica em modelos axiomáticos dedutivos e empíricos indutivos. O que os afastava era a visão de Kelsen do direito como um sistema de deveres e não como um conjunto de fatos. Mais adiante, no capítulo três, abordarei com mais detalhes a teoria da norma fundamental e o modelo normativo inventados por Kelsen.

A criação deste cenário, a Viena das três primeiras décadas do Século XX foi indispensável para que fosse possível contextualizar nossos personagens – Gödel e Kelsen – e suas teorias. Com a breve exposição de suas biografias, os pontos de contato entre elas, ficará mais fácil descobrir se houve alguma influência do trabalho de Gödel sobre a construção da norma fundamental.

Não custa lembrar a você meu paciente leitor, que não sou masoquista nem tão pouco tenho algum tipo de desvio de personalidade que me leve a ter uma curiosidade incomensurável sobre a vida alheia, a estudar detalhadamente a vida de dois tchecos de língua alemã que viveram no século passado. Toda esta história tem um propósito que não é trivial: Compreender como pode funcionar a informatização do direito que já está em curso.

Na medida em que nossos computadores digitais só conseguem lidar com sistemas formais que possam ser traduzidos em "linguagem de máquina" de forma isomórfica é pressuposto necessário para a informatização a compreensão do direito como um sistema formal, respeitadas suas limitações intrínsecas. Kelsen foi quem chegou mais perto de realizar isso e Gödel nos esfregou na cara os limites da formalização. Vamos adiante: no próximo capítulo vou detalhar minha visão sobre as duas teorias e como elas se conectam.

Capítulo II – Fundamentos Teóricos

"Aplausos, quando os não fundamenta o mérito, afagam certamente o espírito e dão algum verniz de celebridade; mas quem tem vontade de aprender e quer fazer alguma coisa, prefere a lição que melhora ao ruído que lisonjeia. " (Machado de Assis)

No capítulo anterior procurei criar um breve perfil dos principais personagens que estão envolvidos na trajetória desse texto, Hans Kelsen e Kurt Gödel. Além disso, ofereci uma vaga impressão do cenário – espaço e tempo – onde viveram os personagens e onde suas principais ideias foram gestadas – A Cidade dos Sonhos - Viena no final do Século XIX e início do Século XX. Agora, antes de expor da forma mais minuciosa e tendenciosa[70] possível as teorias da norma fundamental e os teoremas da incompletude, o que acontecerá no próximo capítulo, é indispensável que deixe claro qual é minha visão de mundo, qual é meu ponto de partida, sob quais premissas teóricas e filosóficas meu pensamento está organizado. Mas não se assuste. Sei que questões teóricas e filosóficas podem ser como fotos de viagem; interessam apenas a quem as tirou e a mais ninguém e é crueldade extrema obrigar visitas incautas a vê-las, uma-a-uma. Não farei isso com você! Procurei escrever o texto que se segue da forma mais agradável e interessante possível.

68

Abordo temas que me são caros, diria mesmo que indispensáveis, e que julgo serem do interesse de todos. Além disso, busquei adotar uma linguagem acessível deixando claros os conceitos mais complexos ou exageradamente ambíguos, espero ter conseguido, mas isso é você quem dirá.

1- Modelos de mundo

A evolução do pensamento ocidental nos conduziu a inevitável constatação de que os sentidos humanos não são confiáveis. Desde Platão com sua caverna, passando por Copérnico, Galileu, Descartes, até os dias atuais com os dilemas da física moderna somos compelidos a admitir que não há uma realidade única e objetiva que seja igualmente percebida por todos[71]. Ao contrário, somos constantemente obrigados a aceitar o fato de que a percepção da realidade varia de acordo com as précompreensões do observador[72]. Arrisco a dizer que a própria separação entre o sujeito que observa e o objeto da observação vem sendo, paulatinamente, posta em cheque[73]. Mas se os sentidos não são confiáveis como é possível determinar o que é real? Como é possível chegar a verdade absoluta? Simplesmente não é possível determinar o que é absolutamente real nem tão pouco chegar a verdade incontestável[74]. Mas se é assim, como nos movemos no mundo? Quando sinto fome, sou mordido por um cachorro ou dou uma topada na mesa não toco a realidade? Não. Tudo isso pouco ou nada tem a ver com verdade ou realidade. Quando tenho fome, sede ou bato com o dedo mindinho do pé na quina do armário estou dando significações a essas coisas, estou interpretando. A significação e interpretação somente são possíveis com base em modelos da realidade[75]. Culturas diferentes ou uma mesma cultura em diferentes estágios temporais perceberão esses eventos de formas diametralmente opostas. Para uns a fome pode ser purificadora e santificada não causando sofrimento algum - o que definitivamente não é o meu caso - para outros a mordida do cachorro pode ser um sinal dos deuses. As sensações físicas provocadas pelos mesmos eventos são descritas, interpretadas e sentidas de formas diferentes, não são transcendentes nem uniformes. As diferenças das sensações, interpretações e significações são condicionadas pelos modelos de mundo em que estamos inseridos.

Mas o que são esses modelos de mundo? Modelo é um esquema, descrição ou imagem padrão a ser reproduzida. Pense em um avião de brinquedo, ele é o modelo de um avião real, que, por sua vez, nada mais é do que o modelo físico do projeto de avião, projeto esse que é o modelo do conceito de avião e assim sucessivamente até perderemos o rastro da regressão ou desistirmos dela[76]. Qual deles é o avião real? Todos e nenhum, tudo dependerá do ponto de vista. Mas isso é outra história. Não nos desviemos do tema. O fato é que frente as demonstrações da volatilidade de nossas percepções imediatas e da consequente impossibilidade de objetividade, criamos modelos de mundo, de sociedade, de deuses, sentimentos, de tudo, enfim. É dentro desses modelos que os conceitos de realidade, verdade, falsidade fazem sentido e podem ser aplicados. São esses mesmos modelos que condicionam a linguagem, o comportamento, os valores e as ações humanas. Tudo bem, concordo que isso é difícil aceitar!

Os vários modelos de mundo podem ser divididos segundo sua abrangência em: absolutos e relativos[77]. Os modelos absolutos se pretendem universais, eternos e sagrados, já os relativos são aqueles que pretendem ser profanos, particulares e contingentes. Os modelos absolutos devem ser impostos e os relativos precisam usar a persuasão.

Ao longo da história da humanidade os modelos absolutos, que contraditoriamente são vários, têm prevalecido até aqui[78].

A dificuldade de aceitar a realidade e verdade como contingentes e relativas, melhor dizendo, a dificuldade de adotar modelos relativos de mundo, a despeito das evidências

71

decorre do fato de que a visão absoluta e maniqueísta foi muito mais útil em termos evolutivos. Fico imaginando nossos ancestrais remotos, caçadores e coletores, discutindo as várias formas de se ver uma maçã ou de qualquer outra coisa. Isso seria muito pouco prático. Imagine, em outra situação, nossos ancestrais em uma floresta avistando um leão. Se eles, ao invés de correr, tivessem parado para examinar e discutir se o leão era macho, fêmea, adulto, jovem, amarelado, albino ou até mesmo se era um leão ou um tigre, provavelmente teriam sido comidos e nós não estaríamos aqui. A visão absoluta, necessária, sagrada e universal do mundo (as coisas são com eu as vejo e pronto!) foi fator determinante para a sobrevivência da espécie[79]. Por isso ela é tão difícil de ser abandonada e é daí que decorre a forte tendência ao Platonismo, a crer que nossa percepção do mundo é capaz de nos mostrar a única verdade (absoluta universal e necessária), ou melhor, que o mundo tal como vemos e sentimos é o único verdadeiro e todas as outras interpretações não passam de mentiras ou erros. A título de exemplo, tente aplicar ao cotidiano a física elementar. Em um elevador, experimente dizer para seu companheiro de viagem que ele está parado e a parede está se movendo e veja o que acontece, ou convença um astrólogo de que as constelações a que ele se refere não existem mais e que os posicionamentos dos astros usados para seus mapas estão baseados na astronomia ptolomaica; aposto que comprará uma briga e tanto!

A utilidade inegável dos modelos absolutos do mundo acabou por criar uma visão moralista e moralizante, onde quem se atreve a adotar modelos relativos de mundo acaba sendo impiedosamente condenado. Robert Musil, no romance "O homem sem qualidades" em um magistral diálogo em que um amigo descreve o personagem principal, deixa evidente a visão que têm os representantes da tradição absoluta a respeito dos relativistas[80].

Dentre os modelos relativos de mundo um obteve grande sucesso prático, ainda que não afetivo. Esse modelo é a racionalidade. O modelo racional é aquele que segue as regras da lógica e exige, para cada afirmação, uma justificação comunicável e verificável. Os métodos usados na justificação e na possibilidade de verificação são variáveis, no entanto são indispensáveis. Não há racionalidade sem a apresentação de uma justificação comunicável e verificável - sem a construção de uma prova - segundo critérios pré-estabelecidos[81].

Com o passar do tempo ficou claro que o modelo racional, embora relativo e contingente e por isso contraintuitivo, é o que melhor se ajusta e é o mais eficaz para o desenvolvimento e sobrevivência da espécie humana. É com uso da razão que nossa sociedade consegue melhorar as condições e estender a expectativa de vida de seus membros. Os modelos absolutos fundados em certezas inabaláveis foram úteis por milênios, por isso, são difíceis de abandonar. É dessa dificuldade que surge o estranhamento frente a racionalidade que é relativa e contingente.

Não custa frisar que meu ponto de partida é o modelo racional do mundo e que isso é uma escolha. Existem vários outros modelos de mundo o que fazemos é escolher um a adotá-lo. É fato que essa escolha nem sempre é consciente, ou melhor, quase nunca é percebida como o que é: uma escolha. Alguém que adote um modelo absoluto de mundo, o modelo cristão por exemplo, necessariamente não encara a sua escolha como tal, mas sim como uma necessidade inexorável. Isso decorre da natureza absoluta do modelo. O absoluto é universal, necessário e sagrado. Quando adoto um modelo absoluto de mundo não posso, sob pena de incorrer em uma incoerência devastadora, admitir que ele não seja necessário, em outras palavras, não posso ver a escolha como uma escolha. A adoção dos modelos absolutos é sempre vista como necessária. É inimaginável para um crente fervoroso a inexistência de deus ou a existência de outros deuses.

2 O modelo racional

Mesmo consciente de minha escolha sei que ela tem alguns problemas, dentre eles os principais são: 1) o modelo racional é relativo, admite que é apenas um entre muitos modelos possíveis e tal como todos os outros não é capaz de atingir a verdade ou a realidade em termos absolutos. Para a racionalidade tanto a verdade quanto a realidade devem ser consideradas em relação ao modelo em si, são conceitos internos que estão ligados pela coerência; 2) o modelo racional é, em última análise, dogmático já que pressupõe, sem possibilidade de questionamento, a validade das regras básicas da lógica (terceiro excluído, não contradição e identidade dos indiscerníveis) e essas regras não são absolutas[82]. É perfeitamente possível a concepção de modelos de mundo em que essas regras não valham. Existem vários: as religiões, com seus mistérios são bons exemplos. No entanto, me parece inegável que, para efeitos práticos como a invenção e fabricação do computador onde estou digitando esse texto, para a regulação das relações sociais pela via do direito, para o avanço da medicina, para a produção de alimentos e para muitas outras coisas que fazem parte do cotidiano, o modelo racional é o que funciona melhor. Funcionar melhor não implica em um juízo de valor, apenas significa entregar aquilo que se promete ou

75

desempenhar a função para o que foi criado. Um liquidificador que mistura e tritura alimentos funciona melhor do que um que só serve para enfeitar a cozinha, afinal o prometido não é a decoração.

Não há como justificar completamente nenhum modelo já que a justificação dos seus fundamentos dogmáticos será sempre impossível. Com isso, somos forçados a admitir que todos os modelos são falhos[83]. Todos eles, sem exceções, estão fundados em construções auxiliares, ficções úteis, que acabam por se converter em dogmas[84]. Mais adiante, no próximo capítulo, ao tratar da norma fundamental de Kelsen voltarei a abordar as ficções e sua importância para a razão.

A impossibilidade da criação de um modelo exato, correto, real e verdadeiro decorre de duas limitações estruturais insuperáveis. Uma é epistêmica que advém do dogmatismo da fundamentação última de todos eles. Como, em última análise, todos os modelos são justificados por asserções impossíveis de prova não há como se construir um que seja totalmente justificado e consistente, i.e., isento de contradições internas e ao mesmo tempo completo. A outra é empírica. As coisas nem sempre funcionam segundo as previsões do modelo. Se seu computador já deu "tela azul" ou se você já se deu mal por conta das previsões

76

meteorológicas, entende o que estou falando. Várias vezes o mundo se rebela e não funciona de acordo com a previsão do modelo, quando isso acontece temos que revê-lo e recomeçar a cria-lo do zero. Mesmo admitindo que não existe modelo perfeito e que todos são falhos, é fato que uns funcionam melhor que outros[85]. Mas o que significa funcionar melhor? O critério de eficácia de um modelo é dado pelo próprio modelo, em outras palavras, um modelo funciona bem quando consegue, razoavelmente, atingir aos objetivos por ele mesmo definidos. Nesse sentido, o modelo melhor sucedido até hoje é a racionalidade.

O modelo racional é aquele que tem como axiomas dogmáticos as regras elementares da lógica, que são: terceiro excluído, não contradição e identidade dos indiscerníveis. Além disso, exige, a cada passo, a elaboração de regras claras de inferência e suas conclusões devem ser precedidas ou justificadas por uma prova, prova essa que consiste na explicitação, passo a passo, da aplicação dos axiomas e das regras de inferência.

A racionalidade funciona melhor que os demais modelos, tanto epistêmica quanto empiricamente. Em termos epistêmicos funciona melhor porque recorre a poucos dogmas que, em geral, estão muito distantes da conclusão afirmada, isso quer dizer que entre uma afirmação e o seu fundamento dogmático último há uma grande distância a percorrer em termos de prova, o que evita ou ao menos adia, o problema da inconsistência e da recursividade. Em termos empíricos a superioridade da racionalidade é inegável. Com o modelo racional criamos o antibiótico e o saneamento básico, responsáveis pelo aumento de três vezes da expectativa de vida, fomos capazes de produzir mais alimentos, melhores meios de transporte e comunicação. A arte[86], por incrível que possa parecer, também se valeu e se vale da racionalidade. Os meios de expressão artísticos existentes sofreram um salto qualitativo e quantitativo, isso sem falar que outros meios foram criados, como o cinema, a televisão, o rádio, a computação gráfica, etc. Mas nem tudo é belo. É vulgar o argumento que atribui a racionalidade a criação da bomba atômica, a metralhadora, o mercado financeiro, o combustível fóssil e todos os outros males liberados por Pandora de sua famosa caixa[87] – por sorte, o pior dos males, a esperança, ficou presa dentro da caixa, caso contrário, estaríamos esperando a solução dos problemas já que quem tem esperança apenas espera e nada faz. Mas a culpa não é da razão. Os males apontados ou são produtos do mau uso da racionalidade ou da tentativa de mascarar como racionais outros modelos de mundo.

A racionalidade, como tudo que dá certo, passou a ser objeto das mais grosseiras falsificações. Religiosos, mágicos, prestidigitadores, ditadores, pilantras e idiotas de todos os tipos, passaram a querer ter razão, isto é, passaram a pretender justificar suas conclusões com base no modelo racional sem, no entanto, construir a prova necessária[88].

O caminho da racionalidade é árduo e solitário. A construção da prova de um argumento não é uma tarefa fácil. Há que se especificar os axiomas, estabelecer as regras de inferência e fixar, sempre que demandado, os termos das proposições usadas. Só trilhando esse caminho é possível, quem sabe, pretender ter razão.

Outros modelos de mundo são válidos e devem ser admitidos, mas não podem ser confundidos com a racionalidade. Quando um grupo de cientistas estuda, segundo métodos rígidos, a eficácia de um fármaco, as conclusões produzidas são racionais. De outro lado, quando o feiticeiro faz uma poção mágica e aplica em um doente do espírito e esse é curado o modelo adotado, embora funcione, não é o racional. Minha avó colocava um pedaço de papel molhado na minha testa para curar soluços e funcionava, isso não quer dizer que ela adotava a racionalidade como fundamento ou que ela tinha razão.

Além do problema das falsificações a racionalidade acaba por ser vítima de uma grande confusão entre fins e meios. Os fins são determinados pela resposta à pergunta: o que fazer? E os meios pela resposta à pergunta: como fazer? A racionalidade é uma poderosa ferramenta que pode ser usada tanto para eleger os fins da ação como para dar consecução aos meios. Quando a racionalidade é usada para a definição dos fins da ação e para a aplicação dos meios as coisas funcionam muito bem. Nesse cenário coisas estupendas são possíveis. O problema se instala quando o modelo racional é aplicado só na criação e aplicação dos meios e os fins são escolhidos com base em outros modelos. Dificilmente a guerra, a miséria, a sede de poder, a ganância, os dogmas de fé, os preconceitos e a intransigência são admitidas e podem ser justificadas racionalmente como fins a serem satisfeitos, no entanto, infelizmente, são eles os motores da escolha dos fins de muitas das ações humanas. Embora os fins sejam elegidos de forma irracional nada impede que os meios sejam empregados com o uso eficiente e eficaz da razão. Os métodos de interrogatório e julgamento do Santo Ofício descritos no Malleus Maleficarum[89], e a logística coordenada por Eichmann[90] para o extermínio de seres humanos nos campos de concentração nazistas são exemplos extremos e emblemáticos dessa prática.

É por conta da falta de clareza da distinção entre meios e fins que o vulgo tem uma imagem da racionalidade como sendo uma prática cruel e desumana. O que se dá, na verdade é o oposto. A violência, a barbárie e a crueldade são produtos não da racionalidade, mas da sua falta. O outro foco de resistência a aplicação do modelo racional vem da sua dificuldade. Como já disse anteriormente, o modelo racional é extremamente eficaz, mas de difícil aplicação, não é possível ser irracional dizendo que a racionalidade funciona. Assim, o caminho mais fácil para mascarar a incapacidade de aplicar a razão é denegri-la.

Com isso chegamos aos primeiros axiomas da minha tese: 1) não tocamos a realidade, todas as nossas relações e interações são estabelecidas com modelos e modelos de modelos; 2) o modelo racional, leia-se a racionalidade, não é o único modelo de mundo possível mas é o que melhor funciona; 3) a racionalidade tem como fundamentos dogmáticos: A) as regras elementares da lógica; B) o estabelecimento de regras de inferência; C) a construção de uma prova capaz de justificar certas afirmações levando em conta os axiomas da lógica e as regras de inferência.

Assumindo que os modelos não refletem, nem tem como refletir, a realidade ou a verdade (universais, absolutas e necessárias) não há como saber o quanto são precisos. Só nos é dado aferir a eventual correspondência de um modelo com relação a outro, ou seja, de um modelo a um metamodelo[91] em uma regressão quase infinita. A capacidade de regressão de um modelo a outro tem limites e está fadada ao fracasso. Cedo ou tarde teremos um encontro com dogmas finais e injustificáveis, com ficções ou com a circularidade[92].

A circularidade ocorre quando somos forçados a definir um conceito pressupondo sua definição. A morte é um bom exemplo: o que é a morte? É a ausência de vida. E o que é a ausência de vida? É a morte. O raciocínio é evidentemente circular! Nada define ou justifica.

A questão do dogma é um pouco mais complexa. Há que se fazer uma distinção entre axioma e dogma. Axioma é a premissa pressuposta de um raciocínio. Todo modelo, sistema, pensamento ou discurso que se pretendam racionais possuem um conjunto mais ou menos claro de axiomas[93]. Os modelos racionais partem de premissas que não estão sujeitas, naquele momento, a discussão, mas que são tema de outros modelos. Há uma regressão. Os axiomas são produzidos por outros modelos e servem de pressupostos para a construção de novos modelos. Funciona como um jogo em que as novas peças vão se encaixando nas anteriores. Toma-se as conclusões de um modelo como axiomas para outros. O problema está no fato de que essa regressão não pode ser infinita, em algum momento nos depararemos com axiomas que são pressupostos, inventados e não são fruto de nenhum modelo ou raciocínio anterior, ou seja, encontramos os dogmas, as ficções. Esse é o chamado "problema do fundamento"[94].

Dogma é uma afirmação que, como o axioma, serve de fundamento para um modelo, a diferença é que o dogma não admite discussão, justificação ou questionamento em nenhuma hipótese deve-se aceita-lo "como se" fosse evidente e transcendente[95]. Há uma relação de continente e conteúdo. Todo dogma é um axioma, mas nem todo axioma é um dogma[96].

Existem, portanto, os modelos axiomáticos e os modelos dogmáticos.

Os modelos axiomáticos são baseados em outros modelos que também tem axiomas que são fundamentados em outros modelos e assim por diante, até que se chegue a um modelo dogmático, o que conduz a conclusão de que mesmo os modelos axiomáticos têm um fundamento dogmático último. Analisando de perto todos os modelos com suas interpretações de mundo sobre a verdade e a realidade conclui que eles trazem em seu interior opções dogmáticas mais ou menos claras[97]. Em outras palavras, por mais isento que um modelo de mundo possa parecer ou pretender ser ele é fundado e está, invariavelmente, impregnado por uma certa ontologia. O fundamento dogmático último de qualquer modelo nem sempre é explícito. As vezes a falta de clareza na exposição dos dogmas é proposital, não seria viável, a cada passo de nossas vidas, explicitar todos os fundamentos de cada palavra ou ação. Outras vezes, mesmo quando somos demandados a explicar nossos atos e concordamos em fazê-lo[98] omitimos certos fundamentos dogmáticos que determinam nossas ações e opiniões, seja de forma proposital ou simplesmente porque deles não temos consciência explícita.

Mesmo após muita reflexão alguns de nossos fundamentos dogmáticos últimos ainda nos serão desconhecidos. Mas não se iludam, isso não significa que estamos livres para omitir os fundamentos de nossas ações e opiniões. Notadamente no desempenho de atividades que se pretendem racionais e científicas devemos nos esforçar ao máximo para conhecer nossas próprias opções ontológicas. "*Nosce te ipsum*"[99] é a miséria da nossa existência.

O problema mais sério disso tudo é o que envolve fonte dos dogmas. De onde eles vêm? Seriam verdades evidentes e, por isso, não haveria necessidade de justificação? Ou seriam desígnios divinos? Quem sabe eles são decorrentes da natureza humana? Ou seriam produto de uma razão transcendente, comum a todos os seres viventes? Poderiam ser fruto da sensibilidade artística? Existe uma outra hipótese que é ao mesmo tempo libertadora e assustadora: Será que eles são apenas ficções produtos escolhas arbitrárias, sem nada de certo, absoluto, transcendente, sagrado ou sequer real?

Quando chegamos a esse ponto entramos no ambiente sombrio e lodoso da metafísica, da ontologia, onde não há nenhuma possibilidade de prova lógica nem empírica. Por isso mesmo o nome: metafísica, ou além do físico.

É desconcertante perceber que cada corrente filosófica, acadêmica ou religiosa, responde as questões metafísicas de forma distinta criando, com isso, um conjunto de dogmas diferente. Esse é o drama de todo estudante de filosofia (o meu inclusive): estudamos a obra de um filósofo julgamos compreender o que ele diz, em seguida, ao estudar outro nos deparamos com conceitos e raciocínios contrários e contraditórios, mas igualmente convincentes. Pense, por exemplo, nas obras de Nietsche e Kant, ou para piorar um pouco, nas diferenças entre o primeiro e o segundo Wittgenstein. É o caos! Afinal quem está certo? Pense um pouco: se os dogmas são verdades evidentes, são produto da natureza humana, da razão humana, da vontade divina ou da sensibilidade estética porque todos nós não somos capazes de percebe-los da mesma forma? Em face dessa perplexidade só é possível tomar uma entre duas atitudes: uma radical e absoluta, onde considero que aqueles que não percebem o mundo como eu estão errados e ponto! Aos meus olhos essa posição só é sustentável à custa de muita pretensão e arrogância. Explico: se os dogmas não estão, pela sua natureza, sujeitos a prova, afirmar um dogma como único e correto tem como pressuposto uma capacidade especial qualquer, seja de percepção, de raciocínio ou de intimidade com o divino. Essa postura viola o princípio da mediocridade[100]. A outra atitude possível é relativista, talvez até niilista. Como os dogmas são refratários a qualquer tipo de prova, não estão certos nem errados são apenas produtos de escolhas (ficções se você preferir) feitas por cada um, escolhas essas que podem ser alteradas a qualquer tempo, de acordo com o contexto. Essa forma de pensar pode parecer um pouco cínica, mas não é, apenas reflete (e resolve) o problema do fundamento.

Nesse ponto é preciso fazer algumas considerações técnicas e fixar parte de meus fundamentos dogmáticos (ao menos aqueles dos quais sou consciente) para que não tenhamos futuros mal-entendidos.

3- Ontologia

Adoto um modelo racional em que percebo o mundo de forma razoavelmente organizada. Em meu modelo divido a percepção do mundo em: ser e conhecer. O ser, por sua vez é dividido em ser em sentido estrito ou ontologia e dever ser ou deontologia. Por fim há o conhecer, ou a epistemologia, que fornece os instrumentos técnicos para a sistematização, compreensão do modelo de mundo e onde estão os elementos do conceito de conhecimento.

Para que não paire qualquer dúvida e para que esse texto possa ser avaliado é importante frisar que minha concepção ontológica do mundo, os dogmas finais do meu modelo de mundo, são absolutamente relativos. Para isso faça algum sentido temos que trazer a luz aos conceitos de absoluto e relativo[101].

As afirmações cujo fundamento é absoluto são caracterizadas pelo seguinte: universalidade, necessidade, eternidade, autoevidência e sacralidade.

De outro lado, as afirmações cujo o fundamento é relativo são caracterizadas pela contingência, temporalidade, necessidade de justificação e ausência do sagrado (fundamento profano).

A universalidade diz respeito a validade do fundamento para todos os seres humanos independentemente de sua individualidade, considerada em quaisquer aspectos tais como: sexo, idade, grau de instrução, cultura, geografia e etc...

Uma vez que o indivíduo afirma que seu fundamento é universal a consequência natural é que sua necessidade se imponha. O que é universalmente válido deve ser observado e imposto de forma cogente a todos os seres humanos.

Como decorrência da universalidade e da necessidade os fundamentos absolutos são percebidos como eternos, isto é, fora do tempo. São válidos em qualquer dimensão de espaço e tempo.

Na medida em que são universais, necessários e eternos, os dogmas absolutos independem de justificação já que podem e devem ser percebidos e conhecidos de forma "natural" por toda humanidade.

Por fim os dogmas fundamentados no absoluto são sagrados e qualquer sacrifício (próprio ou de preferência alheio) deve ser suportado para sua manutenção e/ou imposição.

A fundamentação pela via absoluta padece de dois problemas, um prático e outro lógico, que são insuperáveis: o problema lógico é a distinção e impossibilidade de dedução entre um ser e um dever[102]. O problema prático advém da contradição imposta pelas características intrínsecas dos fundamentos absolutos.

O problema lógico é o seguinte: quando os dogmas são percebidos como absolutos (universais, necessários, eternos e sagrados) eles devem ser aceitos por todos. Quem não concorda com eles só pode ser anormal (louco, burro ou delinquente). Para ensinar e os ignorantes e normalizar os anormais os dogmas precisam ser expressos e impostos por via de normas, afinal normal é o que está de acordo com a norma[103]. Toda norma expressa um dever, ou melhor, expressa a vontade de que alguma coisa que não é seja. Sempre que uma conduta é normatizada a ela é associado um valor. Valor é o sinal positivo ou negativo aposto a uma dada conduta. Toda valoração é normativa, isto é, toda valoração é estabelecida na forma de um dever. As condutas valoradas positivamente devem ser adotadas e as valoradas negativamente devem ser evitadas. Se uma conduta já é adotada não quer dizer que ela deva ser adotada nem, ao contrário, uma conduta que deve ser adotada não significa que ela o seja. É um problema de economia; se uma conduta já é não precisa dever-ser e se deve ser é porque não é. Aqui está o problema lógico crucial dos dogmas absolutos: se são universais, necessários, eternos e sagrados não precisam de normas, não precisam dever-ser, se precisam ser ensinados e impostos isso só é possível com o uso de normas, ou seja, de um dever-ser. Ora, se o fundamento absoluto é universal, necessário, eterno e sagrado ele já é. Se já é não precisa dever-ser. Se deve ser é porque não é absoluto, universal, eterno, necessário e sagrado. É fácil de constatar que não há um fundamento que ostente os predicados de universalidade, necessidade, eternidade e sacralidade, o que temos são fundamentos que pretendem se impor pela via das normas e que, portanto, devem ser e não são. Assim, de duas uma, ou adotamos os mesmos dogmas de forma espontânea e "natural" ou esses dogmas não são absolutos.

O outro problema que decorre da universalidade, que é intrínseca ao fundamento absoluto, está diretamente relacionado ao problema lógico. É difícil, senão impossível, entender como podem existir e coexistir vários fundamentos absolutos distintos. Se o fundamento absoluto é universal deve ser único. Como há vários fundamentos dogmáticos absolutos diferentes, que disputam o posto de único fundamento válido e verdadeiro, e como não há nenhum critério justificável para a escolha de um em detrimento de outro, a adoção de todo e qualquer dogma como fundamento absoluto não passa de uma escolha arbitrária fundada, no máximo, em um ato de fé e se é uma questão de escolha não pode ser, ao mesmo tempo, universal, necessária, eterna e sagrada.

Do outro lado, temos os fundamentos dogmáticos relativos que escapam dos problemas descritos para os absolutos, mas padecem de outros. Os fundamentos dogmáticos relativos são emocionalmente menos convincentes por sua falta de fé e de apelo a um elemento externo, superior ou sobrenatural. Essa característica, que é a maior virtude dos fundamentos relativos, acaba por ser sua desgraça.

Os seres humanos têm uma necessidade patológica de Certeza e Verdade (com maiúsculas) adjetivos que que não podem ser oferecidos pelos fundamentos relativos. Dogmas relativos apenas fundamentam uma ontologia circunstancial, isto é, aplicável em um contexto histórico, cultural, espacial e temporal limitados (contingentes), por isso mesmo os fundamentos relativos são mais ou menos voláteis e devem ser justificáveis de forma lógica ou empírica não possuindo nenhum traço de sacralidade. Ao contrário dos dogmas fundados no absoluto, os critérios relativos são sempre contestáveis e não há como se afirmar que eles devem se impor, necessariamente sobre os demais. Os dogmas relativos carecem de apoio transcendente, o que causa um problema de ordem afetiva, já que os seres humanos têm uma

91

irracional necessidade de Verdade e Certeza (sagradas). Mas, por outro lado, é o fundamento dogmático relativo que permite o pluralismo (porque não é universal); a tolerância (na medida em que não é necessário); a evolução (por não ser eterno); o desenvolvimento do conhecimento humano (pela necessidade de justificação); e, se não garante ao menos possibilita, a democracia (já que por ser profano pode ser contestado). Outra característica fundamental dos dogmas relativos é a sua razoável autonomia frente as normas. Como o fundamento dogmático relativo não se pretende universal, necessário, sagrado ou eterno ele não precisa ser imposto a quem dele discorda, com isso os dogmas retornam ao seu lugar, ao campo do ser, da ontologia, e deixam o campo do dever, da deontologia, o que elimina o problema lógico que assola os fundamentos dogmáticos absolutos.

A diferença entre os fundamentos relativos e absolutos pode ser descrita em termos de conceito e preconceito. O conceito é uma formulação justificada e que comporta exceções e pode ser modificada desde que sejam apresentadas provas ou argumentos convincentes para tanto. O preconceito, por sua vez, não admite mudanças críticas ou erros, nossos preconceitos (todos nós os temos) são irracionais.

A contradição dos fundamentos relativos emerge quando tento aplicar o dogma da relatividade sobre ele mesmo, quando tento encarar a relatividade como relativa. Se a relatividade é relativa então ela pode ser absoluta. Indo um pouco mais além a contradição fica evidente na medida em que ao adotar uma ontologia relativista repudio de forma categórica (absoluta) todas as ontologias fundadas no universal, eterno, necessário e sagrado. Ao adotar essa postura acabo por sacralizar o profano[104] [105].

O simples resumo que acabei de expor traz à tona o problema da recursividade. Veja: na medida em que avalio fundamentos ontológicos tendo como ponto de partida os mesmos fundamentos que serão avaliados me deparo com a recursividade que é a fonte última dos problemas de completude e consistência tratados por Gödel e evitados por Kelsen. Um bom exemplo desse problema é descrito pelo paradoxo do mentiroso[106]. Imagine a seguinte afirmação: "essa afirmação é falsa". Se a afirmação for verdadeira então ela é falsa e se for falsa é verdadeira. A mesma coisa acontecerá com os fundamentos dogmáticos relativos. Se aceito apenas dogmas relativos a relatividade se torna absoluta e não pode ser admitida já que só aceito dogmas relativos. A única forma de escapar dos paradoxos da recursividade é evitando a recursividade. Enquanto a justificação das afirmações se mantém na esfera puramente axiomática não há nenhum problema. Sempre será possível evitar a recursividade remetendo a justificação dos axiomas para outros modelos. A coisa se complica quando entro no campo ontológico (dogmático), onde evitar a recursividade é impossível. Não há saída!

Mas o caráter absoluto ou relativo são apenas propriedades, características e não a ontologia em si. A ontologia é composta por afirmações metafísicas sobre o mundo e tudo o que está nele contido. Na medida em que essas afirmações são metafísicas elas não estão sujeitas a qualquer critério de verificabilidade, por isso existem tantas escolas filosóficas diferentes.

Para tentar compreender as várias opções e percepções ontológicas do mundo adotei um esquema em que a ontologia se divide em: essência, existência e realidade[107].

A essência é identificada como a coisa em si, as coisas como realmente são não como parecem ser. Essa essência é sempre evasiva e impossível de apreender[108].

A existência é a aparência externa das coisas. Enquanto a essência esconde a existência mostra. A existência seria o aspecto do ser em si que podemos perceber, mas nunca percebemos ou apreendemos de forma completa, em todas as suas facetas, é aí que entra a realidade.

A realidade é a porção da existência efetivamente percebida pelo sujeito.

As escolas metafísicas variam de acordo com a ênfase dada a cada um desses elementos. O platonismo, por exemplo, dá ênfase a essência. Kant, por outro lado, traz sua inflexão para a existência. Podemos afirmar que Deleuze[109] e Wittigenstein[110], cada um de uma forma, enfatizam a realidade. E assim por diante. Cada grande escola filosófica pode ser catalogada de acordo com a ênfase que dá a essência, existência ou realidade.

De meu turno adoto a postura segundo a qual a essência é irrelevante já que ela jamais pode ser apreendida ou compreendida. A existência também é de pouca ou nenhuma relevância na medida em que me conformo com minha incapacidade perceptiva. Jamais conseguirei perceber todos os aspectos da existência. Me contento em lidar com a realidade, assim entendida como a efetiva percepção que tenho do mundo. Note-se que o termo realidade tem aqui a acepção já delimitada como sendo o mundo tal qual o percebo, por isso essa realidade depende visceralmente das minhas ferramentas epistemológicas e é volátil podendo mudar na medida em que as técnicas e os instrumentos para a minha percepção do mundo evoluem. Além disso, essa concepção metafísica é totalmente relativista já que a realidade é ditada pela percepção e não só a percepção se altera de acordo com as précompreensões como ela varia de sujeito para sujeito. Minha concepção ontológica do mundo pode ser resumida por uma passagem de Shakespeare em Macbeth onde ele diz o seguinte[111]:

> A vida é apenas uma sombra. Um pobre ator que se empavona e agita por uma hora no palco. Então não se ouve mais nada. É um conto. Narrado por um idiota, cheio de som e fúria. Significando nada.

Já que a vida não passa de uma história sem nexo contada por um idiota, aos gritos, cheio de som e fúria, a única alternativa que me resta é criar uma realidade, criar um significado e faço isso estabelecendo, manipulando e comunicando modelos, ainda que provisórios, da forma mais coerente possível.

Tanto meus modelos deontológicos quanto os epistemológicos estão condicionados aos dogmas escolhidos (os da relatividade absoluta).

Agora que deixei claras (ao menos eu acho que sim) minhas opções ontológicas vamos adiante.

4 Deontologia

A deontologia é a parte da vida em que estão situadas as normas que expressam um dever-ser, onde são criados os direitos, deveres, obrigações, pretensões e responsabilidades. Em termos deontológicos o modelo que adoto parte do princípio que matéria prima dos seres humanos são as necessidades e os desejos[112]. Para melhor atender as necessidades e satisfazer os desejos a humanidade passou a viver em grupos. Para que, no grupo, as necessidades sejam atendidas e os desejos realizados alguém tem que realiza-los, atendê-los ou os suportar. O agrupamento seria impossível se as necessidades e os desejos jamais fossem saciados. Por isso, o funcionamento do grupo depende da criação de métodos para a satisfação, em alguma medida, de todos os seus membros. Como a satisfação não é distribuída de maneira igualitária criam-se regras que regulam a distribuição dos benefícios e das frustrações. Com o objetivo de criar e organizar as regras de distribuição de satisfações e frustrações é que os grupos desenvolvem um projeto daquilo que desejam ser (cultura) que buscam implementar (pela via da política) na sua forma de organização efetiva (civilização)[113].

Direitos, deveres, obrigações, pretensões e responsabilidades surgem dessa dinâmica. Em algumas situações há o "direito" de ver suas necessidades e desejos saciados, outras vezes há o "dever" de contribuir para a satisfação alheia.

Fica fácil compreender que a satisfação dos nossos desejos depende do grupo social e está ligada ao cumprimento dos deveres. Cumprir deveres nada mais é do que o meio para a satisfação dos desejos alheios. No contexto da sociedade meus desejos só serão atendidos se eu contribuir para o atendimento dos desejos alheios com cumprimento dos meus deveres.

Os deveres são criados pela cultura e impostos pela civilização, não são naturais nem divinos. Em outras palavras, embora ninguém goste de cumprir dever algum eles são, em geral, cumpridos, já que, mesmo a vida em grupo sendo repleta de opressões, frustrações e insatisfações, os seres humanos preferem a vida em comum porque desfrutam de benefícios tais como: abrigo, conforto, alimentação farta e proteção contra a violência. É uma decisão tomada com base no cálculo utilitário de custo e benefício. Cumprimos nossos deveres para poder desfrutar de direitos, ou melhor, aceitamos frustrações para ver alguns desejos atendidos[114].

Como todos preferem o prazer à dor ninguém quer cumprir dever algum, por isso as vezes, quando o cálculo utilitário da relação entre deveres e direitos falha, é necessário o uso da violência física, mas, na maior parte do tempo, a violência simbólica e o convencimento de autopunição são os métodos eficientemente adotados para a imposição dos deveres. Isso é assim por uma questão de economia, é mais barato e mais fácil convencer os membros do grupo a cumprirem seus deveres e punirem a si mesmos em caso de violação[115]. Uma sociedade é dita civilizada quando a repressão externa e violência são raramente empregadas. A marca principal da civilização é a introjeção dos deveres e das punições por cada um dos membros do grupo evitando tanto quanto possível o recurso a opressão externa.

Estabelecido que os deveres são ditados pela cultura e impostos pela civilização há que compreender sua tipologia, que varia de acordo com o conteúdo, o tipo de sanção para o descumprimento e a forma da aplicação dessa sanção.

Para começar vamos deixar claro o óbvio. Os deveres não são, devem ser. Aquilo que já é não precisa dever-ser. Só é preciso fazer o que não se faz, não fazer o que se faz, dar o que é seu, devolver o que foi emprestado e tolerar o que não é tolerado. Não há dever de fazer ou não fazer o inevitável nem o impossível. Seria um desperdício intolerável de energia[116].

99

As prescrições dos deveres se resumem a isso: fazer, não-fazer, dar e tolerar. Os deveres podem ser divididos segundo critérios mais interessantes do que pelas suas prescrições. Um deles é o conteúdo normativo[117].

Como todos os deveres ainda não são mas devem ser, a sua criação se dá com a elaboração de normas. Norma nada mais é do que um ato de vontade dirigido a conduta humana[118]. Pela norma é que se estabelece o que é normal. Normal é uma questão de cumprimento de deveres, é normal quem cumpre os deveres estabelecidos pelas normas ou aceita e suporta o peso da sanção em caso de descumprimento[119]. Como se verá existem vários campos de normas que regem a civilização, o direito é um deles.

Por paradoxal que possa parecer, todos os membros de qualquer grupo social estão subordinados a sistemas normativos distintos e contraditórios sendo impossível o cumprimento absoluto de todas as normas, por exemplo: um jovem, segundo as normas impostas pelas famílias, deve ser saudável e ter bons hábitos alimentares, mas aos olhos de seus companheiros ele deve, para ser aceito, beber e dormir tarde. Ser absolutamente normal não está de acordo com as normas, eis outro paradoxo: o normal é anormal[120].

4.1 Axiologia - Moral e ética

A axiologia é o subconjunto normativo que engloba os valores éticos e morais. A distinção entre moral e ética é tênue e a ligação entre esses dois campos é visceral.

A moral pode ser definida como o conjunto de deveres que emanam das respostas a pergunta que cada um faz a si mesmo: "O que devo fazer? " O cumprimento dos deveres impostos pelas regras que nascem das respostas a essa pergunta fundamental é valorado de forma positiva (moral) e o descumprimento de forma negativa (imoral). É a famosa diferença entre o certo e o errado[121].

Mas de onde surge o conjunto de respostas a pergunta moral "o que devo fazer? " É trivial afirmar que do nada nada se cria. A resposta à pergunta moral fundamental se origina de três fontes: a tradição imposta pelo adestramento, a reflexão autônoma e a ética.

A tradição é operacionalizada pelo adestramento, que é implementado pela educação, a que os membros do grupo são submetidos. Os deveres que são estabelecidos pelo projeto cultural e pelo processo civilizatório não podem ser impostos a todo tempo, ou melhor, nem sequer na maior parte do tempo, pela via da força. É imperativo que os membros do grupo se envolvam em um processo reflexivo onde atuam como observadores e fiscais dos cumprimentos dos deveres próprios e alheios[122]. Isso só acontece de modo eficaz quando as pessoas acreditam que os deveres a que se submetem são "corretos", ou melhor, que fazem parte do conjunto de respostas a pergunta moral fundamental.

Além da impossibilidade da imposição constante pela força é preciso admitir que o pensamento autônomo sobre tudo, todo o tempo, seria impraticável. Pensar e decidir a cada minuto sobre toda e qualquer questão seria extenuante e paralisante, os seres humanos se valem da tradição que estabelece preconceitos (ou melhor pré-conceitos, entendidos como conceitos prévios à reflexão) como forma de simplificar a vida. Não é preciso pensar e decidir sobre tudo, a maioria das perguntas já está respondida e a maior parte das decisões já foi tomada, tudo isso está guardado no acervo tradicional do grupo e é usado por seus membros[123]. Só em casos extremos é que o pensamento individual atua.

Vale a pena fazer um parêntese para repetir a distinção entre conceito e preconceito. O conceito é a elaboração de um juízo de forma refletida e fundamentada pelo próprio sujeito e é sempre passível de revisão mediante novas reflexões. Já o preconceito não se modifica nem admite exceções na medida em que o sujeito os adota a partir de um acervo previamente dado e imutável.

A utilização do acervo tradicional pode ser feita na forma de conceitos prévios (pré-conceitos), que, como conceitos, são passíveis de reflexão e alteração ou como preconceitos, imutáveis por definição.

Os deveres só são autônomos quando são produtos de conceitos, ainda que tradicionais, e não de preconceitos.

A terceira fonte de respostas à pergunta produtora da moralidade é a ética.

Enquanto a moral provém das respostas íntimas para a pergunta: "o que devo fazer? " A ética é produto das respostas, também intimas e individuais, à pergunta: "como quero viver?" A ligação entre os dois campos axiológicos fica então óbvia. O mundo em que se quer viver depende daquilo que se deve fazer. Para que se possa viver em um tipo de sociedade é necessário o cumprimento de um conjunto de deveres compatíveis com o mundo em que se pretende viver. Alguém que queira viver em um mundo onde a violência não seja a regra, onde não impere a lei do mais forte, não pode agir de forma violenta pois, se assim o fizer, estará abrindo mão da proteção do grupo frente a violência alheia. É claro que as coisas, infelizmente, não funcionam tão bem. A falta de compreensão da íntima conexão entre as respostas as perguntas ética e moral é a fonte de muitos dos males da sociedade.

Mesmo parecendo óbvia, a conexão entre ética e moral acaba sendo negligenciada pelo recurso exagerado à tradição.

Se o acervo tradicional de valores, conceitos e decisões, por um lado é peça fundamental para a identidade do grupo, constituindo parte importante de seu fundamento comum[124], atuando como fonte primária para as decisões morais quotidianas, permitindo que o sujeito não precise pensar e decidir autonomamente cada pequena questão, por outro, cria o problema da lacuna axiológica.

A lacuna axiológica acontece quando parte do acervo tradicional está em dissonância com o mundo em que se quer viver. A moral sexual e reprodutiva pode servir como exemplo: o primeiro fator de sucesso de um grupo sobre os demais é numérico. Quando maior o grupo mais chances de sucesso. Em um mundo em que a mortalidade infantil é a regra, em que a expectativa de vida gira em torno dos quarenta anos, as regras de comportamento sexual são direcionadas à procriação, por isso, nessa situação, o aborto, a poliandria e o homossexualismo são criminalizados enquanto a poligamia é valorizada. Já em outra situação, num mundo superpovoado em que a mortalidade infantil é mínima e que a expectativa de vida salta para os noventa anos, os tabus sexuais que favorecem a reprodução não fazem nenhum sentido, com isso os valores tendem a se alterar. O problema é que as alterações comportamentais e valorativas precedem aos discursos que, por falta de reflexão permanecem reproduzindo a moralidade tradicional. Em suma, a lacuna axiológica existe quando os valores mudam e as normas postas pela tradição e o discurso não.

Um alerta é necessário. Não se deve confundir moral com moralismo. A moral é o conjunto de valores que nascem da pergunta íntima: "o que devo fazer? " E os deveres que tem sua fonte nessa resposta se impõe apenas ao indivíduo que pergunta. Preste atenção! A pergunta é "o que (eu) devo fazer? " E não: "O que (nós) devemos fazer? " Ou "o que você deve fazer?" O moralismo é uma forma deturpada de moral onde o indivíduo julga que os seus próprios padrões morais devem ser aplicados a todos e, consequentemente, julga como imorais os atos que descumprem os deveres impostos por suas próprias regras.

O grupo social não precisa de moralismo, já que dispõe de outros meios para a imposição de deveres, que julga necessários. Eles são as normas sociais difusas e o direito.

4.2 O direito

O direito é extremamente difícil de definir. Não é à toa que existe um monte de tratados inteiros em busca de uma definição adequada. Não tenho a menor pretensão de apresentar uma definição inédita nem tão pouco definitiva, mas uma definição, por provisória que seja, é necessária para o desenvolvimento do trabalho. Optei, nesse momento, por adotar uma simplificação do conceito de Kelsen. As razões dessa escolha me parecem um tanto quanto óbvias dado que Kelsen é um dos heróis dessa história. De outro lado, a definição que adoto é formal e não leva em conta, não faz nenhum juízo de valor, sobre o conteúdo do direito, o que é totalmente coerente com as premissas ontológicas que apresentei. Dito isso, o direito pode ser definido como um conjunto sistemático de normas que tem por característica distintiva a imposição institucional e coercitiva da sanção pelo seu descumprimento[125].

Todo dever se origina de uma norma e existem vários tipos de normas, dentre elas as jurídicas. Há deveres, portanto normas, axiológicos, técnicos, sociais difusos e jurídicos. Toda e qualquer norma possui a mesma estrutura básica, sendo composta por três elementos: A) hipótese; B) preceito e; C) sanção. Na hipótese está descrita a conduta, o preceito valora a conduta de forma negativa ou positiva e a sanção determina qual é a consequência para o descumprimento do preceito[126].

Uma das distinções entre cada categoria normativa apresentada é o meio de aplicação das sanções. Nas normas axiológicas as sanções são impostas pelo próprio indivíduo. Nas normas sociais difusas é a comunidade, de forma desordenada e assistemática que as aplica. No caso das normas técnicas a sanção é a ineficácia, isto é, não se chega ao resultado pretendido. A peculiaridade das normas jurídicas está na aplicação institucional e coercitiva da sanção.

Há aplicação institucional quando um conjunto dado e sistemático de normas goza de eficácia objetiva e subjetiva[127]. A eficácia subjetiva ocorre quando o grupo que cria o sistema de normas tem força suficiente para impor as sanções determinadas mesmo que para isso precise se valer da violência. Já a eficácia objetiva tem por característica distintiva a adesão dos destinatários aos comandos emanados do conjunto de normas em questão, em outras palavras, há eficácia objetiva quando os destinatários das normas as percebem como válidas e, por isso, se sentem obrigados a cumpri-las.

Ao usar um conceito formal de direito, que não leva em conta o conteúdo das normas, posso passar a impressão de que considero tais conceitos irrelevantes. Não é o caso. Não podemos nos esquecer que o processo de produção das normas jurídicas gerais e abstratas também deve ser objeto de estudo do direito, é nesse processo que a relação entre o direito e os demais campos deontológicos é relevante. Já na produção das normas individuais e concretas- sentenças- essa relação é mais delicada uma vez que a norma geral e abstrata traz em si uma valoração prévia.

Não deve pairar nenhuma sombra de dúvida sobre o fato de que o direito pode e deve compartilhar os elementos valorativos dos demais conjuntos de regras (axiologia, normas sociais difusas e normas técnicas) mas, a despeito disso, essa relação não é um requisito para sua existência, validade ou legitimidade. Como vocês verão no próximo capítulo tudo dependerá do caráter dinâmico ou estático de cada sistema jurídico em específico.

4.3 Normas sociais difusas e normas técnicas

Outro conjunto de normas que a sociedade se vale para impor deveres a seus membros são as normas sociais difusas. Como próprio nome diz esse é um conjunto um tanto volátil, nele se incluem, por exclusão, todas as demais normas criadoras de deveres que não se encaixam no âmbito da axiologia, do direito ou das normas técnicas. São exemplos as normas de etiqueta, de cortesia, educação, normas de comunicação e etc.. Esse conjunto de normas tem como fator distintivo a aplicação difusa de suas sanções, é aqui que a recursividade e reflexividade da vida em sociedade se manifestam com maior intensidade[128]. As condutas são recursivas na medida em que as regras são reafirmadas pelo uso, dessa forma, mesmo que se pretenda modificá-las elas deverão ser observadas como instrumentos para a tentativa de modificação. O uso da gramática serve como exemplo de recursividade. Para modificar a gramática é preciso usar as regras gramaticais para comunicar a mudança pretendida. Mais uma vez estamos frente ao problema da recursividade que nos acompanhará por todo esse trabalho. São também reflexivas, pois todos os membros do grupo social observam o seu cumprimento ou descumprimento em si mesmos e nos demais, formando um imenso aparato de controle. O maior problema desse conjunto específico de fontes de deveres está na sua forma difusa. Como existem muitas zonas de indefinição a respeito dos valores contidos nos preceitos e no conteúdo das hipóteses das normas sociais difusas é quase inevitável que, em um ou outro momento, elas acabem por ser apropriadas por grupos ou indivíduos que pretendem impor seus valores morais particulares aos demais, abrindo um flanco para o mais deslavado moralismo. Mas veja: a simples existência de uma regra social não implica em sua aplicação. A aplicação da regra depende de um agente que denuncie a sua infração, a denúncia, que tenta cooptar a indignação popular nunca é desinteressada, aquele denuncia, sempre, tem em vista seus próprios interesses. Quando a imposição de uma determinada regra social difusa acaba por beneficiar ao grupo como um todo o faz de forma colateral[129] nunca direta, já que os que denunciam o descumprimento da norma o fazem em benefício de seus próprios interesses nunca nos da coletividade.

As normas técnicas são as mais comuns e as mais simples. São sempre constituídas por imperativos hipotéticos (se deseja "a" então faça "b") sem conteúdo valorativo. São manuais de instruções, bulas de remédios, receitas culinárias, dentre outros. A sanção se limita a frustração da obtenção do resultado pretendido[130].

5. Epistemologia

Por fim chegamos a epistemologia. A epistemologia diz respeito ao conceito de conhecimento, sua possibilidade, métodos e limites. Mais uma vez a recursividade está à espreita armando suas emboscadas usuais. A epistemologia dita os métodos e as ferramentas para toda compreensão. Acontece que as opções epistemológicas dependem das escolhas ontológicas e deontológicas que, por sua vez, só podem ser criadas e compreendidas com o uso das ferramentas epistemológicas, cria-se um processo recursivo como em uma fuga, onde o final de uma voz condiciona e é condicionado pelo início de outra e assim sucessivamente[131].

Assim definida a epistemologia é indissociável do conceito de conhecimento. Vamos, então, enfrentar esse problema espinhoso: O que é conhecimento?

A escola platônica define o conhecimento como sendo uma crença, verdadeira e justificada (CVJ)[132].

A essa altura caro leitor, se você está me acompanhado desde o início, já deve ter notado a minha aversão ao platonismo. Essa aversão se estende ao conceito de conhecimento como crença verdadeira e justificada. O conceito é, no mínimo, incoerente e no máximo inútil. Vamos ver item por item[133].

Para começar examinaremos a crença. Segundo o dicionário crença é o ato de crer e crer é aderir a um sistema ou afirmação independentemente de qualquer prova ou argumento. Ora, para aquele que crê sua crença sempre será verdadeira, se assim não for não crê. Além disso, crer é, por definição, a adesão a uma proposição independentemente de qualquer justificação. Já dizia Santo Agostinho que é mais fácil toda água do mar caber em um dedal do que a mente humana compreender o mistério da santíssima trindade[134]. É uma questão de crença e, para os que creem, é uma verdade evidente que dispensa qualquer justificação. Por isso a tríade crença, verdadeira e justificada é incoerente. Toda crença é por definição: verdadeira para os que nela creem e, se é verdadeira, não precisa de justificação.

Mas não sejamos cruéis, vamos deixar a crença de lado. É indiscutível que a verdade tem que fazer parte do conceito de conhecimento. Será mesmo? O que é verdade?

O conceito de verdade precisa ser abordado sob vários aspectos. O primeiro é o que separa a verdade axiológica, como valor moral que é geralmente escrita em maiúsculas, da verdade epistemológica que nada tem de boa ou má, certa ou errada e não possui qualquer conteúdo afetivo. Essa classificação inicial é necessária pela carga moral e moralista que contêm a verdade axiológica. A extrema valorização da verdade como valor moral absoluto é um tanto hipócrita. Tente passar um dia inteiro sem contar uma mentirinha sequer! Experimente dizer para sua sogra que o almoço de domingo estava tenebroso ou diga, sinceramente, o que você achou do novo corte de cabelo da sua mulher. Duvido que você faça isso e, se fizer, terá grandes problemas. Mais uma vez temos um paradoxo incontornável. Embora a verdade axiológica seja extremamente valorizada, toda dita "boa educação" está fundada na mentira. A arte de ser bem-educado é a arte de mentir gentilmente. Mas não é isso que nos interessa. Em relação ao assunto em tela – o conceito de conhecimento – temos que abordar a verdade epistemológica e não a verdade axiológica.

Em termos epistemológicos a primeira distinção a ser feita é entre a definição de verdade e os critérios para alcançar a verdade[135].

A definição de verdade se vale de dois critérios iniciais: a verdade por correspondência e a verdade pela coerência. Esses dois critérios se dividem em uma infinidade de subcritérios dos quais avaliarei alguns, só para demonstrar que elemento verdade na construção do conceito de conhecimento é pouco mais que inútil[136].

A verdade por correspondência remonta Aristóteles que define verdade como: "dizer do que é o que ele não é, ou do que não é que ele é, é falso, enquanto dizer do que é que ele é, ou do que não é que não é, é verdadeiro. "[137] Como fica evidente a verdade por correspondência depende

113

visceralmente das concepções ontológicas do mundo. A verdade por correspondência pressupõe que o discurso deve corresponder a alguma coisa, ou seja, pressupõe uma relação de absoluto isomorfismo[138] entre o discurso e alguma coisa (realidade, existência ou essência). Segundo a opção ontológica que se adote os critérios de correspondência variarão.

Para os essencialistas (platônicos e pitagóricos são exemplos) a verdade será alcançada quando o discurso for correspondente - isomórficamente - a essência das coisas. Mas não é assim tão fácil. Que essência é essa? Como ela pode ser descoberta? Ela pode ser descoberta? O discurso é unívoco? Como se resolve o problema da ambiguidade dos significados? Existem sinônimos? Um mesmo discurso pode ser isomórfico em relação a duas coisas diferentes? Há uma única palavra que corresponde metafisicamente a cada coisa no mundo? Se não há, como é possível verificar se a correspondência entre o discurso e a essência ou existência estão corretas?[139]

Quando o foco ontológico está na existência a essência já não importa por ser inatingível, a verdade passa a ser definida como uma questão de correspondência entre o discurso e aparência exibida pelo ser. Nessa esteira estão boa parte dos empiristas, a escola de Aristóteles e várias outras correntes filosóficas. Mais uma vez os mesmos problemas acompanham essa definição de verdade, basta que perguntemos: Se a existência é a aparência externa do ser, nós somos capazes de perceber todos os seus aspectos? Se não somos qual dos aspectos da existência encerra a verdade? Ainda temos que enfrentar as mesmas questões levantadas quanto ao discurso. Há uma única palavra que corresponde metafisicamente a cada coisa no mundo? Se não há como é que se pode verificar se a correspondência entre o discurso e a essência ou existência estão corretas? Existem sinônimos?

A mudança do foco da correspondência para a realidade (definida como o aspecto da existência que realmente percebemos) continua sem resolver o problema. As mesmas questões são apresentadas sem que tenhamos a menor esperança de oferecer respostas minimamente convincentes.

Há uma mudança radical quando a definição de verdade passa a adotar o critério da coerência ao invés do critério da correspondência. A verdade pela coerência é obtida e avaliada de acordo com as premissas do próprio discurso em que é afirmada, não é preciso verificar qualquer tipo de correspondência com a essência, com a existência ou com a realidade, basta que sejam formuladas afirmações coerentes com outras anteriormente assumidas como verdadeiras.

Existem autores que se dizem coerentistas, mas são adeptos da definição de verdade por correspondência. Esses autores afirmam que o mundo é coerente (seja na versão ontológica da essência da existência ou da realidade) por isso ao manter a coerência se encontraria a verdade. Essa forma de pensar confunde a verdade como definição com os critérios para a obtenção da verdade. O que se tem aqui é uma definição de verdade por correspondência que usa a coerência como critério para sua obtenção.

Os critérios para obtenção da verdade são múltiplos e podem se mesclar dos jeitos mais inusitados com as diversas definições de verdade.

Pense nos critérios de obtenção da verdade nos tribunais pré-modernos. Três eram as formas básicas de descobrir a verdade: pelos ordálios, pelos juramentos de testemunhas e pelo julgamento por combate. Os ordálios mais famosos eram o julgamento pela água e pelo fogo. No julgamento pela água se mergulhava o acusado em um rio ou lago sagrado, caso ele boiasse era considerado culpado, pois nem a água o aceitou. O julgamento pelo fogo seguia um procedimento similar. O acusado era obrigado a segurar durante um certo tempo um metal em brasa. Depois disso, sua mão era enfaixada e a culpa era determinada de acordo com a velocidade da cura. Nos juramentos por testemunhas havia uma suposição de que ninguém arriscaria ir parar no inferno para proteger outra pessoa, por isso os depoimentos de inocência feitos sob juramento eram suficientes como prova. O interessante era que essas testemunhas certificavam o bom caráter e a fé do acusado, não havia a menor necessidade de que elas soubessem coisa alguma acerca dos fatos envolvidos no julgamento. Por fim, o julgamento pelo combate pressupunha que deus sempre daria a vitória a quem falasse a verdade[140][141].

No mesmo período, fora da esfera dos julgamentos o conhecimento era considerado verdadeiro e legítimo com base na tradição. Somente as afirmações feitas de acordo com os ensinamentos de mestres ou santos (*"ad verecundiam"* e *"magister dixt"*) eram consideradas válidas[142]. Esses critérios de obtenção de verdade podem parecer primitivos e exóticos, mas o fato é que eles são usados até os dias atuais. A jurisdição moderna ainda usa os compromissos (juramentos no direito saxão) como meio de garantir a verdade da prova testemunhal. A academia – como de certo você sabe – adota, em larga escala os critérios *"ad verecundiam"* e *"magister dixt"* até hoje.

Caminhando um pouco mais veremos que a distinção entre verdade como definição e verdade como critério[143] é indispensável para a compreensão do culto à ciência e as contradições que o envolvem[144]. A sociedade contemporânea, principalmente após o final do século XIX, se rendeu ao método científico e racional para a solução de problemas básicos como a necessidade de alimento, abrigo e sexo. Os resultados apresentados foram avassaladores. Nunca antes tinha se visto tanta eficácia na solução desses problemas. O método científico, como diz o nome, embora seja extremamente eficaz, é apenas um método que tem em seu bojo um critério para obtenção da verdade, no entanto, sua aplicação não pressupõe qualquer definição de verdade específica. É por isso que o método científico, com seus critérios para obtenção da verdade, pode ser e é aplicado por adeptos de várias definições de verdade. A pluralidade de definições de verdade que adotam um mesmo critério para sua obtenção é a causa de confusões épicas, discussões acaloradas e inimizades eternas no seio da academia[145].

As confusões acontecem mais pela falta de clareza na exposição dos sentidos de verdade adotados do que por discordâncias na aplicação dos critérios para a sua obtenção ou verificação.

Existem milhares de exemplos. Gödel era confessadamente platônico, acreditava que os objetos matemáticos possuíam uma essência, existência e realidade próprias independentemente dos matemáticos que as estudavam. Para ele a matemática era descoberta e não criada. A função do matemático seria apenas descobrir as realidades matemáticas e não as inventar[146]. É sabido que existem cientistas com profunda fé em deus e outros que são ateus. Apesar das diferenças esses cientistas têm em comum a adoção de um mesmo critério de obtenção da verdade (pela via do método científico). É claro que, dependendo da definição de verdade adotada os problemas formulados serão diferentes e as conclusões obtidas serão interpretadas de maneira, muitas vezes, opostas[147]. O caso de Gödel é paradigmático. Seus teoremas da incompletude provam que um sistema formal não pode ser, ao mesmo tempo, completo e coerente já que, se tentar sê-lo, produzirá os paradoxos decorrentes da recursividade[148]. Gödel provou seus teoremas com a intenção de demonstrar que existem realidades matemáticas concretas que não podem ser dedutíveis de um sistema lógico[149]. Já outros autores interpretaram seus resultados como sendo a prova da impossibilidade humana de criar um sistema completo e coerente[150]. Da mesma forma um físico cristão (platônico por definição) pode interpretar a

119

ausência de explicação de certos fenômenos como prova da existência de deus. O mesmo fato pode ser interpretado por um ateu como a prova da ignorância humana. Quando esses vários atores não explicitam suas opções ontológicas e as definições de verdade delas decorrentes a disputa é inevitável e o consenso impossível. A ausência de explicitação das opções ontológicas e das definições de verdade existe porque que há uma forte tendência ao absoluto, que é universal, necessário e sagrado, por isso não precisa ser explicado já que é autoevidente, o que é extremamente contraproducente.

Mas, voltando um pouco atrás, você deve estar se perguntando porque mesmo ciente de todas as implicações, tanto da verdade como definição quanto dos critérios de obtenção da verdade, afirmei que a verdade é um elemento inútil para a construção do conceito de conhecimento. A resposta é simples. A verdade como definição depende das opções ontológicas de cada um. Essa dependência é óbvia e, muitas vezes como tudo que é óbvio, pode ser difícil de perceber[151].

As opções ontológicas que fazemos são as definidoras de nossos dogmas para a percepção do mundo[152]. É pela via dos dogmas ontológicos que estabelecemos nossas crenças a respeito de tudo, principalmente a respeito do que é e do que não é. Se a definição de verdade, nas palavras de

Aristóteles, é "dizer do que é o que ele não é, ou do que não é que ele é, é falso, enquanto dizer do que é que ele é, ou do que não é que não é, é verdadeiro", então a verdade ou falsidade de uma afirmação depende daquilo que achamos que é ou não é, depende dos dogmas ontológicos adotados por cada um. Na medida em que não há nenhum critério pelo qual seja possível avaliar uma opção ontológica em detrimento da outra, a adoção de uma ao invés de outra é questão de escolha, por que não dizer, de fé. Se a ontologia é uma questão de fé além de qualquer prova ou argumentação, dita as definições de verdade, então as definições de verdade também o são, logo, como atos de fé, as definições de verdade devem ficar fora do conceito de conhecimento.

Se isso não bastasse tenho, ainda, uma objeção pessoal que decorre das premissas que estou apresentando. Divido meu modelo, tão claramente quanto possível, em ontologia, epistemologia e deontologia e tento evitar, por uma questão de coerência (olha ela ai de novo), que esses campos de confundam. Assim, a verdade como definição é parte da ontologia, da metafísica e não deve se confundir com a epistemologia.

Mas porque a verdade como critério também deve ser excluída do conceito de conhecimento? Simples, por economia! A verdade como critério se confunde com a justificação. Sempre que formulamos uma justificação para uma dada afirmação devemos explicitar os critérios que foram usados para chegar a ela, a verdade como critério é idêntica a justificação. Por questão de economia e para evitar maiores ambiguidades e o peso axiológico do termo verdade, prefiro a justificação. Por isso disse que a verdade é um elemento inútil para o conceito de conhecimento, basta o recurso a justificação.

Nesta linha de raciocínio a definição de conhecimento como crença, verdadeira e justificada (CVJ) acaba por se resumir a justificação que é seu único elemento relevante. A crença é verdadeira para aquele que crê. Por ser verdadeira não precisa de justificação. A verdade tratada como definição por correspondência decorre de dogmas ontológicos e deve ser apreciada como metafísica (crença) que é, e excluída do conceito de conhecimento. Só a justificação se salva.

Bom, expus as razões pelas quais não concordo com o conceito de conhecimento como crença, verdadeira e justificada (CVJ), mas qual seria minha definição de conhecimento? Como dizia Mikhail Gorbachev, é muito mais fácil matar um elefante do que remover o cadáver. Da mesma forma criticar um conceito é bem mais fácil do que justificar sua adoção. Como um conceito de conhecimento é

122

indispensável a criação de modelos de mundo, adoto a definição de conhecimento que tem a justificação como centro. Minha opção epistemológica é pelo conceito de conhecimento como uma asserção justificada feita por um sujeito sobre uma proposição (AJsp)[153]. Essa definição está longe de ser isenta de problemas, mas funciona melhor do que a definição clássica. Vamos ver cada um de seus elementos.

5.1 Asserção justificada de um sujeito sobre uma proposição (AJsp)

Asserção é uma afirmação de concordância ou discordância sobre um dado enunciado ou proposição. Esquematicamente, a asserção funciona como uma caixa de diálogo onde assinala a concordância ou a discordância com relação a um enunciado qualquer. Por exemplo, a frase: "O elemento verdade é irrelevante para o conceito de conhecimento", é uma asserção positiva acerca do enunciado: irrelevância da verdade para o conceito de conhecimento. Funciona como se estivéssemos respondendo com sim ou não a perguntas específicas. Em forma de pergunta a asserção poderia ser assim: "A verdade é irrelevante para o conceito de conhecimento? " Respondendo sim ou não a essa pergunta estamos formulando uma asserção. Como você já deve ter percebido formulamos proposições e asserções o tempo todo, mas quase nunca de forma expressa. O discurso quotidiano está repleto de asserções sobre proposições formuladas das formas mais variadas[154].

Mas não são todas as asserções que podem ser consideradas como conhecimento. Para isso elas precisam ser formuladas por um sujeito, não podem ser difusas. As vezes as asserções são atribuídas a grupos, a figuras difusas, coletivas, indeterminadas ou sobrenaturais tais como: a sociedade, os alunos da faculdade, deus, "todo mundo", etc. Esse tipo de asserção não compõe o conceito de conhecimento, pode, quando muito, ser a fonte do conhecimento que é sistematizado por um sujeito específico. Imagine um pesquisador que estuda o folclore da região sul do Amazonas. Ele não produz o folclore, mas tão pouco o folclore é, por si só, uma forma de conhecimento. O conhecimento será produzido pelas asserções justificadas que o pesquisador (sujeito) vier a formular sobre afirmações elaboradas (proposições) sobre o folclore do sul do Amazonas (objeto do conhecimento). Mais uma vez, não custa deixar claro que essa é a minha visão do que é o conhecimento e não pretendo que ela seja universalmente aceita. Já disse algumas vezes que sou um relativista radical.

Não sou pretensioso a ponto de achar que minha visão de mundo seja absolutamente original ou tenha qualquer relevância mas julgo que a exposição detalhada de minhas opções filosóficas e metodológicas é fundamental para a compreensão desse trabalho. Digo isso para ser coerente!

O próximo elemento e talvez o mais importante do conceito de conhecimento é a justificação. Sem justificação não há conhecimento de espécie alguma. Mas o que é justificar? Como a justificação deve ser apresentada? É preciso justificar todas as asserções? Até que ponto deve uma asserção ser justificada? Tentarei responder a essas questões em seguida.

Justificar é construir uma "prova" lógica sobre uma determinada asserção. Essa prova lógica deve ser precedida de três passos: 1) explicitação dos axiomas adotados, sejam eles dogmáticos ou não; 2) explicitação das regras de inferência, isto é, regras pelas quais se passa de uma asserção a outra; 3) esclarecimento, quando solicitado, dos termos usados nas proposições (desambiguação). Uma vez tomados esses três passos o sujeito que pretende produzir conhecimento deve construir a justificação com base neles[155][156].

A tarefa não é fácil, mas também ninguém disse que seria. Construir conhecimento é uma atividade bem diferente

125

das outras que fazemos no dia-a-dia. Nas conversas que normalmente entabulamos mesmo em ambientes formais como o trabalho ou a igreja os interlocutores quando demandam alguma justificação para nossas asserções o fazem esperando menos rigor na sua formulação. Seria caricato e exaustivo se a cada afirmação que fizéssemos durante o dia expuséssemos, detalhadamente, as premissas, as regras e os significados de todas as palavras. Não conseguiríamos passar do café da manhã! Ao acender a luz você teria que pensar no porque o faz; se é necessidade de enxergar melhor ou se é um medo atávico e ancestral do escuro; como a luz é produzida; como a energia chega até a lâmpada; como a lâmpada funciona; como a energia elétrica chega a sua casa; como funciona o contrato de fornecimento de energia elétrica e assim por diante. Simplesmente as coisas não funcionam assim.

No entanto, para o conhecimento a produção de uma prova lógica detalhada é indispensável. É claro que não em todo tipo de conhecimento que encontraremos esses passos demonstrados de forma expressa, no entanto é indispensável que, de alguma forma eles estejam lá. Não há conhecimento sem justificação. E não há justificação racional sem a construção, mesmo que de forma indireta, de uma prova lógica.

A essa altura, meu dileto leitor, você já está imaginando um mundo repleto de formas matemáticas e de "funções de verdade" – aquelas tabelas medonhas que confundem mais do que explicam - mas não é disso que estou falando. Reduzir prova lógica a lógica formal dedutiva é inaceitável, não pretendo fazer isso, nem tão pouco sou ingênuo ao ponto de acreditar na possibilidade da construção de um raciocínio lógico único e universal, completo e coerente nos moldes de Hilbert[157]. Essa tese aborda, justamente, a constatação dessa impossibilidade e seus efeitos sobre a teoria Kelseniana do direito. É fato que muita gente expressiva e mais inteligente do que eu, já pensou assim. Os positivistas lógicos do Círculo de Viena por exemplo[158]. De meu turno, quando falo em prova lógica estou pensando em uma justificação coerente dentro de um dado modelo e aceitando as premissas dogmáticas e axiológicas de quem expõe o raciocínio. O que não posso aceitar, em hipótese alguma, é que justificações incoerentes com seus próprios fundamento sejam admitidas como racionais.

Uma justificação que se pretenda empírica, por exemplo, não pode recorrer a elementos sobrenaturais. Uma justificação qualquer, que se pretende por natureza comunicável, não pode conter elementos inefáveis nem invisíveis. Em um exemplo concreto: um juiz que tem sua investidura determinada pelo ordenamento jurídico não pode negar validade a esse ordenamento. E assim, por diante. Mesmo sabendo que, ao fim quando atingirmos os dogmas últimos de um modelo, ele será injustificável, até que cheguemos lá, para que se produza conhecimento, as justificações devem ser o tanto quanto possível, coerentes com as premissas apresentadas e devem obedecer às regras de inferência estipuladas. Essa exigência não me parece absurda já que cabe a quem justifica escolher os dogmas, os axiomas e as regras de inferência que irá utilizar em sua justificação, por isso, não há necessidade de incoerência. A incoerência, antes de atingidos os dogmas finais, decorre, geralmente, de erro.

Vamos agora enfrentar o espinhoso problema da proposição. O problema começa pela definição corrente de proposição. Segundo os manuais de lógica proposição é uma sentença declarativa que pode ser aferida como verdadeira ou falsa. Essa definição deve ser imediatamente rejeitada. Primeiro porque o conceito de sentença declarativa é vago e impreciso. Depois, e mais importante, os conceitos de verdadeiro e falso são relativos e limitados à lógica dedutiva[159].

Eles são relativos e imprecisos na medida em que dependem das opções ontológicas de quem os adota. Um adepto da verdade por correspondência atribuirá o conceito de verdadeiro as afirmações que correspondem a alguma coisa. Como já disse ao falar da ontologia, os elementos aos quais os discursos poderiam, em tese, corresponder são variados e não existe nenhum critério para que se possa escolher entre eles. Já os adeptos da verdade pela coerência darão outra conotação aos termos verdadeiro e falso. A verdade ou falsidade de um enunciado qualquer só faz sentido nos sistemas exclusivamente formais que utilizam como regra de inferência a dedução.

Não me resta outro recurso senão a utilização de uma definição claramente recursiva de proposição onde: proposição é toda afirmação passível de asserção e justificação. Com essa definição excluo da definição os dogmas e as ficções.

No início desse tópico disse que o elemento mais importante do conceito de conhecimento é a justificação. Justificação consiste na apresentação de uma prova lógica que deve conter três elementos: 1) explicitação dos axiomas adotados, sejam eles dogmáticos ou não; 2) explicitação das regras de inferência, isto é, regras pelas quais se passa de uma asserção a outra; 3) esclarecimento, quando solicitado, dos termos usados nas proposições (desambiguação). Abordei, ainda que de forma breve no tópico referente a ontologia, a questão dos axiomas, agora tratarei das regras de inferência.

5.2 As regras de inferência.

Dois são os tipos primários de regras de inferência: a dedução e a indução. Enquanto a dedução conduz a conclusões necessárias, a indução leva a conclusões mais ou menos prováveis. Ambas as regras de inferência possuem em comum o a fato de servirem para a elaboração de uma afirmação válida partindo de outras afirmações tidas como válidas. Por exemplo:

> Todo homem é mortal;
> Rodrigo é homem;
> Rodrigo é mortal.

Esse é o exemplo clássico de inferência dedutiva onde a conclusão decorre, necessariamente, das premissas. Isso se dá porque a conclusão guarda para com as premissas uma relação de continente e conteúdo, a conclusão já está contida nas premissas. Nada de novo é dito.

Nessa representação o termo médio (homem, que aparece nas duas premissas) funciona como continente e o termo menor (Rodrigo, que só aparece na premissa menor) como conteúdo. O termo maior (mortal, que só aparece na premissa maior) representa uma característica do conjunto homem que, na medida em que é continente do elemento Rodrigo a ele também pertence. Por isso, é lícito afirmar que toda dedução é a expressão de um raciocínio analítico, (toda dedução é tautológica) já que a validade da sua conclusão é sempre irrefutável[160].

Na medida em que Rodrigo é elemento do conjunto homem e uma das características desse conjunto é a mortalidade de duas uma, ou Rodrigo não pertence a essa classe ou é mortal. Das afirmações de que "todo homem é mortal" e "Rodrigo é homem" se deduz que "Rodrigo é mortal"[161].

Na inferência indutiva as coisas se processam de forma distinta da dedução na medida em que não há uma relação de continente e conteúdo, mas sim a atribuição de uma característica a uma classe, seja pela via da generalização (generalização indutiva) da extensão pela semelhança (analogia e abdução). Enquanto na dedução a conclusão não cria nada de novo na indução há a criação (inserção) de um novo elemento[162].

Esse processo resulta em uma síntese de elementos distintos e não na análise de um único elemento, dessa forma se diz que a indução é a forma silogística e a prova adequada para os raciocínios sintéticos enquanto a dedução é própria dos raciocínios analíticos[163].

Como síntese que busca estabelecer uma generalização, ou uma comparação entre classes distintas[164] a indução não trabalha com a verdade ou falsidade de seus enunciados, mas sim com a probabilidade de sua correção[165].

A verdade ou falsidade das premissas não condicionam a verdade ou a falsidade da conclusão indutiva, é possível uma conclusão verdadeira partindo de premissas falsas, da mesma forma pode se chegar a uma conclusão falsa partindo-se premissas verdadeiras. O que deve ser levado em conta é a validade da construção do silogismo (validade da prova), ou melhor, sua correção formal e a probabilidade maior ou menor de acerto de suas conclusões.

Um exemplo clássico de indução é a generalização:

> Os indivíduos 1, 2, 3..... n são alunos do Professor Rodrigo
> Os indivíduos 1,2,3.......n leram o livro x
> Todos os alunos do Professor Rodrigo leram o livro x

Nesse caso o termo médio e o termo maior pertencem ao mesmo conjunto, o que se tenta é atribuir uma característica específica e comum aos elementos desse conjunto, mesmo que ainda desconhecidos.

Com esse tipo de inferência serve para extrair uma regra geral de um conjunto de acontecimentos particulares. Durante séculos essa foi a forma de raciocínio usada para a justificação dos conhecimentos obtidos pela via empírica (generalização indutiva).

Além dos problemas decorrentes da classificação que são comuns a inferência dedutiva, na indução há mais um que se convencionou chamar de "o problema de Hume"[166].

O problema típico da indução pode ser resumido em três questões: Qual o fundamento lógico para atribuição de um predicado a uma classe ou indivíduo? Como é possível a prova lógica dessa atribuição? Em outras palavras, como se pode, logicamente, garantir que todos os membros da classe ostentarão determinada característica?

Segundo Hume, essa prova é impossível. Se isso for aceito, as conclusões obtidas pela generalização indutiva, pela analogia e pela abdução são tidas como legítimas somente por hábito ou fundadas em um dogma ou ficção, já que, não se pode deduzir a característica do todo pelas características da soma das partes[167].

Muitas foram as tentativas de solucionar ou contornar esse problema. Uma das mais interessantes e de maior relevo é a proposta por Popper. Segundo o autor o problema da indução é irrelevante. Para resolvê-lo basta que se separe o contexto da descoberta do contexto da justificação. O verdadeiro conhecimento estaria ligado a justificação e não a descoberta e ainda segundo Popper, a justificação se valeria apenas da lógica dedutiva. O procedimento para a obtenção do conhecimento seria o seguinte: uma hipótese é formulada (contexto da descoberta) e submetida a prova dedutiva (contexto da justificação). Na medida em que a hipótese não fosse refutada pela dedução ela seria considerada, ainda que, de forma provisória, válida e verdadeira. O requisito para a adoção dessa teoria (axioma) é que se deixe de fora o estudo do contexto da descoberta[168].

A novidade evidente desta teoria é a separação dos dois contextos, ou momentos, da descoberta e da justificação. Esta separação é muito importante na medida em que os elementos que conduzem a formulação de uma hipótese, ao invés de outra, são no mais das vezes inescrutáveis não sendo passíveis de comunicação já que a formulação das hipóteses (perguntas) sofre grande influência de pressupostos ontológicos e nem mesmo aquele que as formula tem a plena consciência de seus motivos. No entanto, a modificação do paradigma da justificação da confirmação para a infirmação não resolve o problema da indução, apenas o desloca procurando evitar a recursividade. O que a teoria de Popper faz é criar um outro nível ou uma outra classe, remetendo a contradição para fora de seu sistema, assim como, veremos, fez Kelsen.

A solução do problema da indução está na correta compreensão da estrutura do raciocino indutivo e na renúncia a obtenção da certeza e da verdade.

A indução é vista como problemática por conta da sua impossibilidade de fornecer conclusões tautológicas definitivas. Ocorre que, essa limitação não é exclusiva da indução, mas também pesa sobre a dedução. Quando tratamos dos modelos axiomáticos e dogmáticos vimos que em algum momento da prova todo e qualquer raciocínio irá chegar a circularidade ou ao dogma. Como dogma é indemonstrável dentro da prova, a incerteza é inerente a qualquer raciocínio, independente das regras de inferências que se adote, é incapaz de produzir certezas e verdades absolutas, necessárias, sagradas, eternas e universais.

Ora, tanto a indução quanto a dedução são formas de raciocínio lógicos legítimos, mas com funções e matrizes distintas. Em quanto a dedução é, até o ponto dos axiomas, tautológica, pois trata de relação que se estabelece entre continente e conteúdo, a indução se vale da maior ou menor probabilidade de acerto e não pretende demonstrar uma certeza tautológica, mesmo antes do atingimento de seus axiomas. O que se pode fazer é adotar a separação entre o contexto da descoberta (o inserindo onde ele deve estar, na metafísica e na ontologia) do contexto da justificação (notadamente epistemológico) e utilizar, no campo da justificação, a lógica indutiva abrindo mão da pretensão da verdade em prol da probabilidade. É só uma questão de coerência e organização. O contexto da descoberta é ontológico, o contexto da justificação é epistemológico e não devemos misturar um com o outro sob pena da produção de paradoxos recursivos.

Com base nessa compreensão há que se alterar a formulação da generalização indutiva para uma que denote esse caráter de incerteza. O exemplo já citado deve ser modificado para:

> 1,2,3....n são alunos do professor Rodrigo;
> 1,2,3,...n leram o livro "x";
> Todos os alunos do professor Rodrigo até aqui observados leram o livro "x;"
> É provável que todos os alunos do professor Rodrigo venham a ler ou tenham lido o livro "x".

Note-se que o raciocínio indutivo não pretende fornecer certezas, mas apenas probabilidades. Essas probabilidades variam, podem ser fortes ou fracas. Uma probabilidade forte decorre de um argumento forte e uma probabilidade fraca de um argumento fraco. A probabilidade de acerto da conclusão de um raciocínio indutivo é denominada de "probabilidade indutiva"[169].

A probabilidade indutiva deve ser calculada com base na "probabilidade epistêmica" de cada uma das premissas do silogismo indutivo, que, por sua vez, são atribuídas com base na probabilidade indutiva dos silogismos de onde essas premissas se originam. Até que, em um dado momento, não há mais possibilidade de regresso sem que se incorra na circularidade, nesse ponto o axioma da prova foi atingido[170].

É evidente que não será necessário, em toda e qualquer indução, proceder uma regressão até os seus axiomas últimos, assim como na dedução em qualquer ponto da prova pode-se adotar as premissas como axiomas. O fato é que, quanto mais longa a prova (mais distante a conclusão estiver dos axiomas) mais convincente será a afirmação e, portanto, maior será a sua probabilidade indutiva.

A capacidade de regressão até os axiomas irá variar de acordo com fatores externos ao silogismo, tais como: o sujeito que afirma e a quem a afirmação é dirigida; o tempo em que a afirmação é feita e lida e; o seu lugar[171]. Por isso é importante se levar em conta que a probabilidade epistêmica sofre grandes variações advindas de fatores externos à prova que se constrói.

Uma das formas de indução mais usadas, não só na ciência como na vida quotidiana, é a analogia. Analogia é o silogismo onde, por força de dadas semelhanças, se procura estender certas características de uma categoria a outra ou de um elemento de uma categoria a outro elemento de outra categoria[172].

No silogismo analógico há três fatores conhecidos e um quarta desconhecido (variável) que é a sua conclusão. A expressão corrente do raciocínio analógico é "a está para b assim como c está para d". Com essa comparação se busca estender os efeitos conhecidos de uma relação ("a" para "b") aos desconhecidos de outra ("c" para "d"). Essa comparação pode ser tanto qualitativa quanto quantitativa[173].

Como a conclusão do raciocínio analógico cria algo novo (não está contida nas premissas) ela não é necessária, mas apenas provável, se insere dentro da categoria ampla da indução. A analogia é usada o tempo todo, na linguagem corrente, na poesia, nas decisões diárias e na ciência. A decisão de compra, quando refletida, é tomada com base em um raciocínio analógico. Por exemplo:

> Pedro sabe que João comprou um computador da marca "x";
> Esse computador funciona muito bem;
> É provável que outro computador da marca "x" funcione bem;
> Por isso, Pedro decide comprar o computador da marca "x".

A moda, também é analógica na medida em que se funda na comparação. A moda é seguida porque aqueles que

138

a ela aderem acreditam que ficaram com boa aparência tal qual os modelos nas revistas e encartes. Por exemplo:

> O conjunto de calça e camisa ficou bem no modelo;
> Se comprar o mesmo conjunto e vestir da mesma forma;
> É provável que a roupa fique igualmente adequada no comprador.

As ciências empíricas também se valem, a todo tempo, das inferências analógicas. A medicina é um bom exemplo:

> Um número grande de pacientes que apresentam dores no corpo e febre, estão gripados;
> João apresenta dores no corpo e febre;
> É provável que João esteja gripado.

A analogia é largamente utilizada nos discursos (poético, narrativo ou argumentativo) para tentar transmitir ao leitor experiências que não podem ser descritas de outra forma ou que encontram maior ênfase com o uso da analogia (o mundo funciona como um relógio, fulano trabalha como uma máquina). Todas as comparações e classificações são analógicas.

A estrutura básica do raciocínio analógico se dá com quatro elementos e em dois estágios. No primeiro estágio que está expresso nas premissas onde se localizam os elementos conhecidos. A inferência analógica compara uma ou mais características de dois entes e afirma que um desses entes possui uma dada característica desconhecida no outro. O segundo estágio, consiste na conclusão onde é constatada a probabilidade de que essa característica se estenderá ao outro ente. Assim temos os seguintes elementos:

> Entes comparados (conhecido);
> Características comuns (conhecido);
> Característica atribuída a um dos termos da comparação (conhecido)
> Extensão da característica de um ente ao outro (desconhecido).

A analogia como espécie de raciocínio indutivo conduzirá a uma conclusão indutivamente forte ou indutivamente fraca (com maior ou menor probabilidade indutiva). A força da conclusão indutiva é medida pela probabilidade de acerto de sua conclusão (probabilidade indutiva). A probabilidade indutiva é calculada com base na probabilidade epistêmica de cada um dos enunciados que servem de premissa para a conclusão. Essa probabilidade epistêmica tem seu valor atribuído pela probabilidade indutiva dos silogismos dos quais as premissas se originam e esse movimento de regresso deve continuar até o atingimento dos axiomas que servem de base a toda justificação. Esses axiomas podem ser atingidos por esgotamento (não há mais como se regredir sem que se incorra na circularidade) ou por opção daquele que apresenta a justificação que fixa dados termos como axiomas (nesse caso deve-se lembrar de que, quanto mais longa a justificação melhor será sua qualidade e força persuasiva).

Além desses requisitos, que são comuns a toda e qualquer indução, a analogia possui outros que lhes são específicos, tanto quantitativos quanto qualitativos. Os quantitativos são: A) quantidade de elementos objeto de comparação contido nas premissas; B) quantidade de pontos semelhantes entre os entes das premissas e o da conclusão; C) quantidade de diferenças entre os entes das premissas. O qualitativo, que é na maioria das vezes o determinante da probabilidade indutiva, é a atinência[174].

A analogia busca comparar entes distintos para atribuir a um deles dada característica que é conhecida ao outro em que ela é desconhecida. Quanto maior for o número de entes que gozam da mesma similaridade e que possuem a mesma característica que se visa estender, maior a probabilidade dessa extensão estar correta. O argumento:

João comprou um computador da marca "x" e ele funciona muito bem;
Então;
Se;
Pedro comprar um computador da mesma marca;
Provavelmente;
Funcionará bem.

É bem mais fraco do que:

João, Emílio, Manoel e Margarida compraram computadores da marca "x" e eles funcionam bem;
Então;
Se;
Pedro comprar um computador da mesma marca;
Provavelmente;
Funcionará bem.

Tanto mais forte será o argumento quanto mais pontos de semelhança houver entre os entes citados nas premissas e aquele que ao qual se pretende estender a conclusão. Assim o argumento:

João, Emílio, Manoel e Margarida compraram computadores da marca "x", modelo "Y", na loja "Z" e eles funcionam bem;
Então;
Se;
Pedro comprar um computador da mesma marca;
Provavelmente;
Funcionará bem.

É mais fraco do que:

João, Emílio, Manoel e Margarida
compraram computadores da marca "x",
modelo "Y", na loja "Z" e eles funcionam
bem;
Então;
Se;
Pedro comprar um computador da mesma
marca, modelo e na mesma loja;
Provavelmente;
Funcionará bem.

Quanto maiores forem as diferenças entre si dos entes constantes da premissa maior será a probabilidade indutiva da conclusão. Desta forma o argumento:

João, Emílio, Manoel e Margarida que
moram na mesma cidade, trabalham na
mesma empresa, são da mesma faixa etária e
usam os mesmos aplicativos, compraram
computadores da marca "x", modelo "Y", na
loja "Z" e eles funcionam bem;
Então;
Se;
Pedro comprar um computador da mesma
marca
Provavelmente;
Funcionará bem.

É mais fraco do que:

João, Emílio, Manoel e Margarida que moram em cidades diferentes, sendo que um é empregado da construção civil o outro estudante de direito e o terceiro empresário da área de petróleo e, por isso, usam aplicativos totalmente variados, compraram computadores da marca "x", modelo "Y", na loja "Z" e eles funcionam bem;
Então;
Se;
Pedro comprar um computador da mesma marca, modelo e na mesma loja;
Provavelmente;
Funcionará bem.

É preciso deixar claro que, embora esses requisitos do raciocínio analógico sejam quantitativos, isso não quer dizer que a probabilidade epistêmica de cada conclusão irá variar exatamente na razão das quantidades descritas. O fator determinante da força indutiva de um argumento analógico está na sua atinência.

Atinência é definida como a relação causal que há entre dois enunciados. No caso da analogia a atinência que interessa é a estabelecida entre os enunciados da premissa e o enunciado da conclusão.

Para a correta compreensão da atinência há que se abordar a causalidade. O conceito de causa possui várias definições, mas aqui adotarei o conceito de causa como sendo as condições para a ocorrência de um efeito.

As condições são divididas em dois tipos: necessárias e suficientes.

As condições necessárias são aquelas sem as quais o evento não se verifica.

As suficientes são aquelas que ocasionarão o evento sempre que estiverem presentes. Entre esses dois campos podem ocorrer um vasto número de combinações. Uma condição pode ser necessária, mas não suficiente, outra pode ser suficiente, mas não necessária, outras, ainda, podem ser suficientes e necessárias[175].

Utilizando a combustão como exemplo pode se verificar que a existência de oxigênio, de material combustível e de uma temperatura elevada, são condições necessárias para a combustão. No entanto, nenhum desses fatores isolados constitui uma condição suficiente para a combustão. Ao contrário, a combustão é condição suficiente para demonstrar a presença de oxigênio, material combustível e calor. Dito de outra forma, sempre que "A" for condição necessária de "B", "B" será condição suficiente para demonstrar a presença de "A". No primeiro caso a combustão é a propriedade condicionada e os demais fatores são as propriedades condicionantes, já no segundo caso se dá o inverso. Em linguagem corrente é possível afirmar que a propriedade condicionada é o efeito enquanto as propriedades condicionantes são as causas.

O método utilizado para se estabelecer quais as condições necessárias e suficientes para um evento, foi sistematizado por Stuart Mill, e se divide em cinco passos: 1-concordância; 2-diferença; 3-conjunto; 4-resíduos; 5-variação concomitante[176].

O método da concordância é utilizado para a determinação de quais são as propriedades condicionantes comuns aos casos observados onde a propriedade condicionada se manifesta. Voltando ao exemplo da compra do computador: A, B e C compraram computadores da marca "x" com uma configuração "y" em lojas diferentes e essas máquinas funcionam bem. Então a propriedade condicionada é o bom funcionamento do aparelho e as prováveis propriedades condicionantes são a marca, a configuração e o local da compra. Como as propriedades condicionantes concordantes entre as três hipóteses são a marca e a configuração essas devem ser as condições necessárias para o bom funcionamento da máquina.

O método da diferença funciona de forma inversa. A, B e C compraram computadores da marca "x", sendo que A e B usam a configuração "y", C usa a configuração "z". As máquinas de A e B funcionam bem e a de C funciona mal. Das prováveis propriedades condicionantes a única que difere entre as máquinas que funcionam bem e a que funciona mal é a configuração, isso indica que ela é a condição suficiente para o mal funcionamento.

O método conjunto analisa a diferença e a concordância ao mesmo tempo.

Com o método dos resíduos se elimina as condições conhecidas para um dado efeito. A partir de então as propriedades condicionantes restantes corresponderão a outra propriedade condicionada. Um exemplo e o peso de uma mala. Fulano pesa 85 Kg e sobe em uma balança com uma mala nas mãos. A balança marca, então 120 Kg. Como o peso de fulano é propriedade condicionante de 85 Kg o resíduo, 20Kg, é propriedade condicionante do peso da mala.

A variação concomitante é aplicada quando alguma propriedade condicionante não pode ser removida, mas sofre alterações e essas alterações produzem outras alterações na propriedade condicionada. O exemplo da influência da lua sobre as marés é elucidativo.

Tanto melhor será uma inferência analógica quanto maior for a sua força indutiva e tanto maior será a força indutiva quanto maior for a atinência entre as premissas e a conclusão. A atinência é medida pela maior ou menor probabilidade dos fatores condicionantes atuarem sobre a conclusão. Por exemplo, o argumento segundo o qual:

João, Emílio, Manoel e Margarida que moram na mesma cidade, trabalham na mesma empresa, são da mesma faixa etária e usam os mesmos aplicativos, compraram computadores da marca "x", modelo "Y", na loja "Z" e eles funcionam bem;
Então;
Se;
Pedro comprar um computador da mesma marca, modelo e na mesma loja;
Provavelmente;
Funcionará bem.

É mais forte do que:

João, Emílio, Manoel e Margarida que moram na mesma cidade, tem cabelos castanhos escuros e olhos cor de mel, compraram computadores que funcionaram bem;
Então;
Se;
Pedro que mora na mesma cidade e possui cabelos e olhos da mesma cor comprar um computador;
Provavelmente;
Funcionará bem.

Isto ocorre porque a cor dos olhos e dos cabelos dos usuários não possui atinência (não são condições nem necessárias nem suficientes) para o bom funcionamento de um computador.

Como a fixação das propriedades condicionantes depende da quantidade de dados submetidos aos métodos descritos, quanto maior for a quantidade de dados analisados maior será a probabilidade de acerto quanto as propriedades condicionantes. Por isso, no caso da justificação racional da analogia a prova precisa ser longa já que para se avaliar corretamente a probabilidade epistêmica será preciso saber quais dados foram utilizados para o estabelecimento da atinência entre as premissas e a conclusão.

A outra forma de raciocínio indutivo é inferência da melhor explicação (IME). Essa inferência é a forma de raciocínio que busca descobrir a causa provável de um dado evento. Percebido um evento há que se escolher, entre as causas possíveis, qual a que melhor explica o evento. De imediato pode se notar que as conclusões obtidas por essa classe de inferência se enquadram na definição de indução na medida em que as conclusões obtidas são apenas prováveis[177].

Nessa inferência de posse de um evento conhecido se busca inferir, dentre as causas possíveis, qual é a que melhor explica seu acontecimento. Por exemplo:

Foi encontrada uma poça de água no
corredor de um prédio;
Essa água pode ser decorrente de:
vazamento de cano; lavagem do corredor;
chuvas;
Como choveu na noite anterior é provável
que a água seja da chuva;
Portanto essa é a melhor explicação.

A diferença entre a IME e a generalização indutiva é
evidente. Na generalização indutiva são observados uma
série de situações e se conclui que, provavelmente, os demais
eventos correlatos seguirão o mesmo padrão (todos os corvos
encontrados até hoje são pretos, é provável que os próximos
corvos a serem encontrados sejam, também, pretos). Na IME
há, apenas um evento observado e o que se busca é saber
quais foram as condições atuantes para a sua ocorrência
(sejam suficientes ou o conjunto de condições necessárias).
Por esse motivo a IME é utilizada, em larga escala, para a
criação ou justificação de teorias sobre fenômenos não
observáveis como no caso da física quântica ou subatômica,
enquanto a generalização indutiva é utilizada na pesquisa de
fenômenos observáveis.

Na analogia há três elementos conhecidos e um
desconhecido e o que se busca é a extensão de uma das
características de um elemento a outro, na IME só há um
elemento conhecido que é o evento que se busca explicar. De
posse desse evento é criado um conjunto de hipóteses causais

(condições suficientes ou conjunto de condições necessárias) capazes de, em tese, dar origem ao evento conhecido. Uma vez formulado o conjunto de hipóteses é preciso escolher, dentre elas a melhor explicação possível. Esse tipo de inferência enfrenta três problemas que precisam ser esclarecidos: 1) como o conjunto de hipóteses é criado? 2) quais são os critérios para a escolha da melhor entre elas? 3) a melhor explicação é sempre a que tem maior probabilidade indutiva?

O problema da criação do conjunto de hipóteses é resolvido da mesma forma que se faz o cálculo da probabilidade indutiva. As hipóteses causais não são criadas a cada evento mas fazem parte do acervo de conhecimento acumulado pelo grupo social. A justificativa da pertinência de uma dada afirmação em um conjunto de hipóteses se dá pela explicitação das inferências anteriores que lhe servem de fundamento. Por isso, fica claro que a criação do conjunto de hipóteses que serão utilizadas está diretamente ligada aos aspectos subjetivos do agente que as cria. Por exemplo: as condições elencadas frente a dados sintomas por um médico serão distintas das elencadas por um religioso. Mas o exemplo não precisa ser tão drástico. Duas pessoas educadas irão criar um conjunto de hipóteses distintas frente a um evento de acordo com sua formação profissional. Assim, o

151

conjunto de escolha formado por um médico ginecologista e por um cardiologista acerca de um mesmo sintoma será distinto. Por isso, além de se levar em conta a probabilidade indutiva na formação das hipóteses há que se considerar a probabilidade epistêmica que varia de acordo com a quantidade de informações disponíveis para cada sujeito em função dos grupos a que pertence – é o chamado palpite educado. Esse é um dos fatores que deve ser levado em conta quando da formulação e da análise da qualidade das IME. Tanto melhor e mais provável será a inferência quanto mais amplo for o conjunto de hipóteses escolhido. A IME desenvolve um critério de comparação relativa já que não leva em conta todas as condições necessárias e suficientes para o evento, mas apenas as incluídas no conjunto inicial de hipóteses. Mas isso não parece um grande problema na medida em que não se está frente a uma dedução que busca a verdade, mas sim frente a um tipo de inferência indutiva que irá apontar para a maior ou menor probabilidade de acerto.

Um dos grandes problemas para o uso das IME é a fixação de critérios não arbitrários (verificáveis) para a escolha de qual das conclusões deve ser adotada. Os critérios mais comumente usados para a escolha da melhor explicação podem ser resumidos a três: A) potencial explicativo; B) simplicidade e; C) analogia. Há outra opção que é o uso da fórmula de Bayes[178].

O potencial explicativo é definido como sendo a capacidade de uma hipótese explicar outros fenômenos que não pertençam ao grupo para qual ela foi criada para explicar. Assim, quanto maior extensão da aplicação de uma hipótese a casos distintos maior será o seu potencial explicativo. Ocorre que, geralmente, para que uma hipótese criada para explicar um evento "E" possa ser estendida ao evento "E1" será necessária a adição de um ou mais elementos adicionais (ficções). Por exemplo, para que a teoria psicanalítica seja utilizada no estudo da história ou da economia há que se inserir hipóteses adicionais mais ou menos arbitrárias – ficções no sentido da Filosofia do Como Se[179]. Embora isso seja um fato comum e necessário ele deve ser contraposto ao segundo critério, o da simplicidade.

Uma hipótese será mais simples quanto menos hipóteses auxiliares[180] arbitrárias ela necessitar. Como o potencial explicativo depende destas hipóteses auxiliares ao fim quanto maior o potencial explicativo de uma teoria menor será a sua simplicidade, por isso vale a afirmação de que a melhor explicação é aquela que se aplica ao maior número de conjunto de eventos com o menor uso de hipóteses auxiliares. É o princípio conhecido como a "Navalha de Ockham"[181].

Por fim há a analogia. A aplicação da analogia para a escolha da melhor explicação se dá entre eventos análogos cuja a explicação adotada é a mesma.

Em resumo, quanto maior for a gama de eventos explicados por uma hipótese com o mínimo de recurso a hipóteses adicionais arbitrárias ou a novas ficções melhor será a explicação.

O teorema de Bayes é a tentativa de dar a esse critério uma formulação matemática, que aqui não nos interessa.

Vale ainda notar que a IME é o tipo de raciocínio lógico adotado para a operação de indícios. Dado um evento que não se sabe quais foram as condições para o seu aparecimento cria-se um índice, ou seja, se procura estabelecer outros eventos que indiquem quais foram e como ocorreram essas condições. Segundo o dicionário indício é:

> "Signo não convencional que está fundado na relação de contiguidade com a realidade significada, como a fumaça e o fogo, a nuvem escura e a chuva; índice, índex, sinal." (HOUAISS, 2002).

Ora, na medida em que só se conhece o evento, as condições para o seu aparecimento são percebidas e estabelecidas na forma de indícios. Esses indícios conduzem a um conjunto de hipótese que serão "competidoras" para o posto de melhor explicação para ele. A IME tenta servir de método para a escolha dentre esses indícios o que melhor explica o evento.

Da natureza indiciária é que decorre o problema de saber se a IME busca a melhor explicação ou a condição mais provável. O nome em si já dá uma pista, parece óbvio que a inferência da melhor explicação busca a melhor explicação, mas não necessariamente a mais provável. A ideia é que a hipótese com maior poder explicativo seria necessariamente a mais provável. O fato é que, de posse de uma mesma probabilidade epistêmica a melhor explicação será também a mais provável.

A extensa exposição que acabei de fazer sobre as regras de inferência, dando ênfase especial a analogia e a inferência da melhor explicação, não é imotivada. Procuro seguir o princípio de que tudo o que é inútil deve ser proibido. A exposição sobre as regras de inferência é importante (e útil) não só para a explicitação dos princípios epistemológicos que adoto como também para a compreensão do problema das classes que está umbilicalmente ligado ao tema central dessa tese que, não custa lembrar, é o problema do fundamento, introduzido por Gödel e sua possível influência sobre a teoria da norma

155

fundamental de Kelsen, as conclusões a que, espero, chegar, poderão servir como fundamentos teóricos para a informatização do direito, em especial das rotinas judiciárias e judiciais. Mas vamos ao problema das classes.

5.3 Desambiguação ou o problema das classes

O raciocínio humano funciona de forma classificadora. A compreensão do mundo está baseada na escolha de características percebidas como comuns em determinados indivíduos e no seu agrupamento segundo essas características[182]. Os números e as palavras são exemplos evidentes dessa forma de raciocínio.

A comunicação seria impossível, ou ao menos totalmente diferente, se para cada fenômeno individual houvesse uma palavra específica e única. A palavra homem é o nome de uma classe que agrupa indivíduos que possuem certas características. O mesmo acontece com os números. O número dois é o nome da classe de todos os pares e assim por diante. As características da classe que a palavra denomina estão na sua definição. Toda definição é a enumeração das características relevantes para classe que a palavra nomeia. Dito de outra forma, uma palavra é o nome de uma classe que possui dadas características que são explicitadas na sua definição, que, por sua vez está expressa em palavras que são nomes de classes que se definem por outros nomes e assim por diante, até que se torne impossível uma nova definição.

O processo de classificação possui alguns problemas insuperáveis (ao menos até o momento), o que não significa que deva ser abandonado ou que se deva adotar uma atitude resignada a seu respeito. Só com a consciência das limitações da classificação é que se poderá superar, minorar ou, ao menos, aprender a conviver com eles.

Os problemas decorrentes da criação e uso de classes estão no campo da fixação dos significados das palavras (da desambiguação), por isso, são comuns a justificação como um todo não importando as regras de inferência que serão usadas (dedutivas ou indutivas).

O processo de classificação se dá pela escolha de certas características percebidas como comuns a vários indivíduos e com base nessa percepção se faz o agrupamento desses indivíduos em uma classe à qual se atribui um nome.

Como em cada indivíduo podem ser percebidas uma gama variada de características distintas, o pertencimento a uma classe não exclui, como regra, o pertencimento a outras. Além disso, raramente o enquadramento em uma classe depende de apenas uma única característica.

Dessa multiplicidade de características decorre o primeiro problema da classificação. Quais são as características determinantes para o enquadramento em uma classe?

A palavra carro, por exemplo: carro é o nome da classe em que são inseridos todos os objetos que possuem certas características, essas características são dadas pelo uso corrente da linguagem[183]. Tal uso está cristalizado e normatizado nos dicionários, onde encontramos a definição (lista de características que algo deve ter para ser um carro):

> 1 veículo que se locomove sobre rodas, para transporte de passageiros ou de cargas; 2 veículo de motor a explosão, destinado ao transporte de passageiros ou de cargas; automóvel; 3 vagão ferroviário ou metroviário que se destina a transportar passageiros...

Acontece que, algumas dessas características podem ser removidas e outras acrescentadas sem mudar o enquadramento (classificação) do indivíduo. Por outro lado, há objetos que possuem essas mesmas características e estão enquadrados em outra classe. Por exemplo: uma motocicleta é um veículo que se locomove sobre rodas e se destina ao transporte de passageiros e não é classificado como carro, já um carrinho de mão, usado em obras, é considerado um carro e os exemplos se multiplicam, a cabine de um elevador, é um carro? E um triciclo? O problema reside em identificar quais características são necessárias e quais são acidentais para o enquadramento em cada classe. Essas características vão variar de acordo com o texto e o contexto, elas não são dados prévios, ao contrário, serão fixadas pelos usuários de uma determinada linguagem no uso corrente[184].

Pensando nesses problemas chego à conclusão de que toda palavra é, de alguma forma, ambígua, por isso quando há necessidade de alguma precisão no discurso, como no caso da justificação, é preciso que se forneça a definição expressa dos termos empregados (explicitação das características necessárias de cada classe cujo nome é uma palavra). É obvio que não é preciso definir todos os termos usados, no entanto, é imperativo que se sigam duas regras: A) explicitação dos termos sabidamente ambíguos e; B) explicitação de qualquer termo que tenha seu significado questionado pelo destinatário do discurso ou da justificação. Sem a observância dessas regras simples incorre-se no risco da arbitrariedade e da impossibilidade real de comunicação, já que, a palavra usada em um sentido pode ser interpretada em outro pelo seu destinatário. Como diz o ditado popular: "sou responsável pelo que digo e não pelo que você entende".

O problema da desambiguação não é trivial e tão pouco admite soluções fáceis. Não é trivial na medida em que os programas de computadores em que nossa sociedade está imersa e dos quais é dependente para tudo, desde lazer até a defesa, passando por transações bancárias e pelo funcionamento do Poder Judiciário, têm como condição necessária de funcionamento a criação e implementação de um tipo de linguagem onde a ambiguidade deve ser evitada ao máximo. Isso acontece porque os computadores são, na verdade, grandes calculadoras que fazem, em uma velocidade assustadora, contas aritméticas com os números zero e um. Para eles não pode ser mais ou menos zero ou "tipo" um, tem que ser zero ou um. Por isso, não podemos simplesmente concluir que os conceitos são ambíguos e ponto! Há que se buscar uma maneira de reduzir o tanto quanto possível, ainda que de forma relativa e contingente, sua ambiguidade.

Se por um lado, é indispensável a redução das ambiguidades conceituais, por outro, não há como fazer isso de forma completa, definitiva, como sonharam alguns dos mais importantes positivistas lógicos do século XX[185]. Isso não dá certo porque a sociedade é multifacetada, volátil e as linguagens por ela criadas também o são. Os conceitos e as palavras que os nomeiam (classes e seus nomes) mudam de significado, as vezes radicalmente, ao longo de poucos anos[186]. A volatilidade da linguagem não é um problema em si, mas se torna um entrave à formalização que é indispensável para a criação de programas de computador. A coisa funciona assim: somos dependentes da tecnologia[187]; a tecnologia para funcionar depende de conceitos livres de ambiguidades; a sociedade evolui e muda rapidamente e mesmo os conceitos que não são ambíguos passas a sê-lo, por isso, a criação de uma única linguagem universal livre de contradições é impossível, no entanto algum tipo de desambiguação é necessária. O problema precisa ser enfrentado pela epistemologia. Como traduzir uma linguagem ambígua para outra com significados unívocos, preservando seu aspecto dinâmico necessário a vida em uma sociedade que evolui constantemente?

Ao que parece existem duas respostas possíveis: ou criamos novas tecnologias que sejam capazes de lidar com as ambiguidades conceituais (o computador quântico por exemplo) ou nos adaptamos ao uso de uma linguagem mais precisa onde as sutilezas dos significados são abandonadas em detrimento da uniformidade necessária ao funcionamento de nossas máquinas[188]. No atual estágio de desenvolvimento da tecnologia é evidente que estamos adotando a segunda opção. Cada vez mais a pluralidade, a sutileza e os detalhes individuais são abandonados em prol da digitalização.

Outro problema decorre do princípio da identidade dos indiscerníveis.

A percepção humana é limitada pelo contraste. Os sentidos somente podem notar a existência (e atribuir nomes, criando ou incluindo em classes) daquilo que está em contraste. Pense em uma sala vazia com as paredes, o teto e o piso pintados de branco, com o tempo até mesmo a percepção espacial se esvai. É dessa constatação que emerge o princípio da identidade dos indiscerníveis, segundo o qual sempre que duas coisas são exatamente iguais elas são a mesma coisa. Não existem duas coisas exatamente iguais! Para que sejam duas tem que existir alguma diferença, por menor que seja, caso contrário estamos frente a mesma coisa com dois nomes diferentes. A multiplicidade pressupõe uma diferença qualquer, ainda que ela seja muito sutil[189] [190].

Como a classificação se baseia na igualdade de certas características de cada um dos membros da classe, o processo classificatório é virtualmente impossível já que se essas características fossem totalmente idênticas seria inviável diferenciar um indivíduo da classe de outro. Pelo princípio dos indiscerníveis se as características levadas em conta para a classificação fossem exatamente iguais não haveria como diferenciar os membros de cada classe entre si. Os membros de uma classe são percebidos como indivíduos, logo, isso

162

quer dizer que as características usadas para a classificação não são exatamente iguais, mas sim parecidas.

Então, de duas uma, ou as características usadas para a classificação não são iguais, mas apenas parecidas ou só existem classes unitárias. Se todas as classes fossem unitárias haveria a obrigação de atribuir um nome para cada indivíduo o que implicaria em uma evidente contradição com o objetivo da classificação em si e impediria o raciocínio e a comunicação tal qual conhecemos. Seriam abolidos todos os substantivos comuns restando, apenas nomes próprios, todas as generalizações, criação de leis naturais e regras gerais seriam igualmente impossíveis.

A solução do problema passa pela admissão de que as características que fundamentam o agrupamento de indivíduos em classes não são iguais, mas sim semelhantes, constatação essa, relevante para demonstrar que a classificação está sempre sujeita a desvios e erros já que a semelhança supõe a diferença (o semelhante não é o mesmo, justamente porque guarda alguma diferença)[191]. Nessa linha, temos que admitir que o enquadramento de um indivíduo em uma classe nunca é perfeito e exato, estará sujeito ao grau de tolerância para com a diferença intrínseca a cada um.

A existência de uma linha de tolerância no enquadramento em classes implica que aquele que formula uma classificação e apresenta uma justificação ou uma prova racional deve estar disposto a explicitar, sempre que demandado, o grau de tolerância para cada classificação, em outras palavras, quem justifica não pode assumir como um dado evidente e óbvio o enquadramento de um indivíduo em certa classe. Essa é mais uma das razões pelas quais os termos ambíguos ou contestados devem ser explicados exaustivamente por aquele que apresenta a justificação.

Como você deve ter percebido o processo classificatório, como aqui exposto, está ligado à inferência analógica. Na analogia há uma extrapolação de elementos conhecidos para desconhecidos com base na semelhança. A semelhança está no cerne da classificação e da analogia. Outra característica relevante da analogia é o fato de que ela é espécie no gênero indução, por isso, suas conclusões nunca são necessárias nem analíticas, mas sempre prováveis, contingentes e sintéticas. O mesmo ocorre com a classificação. Correndo o risco de ser repetitivo devo lembrar que as palavras são nomes de classes e não há uma correspondência metafísica necessária entre as palavras e as coisas nem tão pouco entre as coisas e as classes. Os significados das palavras, e os critérios de classificação, não são dados prévios que podem ser verificados como certos ou errados eles são baseados na semelhança e na diferença e, por isso, subjetivos e voláteis[192].

Se a classificação e o significado das palavras não podem ser tidos como certos ou errados e se a classificação é volátil e subjetiva, como escapamos do solipsismo? Como é possível estabelecer a comunicação? A resposta está no isomorfismo, que veremos a seguir.

6 Isomorfismo

Quando nos depararmos com uma coisa que não conhecemos e queremos conhecer o que fazemos é comparar o desconhecido com alguma coisa que nos seja familiar. Essa comparação tem como objetivo a criação de uma "chave" que nos permita decifrar o objeto desconhecido. Essa "chave" é que permite a comparação de modelos diferentes de mundo e. consequentemente, a comunicação intersubjetiva. A criação dessa "chave" e o processo de interpretação que ela desencadeia está baseada no isomorfismo.

Isomorfismo é um conceito oriundo da matemática (álgebra e teoria dos conjuntos) e se aplica quando entre duas estruturas matemáticas (conjuntos, por exemplo) há um mapeamento (relação) de um-para-um entre seus membros (função) e, por isso, todas as afirmações feitas para um se estendem ao outro, como se eles fossem uma única coisa com dois nomes diferentes[193].

O software onde estou digitando esse texto é um bom exemplo. As letras que pressiono no teclado e estão aparecendo na tela têm uma relação isomórfica com números, cada uma delas corresponde a um número específico codificado na tabela ASCII. A letra "A" corresponde ao número 65 a letra "a" corresponde ao número 97 e assim por diante. Esses números, por sua vez, correspondem a valores binários. O número 65 corresponde a 0100 0001 e o número 97 a 0110 0001. Nesse caso o isomorfismo é completo e todas as operações feitas com as letras implicarão em operações feitas com números e vice-versa.

Os computadores operam, assim como nós, com vários níveis de modelos diferentes. Nos níveis mais altos (mais distantes da estrutura da máquina) estão os programas que usamos e nos níveis mais baixos estão os impulsos elétricos e os circuitos que fazem com que a máquina funcione. Para que o computador nos proporcione o resultado que desejamos todos esses níveis devem estar encadeados em um isomorfismo exato onde a letra "a", o número 97, o número 0110.0001 e os impulsos elétricos são a mesma coisa com nomes diferentes. Este exemplo deixa clara a

166

necessidade de desambiguação dos termos. Para que seja possível a criação de um isomorfismo funcional para o uso na informática as ambiguidades devem ser resolvidas.

Um computador é uma calculadora gigante que faz operações extremamente rápidas com combinações de dois números: 0 e 1. Tudo o que se faz em um computador, necessariamente, passa pela criação, aplicação e manipulação de relações isomórficas com as combinações dos números 0 e 1. Nós, pobres usuários, na maior parte do tempo não temos consciência disso, estamos operando com modelos de nível mais alto, mas na medida em que vamos tentando nos aprofundar no seu uso começamos a perceber que existem outros níveis de modelos em que os computadores precisam ser operados.

Quando um programador escreve um software, usa um editor de texto e cria códigos em uma linguagem. Esse texto, para virar um programa, precisa ser "traduzido" para um nível mais baixo (mais próximo de 0 e 1) que por sua vez será traduzido por várias vezes até o nível do hardware, onde o computador saberá o que fazer com ele. No caso do computador existem interpretações de comandos em vários níveis até que as coisas funcionem conforme o esperado. Aqui existe um isomorfismo total cuja "chave" que permite a comparação isomórfica entre os programas de níveis mais

167

altos é dada por quem criou o computador e o sistema operacional e é compartilhada com os demais usuários que, de posse dela, não têm nenhum problema de interpretação. Não tem como fazer de outro jeito. Ou usamos a chave certa para decifrar o código ou simplesmente o computador não funciona. É claro que podemos criar outros computadores, com outras arquiteturas e que usem chaves diferentes, mas isso seria muito difícil e de utilidade duvidosa. O grande segredo do sucesso dos chamados PCs está no fato de que o isomorfismo usado em um é usado em todos. Assim, as máquinas podem se comunicar, os programas são intercambiáveis e os usuários não precisam de treinamento especial individualizado. O segredo está na padronização e na divulgação dos critérios do isomorfismo adotado.

O isomorfismo não é aplicado apenas de forma estrita e padronizada como na matemática e na informática, há isomorfismos genéricos, menos rígidos. Esse tipo de isomorfismo genérico não conta com a divulgação de seus critérios em larga escala nem tão pouco, quando divulgados, com a aceitação de todos. Como no campo dos números e das formas abstratas o isomorfismo ocorre quando duas estruturas complexas podem ser mapeadas e cada parte de uma das estruturas corresponde, em uma relação única de um-para-um, com parte da outra. A correspondência é funcional, complexa e, em alguma medida, volátil.

Vamos pensar em um exemplo mais amigável e mais complexo: a tradução.

Traduzir significa dizer o mesmo em outra língua ou linguagem. A definição pode parecer fácil, mas não se engane, não é. O problema começa quando temos que definir o que é língua, o que é linguagem e há que se definir o que é dizer o mesmo[194].

A tradução pode ser feita entre várias línguas de uma mesma linguagem, por exemplo: do português para o inglês ou entre linguagens diferentes, por exemplo: da literatura para o cinema. Nesse contexto, linguagem é o meio de criação e expressão enquanto língua é definida como uma forma específica dentro de uma mesma linguagem. A tradução entre linguagens diferentes é chamada de tradução intersemiótica e a tradução entre línguas, simplesmente, de tradução.

No exemplo do software, encontramos uma tradução intersemiótica perfeita e ideal entre a linguagem natural e a linguagem numérica: a cada letra corresponde um número decimal; cada número decimal corresponde uma sequência binária de zeros e uns. De posse desses dados, dessa chave, o processo de tradução é automatizado e sempre chegará ao mesmo resultado, nas duas vias, tanto das letras para os números quanto dos números para as letras. Isso é possível porque, embora arbitrários, os critérios da configuração do isomorfismo são padronizados e aceitos por todos o que possibilita a criação de um sistema formal com regras tipográficas rígidas[195]. Voltemos a tradução, os sistemas formais serão tratados no próximo tópico. A tradução entre duas línguas naturais é muito mais complexa e demanda a tomada de um conjunto de decisões sobre qual chave isomórfica se deve adotar pela falta de um critério isomórfico padronizado e aceito por todos.

Traduzir nada mais é do que estabelecer relações isomórficas entre duas línguas ou linguagens diferentes, melhor dizendo, entre modelos de mundo distintos. Vamos imaginar um texto escrito em outra língua, em inglês por exemplo, a tradução desse texto para o português consiste em estabelecer uma relação isomórfica de correspondência entre as palavras do texto em inglês a as palavras do texto em português. No entanto essa correlação não é tão simples. Se tentarmos traduzir um texto palavra por palavra, sem levar em conta o contexto e o sentido original, a tradução será incompreensível ou embora pretensamente literal, ela não estará dizendo a mesma coisa em outra língua.

Vejamos as expressões idiomáticas do inglês e do português. Imagine que no texto que estamos traduzindo apareçam as expressões: "face the music" e "bite the bullet". Há várias traduções possíveis que variarão de acordo com o contexto. Pense em um texto que conta a história que se passa durante a Guerra de Secessão onde a primeira expressão é por dita por um amigo a um jovem soldado em um baile quando ele diz estar com vergonha de dançar e a segunda expressão é dita quanto o rapaz está tendo sua perna amputada em um hospital de campanha. Nesse contexto seria legítimo traduzir as expressões como: encare a música e morda a bala. Já se a história estiver ambientada em outro contexto a tradução deverá ser outra. Caso a narrativa se passe em Nova Iorque, no século XXI, e as personagens são duas jovens mulheres com problemas de relacionamento amoroso, fazer a mesma tradução criará um texto sem sentido. Nesse caso a tradução será canhestra ou até mutiladora. Da mesma forma, se tentarmos traduzir para o inglês as expressões: "caia na real" ou "não adianta dar uma de avestruz", se o contexto não for levado em conta será um desastre. Quando analisamos as coisas sob esse prisma a diferença entre o isomorfismo da tradução entre duas línguas naturais e o isomorfismo necessário para o funcionamento do computador parece imensa, mas não é. Em ambos os casos o que está em jogo é questão de escolha, compartilhamento e aceitação de critérios isomórficos ou dito de outra forma, da criação e compartilhamento de uma chave para a tradução.

Para que a semelhança entre os dois tipos de relações isomórficas fique clara é preciso lembrar que quando defino isomorfismo como uma relação em que se estabelece a correspondência de partes de duas estruturas complexas, a correspondência é funcional. As partes isomórficas devem desempenhar a mesma função em suas respectivas estruturas, mas que função é essa? Ou melhor, o isomorfismo deve se estabelecer com relação a qual ou quais das funções desempenhadas pelas partes em questão?

Assim como nos computadores, as línguas possuem modelos de vários níveis diferentes. Temos o nível sintático, semântico, morfológico, fonético e por aí vai. Na tradução, tentamos estabelecer uma relação isomórfica com o texto original em cada um desses níveis, buscando encontrar a melhor equivalência de funções entre elementos dos textos (partes da estrutura).

Do mesmo jeito que acontece com os softwares, a relação isomórfica entre os textos não existe, ela é criada pelo autor (programador ou tradutor), por isso, são várias as possibilidades de tradução. As traduções nada mais são do que modelos. A tradução é produto de uma escolha mais ou menos arbitrária daquele que a cria. Assim como os modelos, todas as formas de tradução são válidas, mas algumas funcionam melhor que outras. No caso das traduções, funcionam melhor aquelas que conseguem, na medida do possível, transferir para outra língua o sentido do texto. Fato é que, contrariando toda nossa expectativa juvenil, não existem traduções perfeitas e obrigatórias[196]. Ao traduzir um texto fazemos escolhas de chaves isomórficas para tentar reproduzir o sentido do texto da melhor forma possível, por isso, quando se traduz nunca se diz o mesmo em outra língua, o máximo que podemos fazer é dizer quase o mesmo[197].

Idêntico princípio se aplica as traduções intersemióticas. Nas traduções de uma língua para outra o isomorfismo é criado e compartilhado dentro de uma mesma linguagem. Embora as línguas sejam diferentes a forma de expressão é a mesma. Na tradução intersemiótica isso não acontece porque o meio (a linguagem) é diferente. Uma coreografia, por exemplo, é uma tradução intersemiótica de linguagem musical (música) para linguagem corporal (dança). O mesmo acontece com a pintura, a escultura, a fotografia, o cinema, o teatro e todas as linguagens possíveis e imagináveis. Uma resenha que descreve o quadro Guernica é uma tradução intersemiótica de uma pintura para um texto. Da mesma forma, quando Picasso criou Guernica ele tentou

173

dar um significado a sua obra. Ao pintar imaginou um isomorfismo entre uma mensagem, um sentimento e o meio dessa mensagem, nesse caso, a pintura. Veja como tudo isso fica parecido com o que falei sobre os modelos de mundo! O processo de significação está sempre relacionado ao isomorfismo entre duas línguas ou entre linguagens diferentes com as quais criamos modelos de mundo.

Criar ou atribuir significado nada mais é do que estabelecer isomorfismos[198].

O autor de um texto e de toda e qualquer obra tem, no momento de sua criação, um significado em mente. Quando cria estabelece uma interpretação para a obra que criou e uma interpretação nada mais é do que uma relação isomórfica entre dois conjuntos, o do significante e o do significado. Na medida em que o isomorfismo não existe, ele é criado, cada leitor, ouvinte ou espectador, está livre para criar o seu próprio modelo isomórfico, a sua própria interpretação da obra[199]. É essa interpretação que produzirá o significado. Significado, portanto, é o produto da interpretação que, por sua vez, se estabelece com a criação de relações isomórficas.

Mas isso ainda não resolve o problema que nos trouxe a esse tópico: A possibilidade ou não da intersubjetividade.

Os modelos de mundo e as relações isomórficas entre eles, são criados de forma arbitrária e, embora todas as criações s sejam legítimas, algumas funcionam melhor que outras. Para os modelos, funcionar melhor significa atingir aos objetivos estabelecidos pelo próprio modelo. Um modelo de mundo fundado em uma religião que pregue a paz e a compreensão mútua funcionará bem se atingir, em larga escala, esses objetivos e funcionará mal se for usado como fonte de legitimação para a violência e a intolerância. Da mesma forma, um modelo de mundo que busque compreender e explicar o mundo de forma verificável, intercomunicável e previsível, como a ciência moderna, funcionará bem se entregar esse resultado. Por outro lado, as relações isomórficas que funcionam melhor são aquelas compartilhadas pelo maior número de pessoas possível. Quando maior clareza houver na escolha dos critérios, das chaves, isomórficas, mais fácil será a compreensão.

É fato que os critérios para o estabelecimento do isomorfismo são uma questão de escolha, são arbitrários, mas na maioria dos casos pouco ou nada adianta a criação de um critério que não seja compartilhado com outras pessoas. Poderia escrever essa tese em uma língua por mim inventada cujo isomorfismo utilizasse critérios por mim criados e só a mim acessíveis, embora isso fosse teoricamente possível, a criação de tal modelo isomórfico não funcionaria nada bem já que essa tese é dirigida a um público que, para poder lê-la, precisa conhecer os critérios isomórficos empregados no texto, nesse caso as regras sintáticas e semânticas da língua portuguesa[200]. Em outras situações, a criação de um isomorfismo privado tem seu valor, por exemplo: para manter o registro contábil de uma organização criminosa ou para guardar a quantidade desumana de senhas que somos obrigados a decorar nos dias atuais. Mas, na maioria das vezes devemos usar um critério isomórfico conhecido pelo destinatário da mensagem ou fazer com que a chave do código isomórfico acompanhe a mensagem em si[201].

O compartilhamento e a divulgação dos critérios de isomorfismo adotados em cada obra são as únicas vias possíveis para que escapemos do solipsismo. É só pela via da divulgação dos critérios de isomorfismo utilizados que conseguimos estabelecer relações intersubjetivas. O compartilhamento e a divulgação dos critérios é o que possibilita a comunicação.

Há um problema adicional: para que os critérios de isomorfismo sejam divulgados e compartilhados é necessária a utilização de um meio de comunicação e como a comunicação só é possível com o divulgação e compartilhamentos de critérios de isomorfismo temos, aparentemente, um problema. Parece que esbarramos, de novo, no círculo vicioso produzido pela recursividade.

176

Tratarei dos paradoxos da recursividade mais adiante. Por hora, vamos nos conformar com o fato de que somos submetidos a um adestramento básico, desde a mais tenra idade, que nos incute determinados critérios isomórficos comuns ao grupo a que pertencemos, a língua materna e a aritmética básica são dois exemplos disso[202].

Voltemos a comparação entre o isomorfismo estabelecido pela língua natural e aquele usado na operação dos computadores. O isomorfismo estabelecido para o funcionamento dos computadores é tão arbitrário quanto o criado nesse ou em qualquer outro texto. A diferença está no fato de que uma vez estabelecido que a letra "a" corresponde ao número 97, e que o número 97 corresponde a sequência 0110 0001 nada mais há que discutir. Ninguém, em sã consciência pretenderá, nesse contexto, discutir o significado de 97, ou o que terá o programador querido dizer com 0110 0001. O isomorfismo formal e específico aplicado na informática possui um número claro e finito de níveis que é ditado pela funcionalidade do software e do hardware. Só assim é possível a criação de uma linguagem predominantemente sintática para o uso dos computadores que opere em um nível puramente tipográfico[203]. O mesmo já não acontece com um texto em língua natural. Os níveis de compreensão e interpretação são aparentemente infinitos.

Com isso, serão também infinitos os critérios isomórficos de passagem de um nível a outro. Por exemplo: nesse texto defini isomorfismo como sendo a relação funcional de um-para-um que existe entre partes de duas estruturas complexas. Ora, esse conceito pode, e provavelmente será, questionado. A definição que ofereci é a explicitação do critério isomórfico para a palavra isomorfismo, mas essa definição é dada em palavras que podem, também, ter seus critérios isomórficos definidos, definição que, por sua vez será formulada em palavras e assim por diante[204]. Os níveis são infinitos. Essa característica das línguas naturais apresenta dois sérios inconvenientes. O primeiro está ligado ao propósito da língua natural que, em princípio, é a comunicação. Já disse que todos os modelos são válidos, mas que uns funcionam melhor do que outros e funcionar melhor significa entregar aquilo que se promete e, vamos e venhamos discutir eternamente o significado de cada palavra não é promover uma boa forma de comunicação. Outro problema, tão sério quanto o primeiro, está na difusão da informática. Os computadores só são capazes de fazer contas com zeros e uns, e só operam com modelos formais em que é possível a tomada de decisões tipográficas, mesmo assim são cada vez mais indispensáveis na vida cotidiana. Para resolver esses dois problemas (finalizar os debates em algum ponto e permitir a automação com o uso da informática) é preciso que se estabeleça um fim, que se determine um nível a partir do qual não se admite mais qualquer discussão, um dogma ou uma ficção criada para ficarem fora, para dar fechamento ao sistema. Em muitas áreas onde a informática é usada isso já acontece, inclusive no direito (é o propósito da norma fundamental de Kelsen), embora quase nunca percebamos isso.

Veja, não se trata de uma apologia ao uso da máquina, nem tão pouco estou afirmando que os resultados obtidos pelos computadores são melhores do que aqueles alcançados de forma analógica, como fazíamos antigamente. Ninguém nega que o som do vinil é melhor que o do CD e o som do CD é melhor que o MP3 ou que ler um livro "de papel" é mais agradável que um eletrônico, ou ainda, que se aprende muito mais em uma aula presencial do que em uma online. O fato é que, frente ao aumento populacional a informática foi capaz de oferecer música, livros e aulas a um número muito maior de pessoas em velocidade muito superior aos meios tradicionais. Em resumo, faz-se um sacrifício de qualidade em prol da quantidade, o que não é, necessariamente, ruim é apenas mais uma mudança de paradigma[205].

E que o leitor não se engane, esse processo de informatização já chegou ao direito. Em um primeiro momento vivemos a computadorização da prática judiciária que nada mais foi do que a mudança de meios. A ficha que era em papel passou a ter uma cópia no computador, o andamento dos processos passou a ser acompanhado pelo computador, as máquinas de escrever foram substituídas por processadores de texto, mas isso, nem de longe, é informatizar. Informatizar é utilizar o computador para resolver problemas efetivos, mudar rotinas e acelerar as coisas. A informatização do judiciário ainda está no início, mas, para o bem ou para o mal, é inevitável. Hoje o processo eletrônico é uma realidade, as distribuições foram informatizadas, os tribunais proferem julgamentos padronizados, "por lista", a primeira instância da Justiça Federal padronizou certos procedimentos do despacho inicial a sentença. É claro que o processo manual, o contato do juiz direto com a causa e o tratamento das demandas de forma individual, produzem resultados de melhor qualidade, mas, infelizmente em quantidade tremendamente insuficiente.

Na medida em que a informatização é inevitável e os computadores dependem totalmente da implementação de modelos formais capazes de tomar decisões tipográficas não podemos deixá-los de lado. Vamos então aos modelos formais.

7 Modelos Formais

Quando tentamos justificar uma afirmação, quando pretendemos criar conhecimento, temos que formular uma prova lógica que conduza a conclusão afirmada.

Para que a prova seja válida e útil é imperativo que sejam explicitados os axiomas, as regras de inferência e que os termos sabidamente ambíguos sejam esclarecidos. Feito isso, será possível a outros verificar a validade e a pertinência de nossas afirmações. Quando a afirmação que pretendemos justificar faz parte de um conjunto maior de conhecimentos já consolidados dizemos que é candidata a ser parte de um sistema, ou melhor, que se constitui em uma hipótese ou conjectura do sistema. Uma vez que a prova lógica seja corretamente apresentada nossa afirmação passa a ser aceita como parte do sistema ou como um teorema. Esse teorema poderá servir de base, de axioma, para a construção de outras justificações e assim por diante[206][207]. Por exemplo: é um teorema do sistema da física, porque já foi provada logicamente pelos métodos aceitos como prova no sistema, a afirmação de que a água entra em ebulição quando aquecida à 100° C ao nível do mar[208]. De outro lado, a afirmação de que todo número par maior ou igual a quatro é composto pela soma de dois números primos é apenas uma conjectura matemática, já que, ainda não foi convincentemente provada pelos meios de prova aceitos na matemática[209210].

Colocadas as coisas nesses termos, parece fácil distinguir o conhecimento do erro e da tolice, mas não é. O problema reside na regra de inferência. Na maioria esmagadora das vezes utilizamos a indução, especialmente, a analogia. Os resultados que alcançamos com o uso da indução não são revestidos de certeza, mas sim de probabilidade e toda probabilidade traz em si uma probabilidade inversa[211]. Veja, se há noventa e nove por cento de chance de chover há a probabilidade inversa de um por cento de chance de não chover. No caso da fervura da água, o fato de que até hoje ao aquecermos a água a 100ºC, ao nível do mar, induziu a ebulição não garante que isso jamais tenha ocorrido de outra forma ou que não venha a ocorrer. É o problema da indução relatado dor Hume[212].

O mesmo ocorre com a analogia. Quando afirmo que os indivíduos "a" "b" e "c" apresentaram os sintomas "xyz" e foram tratados de forma bem-sucedida com a droga "D" e que, por isso, há uma grande probabilidade de sucesso ao administrar a mesma droga no indivíduo "e", crio, imediatamente, a probabilidade inversa, ainda que pequena, de não dar certo[213].

De toda forma, mesmo que imperfeita, a indução é a única regra de inferência da qual dispomos para construir a maior parte das justificações. Ainda assim, os raciocínios indutivos precisam ser avaliados e a avaliação é feita de acordo com o critério de validade formal e com o grau de probabilidade de acerto[214].

Acontece que a espécie humana não fica feliz, não se dá por satisfeita com meros juízos probabilísticos e de validade. Temos obsessão pelo controle e repudiamos a incerteza. Para tentar expulsar a incerteza do mundo imaginamos uma forma de criar justificações mais seguras para o conhecimento que eliminassem, o tanto quanto possível, o peso das probabilidades inversas e garantissem a validade da construção das provas lógicas. A forma elaborada para a redução da incerteza foi a criação dos modelos formais[215].

A criação e manipulação de modelos formais está hoje no seu auge já que toda programação de computadores depende de sua implementação. A criação dos modelos formais que hoje utilizamos teve início em finais do século XIX e início do século XX. Até a eclosão da Segunda Guerra Mundial havia uma grande empolgação nos meios acadêmicos e científicos a respeito dos resultados que poderiam ser obtidos com a criação e manipulação de

183

modelos formais[216]. Tanto na matemática quanto na filosofia muito foi escrito e discutido sobre o tema: a teoria dos conjuntos de Frege[217]; a teoria dos números transinfinitos de Cantor[218]; as teorias de Russell[219]; as teorias do Tratactus de Wittigentein[220], dentre outros. No campo da filosofia o Círculo de Viena, ou Círculo de Schlick como era conhecido, com seu positivismo lógico influencia até hoje boa parte do pensamento ocidental[221]. Mas é do matemático David Hilbert a expressão de maior otimismo para com os modelos formais quando, em 1930, fez um discurso dirigido a Sociedade Alemã de médicos e cientistas, onde ele afirma que:

> "Não devemos acreditar naqueles que hoje, com um tom filosófico e deliberativo, profetizam a queda de cultura e aceitam o ignorabimus. Para nós não há ignorabimus, e na minha opinião muito menos na ciência natural. Em oposição à ignorabimus tolo nosso slogan será: Nós devemos saber – nós vamos saber!"[222]

Hilbert era um grande adepto dos sistemas formais. Ele acreditava que, pela via da formalização e da criação de sistemas finitos, todos os problemas matemáticos e filosóficos poderiam ser resolvidos[223].

Nos anos seguintes foi Alan Turing quem deu aos sistemas formais sua aplicação mais palpável e concreta. Valendo-se de sistemas formais finitos e hierarquizados Alan

Turing desenvolveu o projeto da Máquina de Turing e o projeto Colossus[224] que possibilitou a decifração dos códigos usados na comunicação das tropas nazistas durante a segunda grande guerra.

Os modelos formais não têm só entusiastas, existem muitos e ferozes críticos. Para podermos compreender as críticas e os limites dos modelos formais vamos tentar conhece-los melhor.

Modelo formal pode ser definido como um sistema de símbolos, com pouco ou nenhum conteúdo significativo, submetidos a regras precisas de manipulação. Um modelo formal ideal deveria se restringir, exclusivamente, a regras de manipulação e de sintaxe. Esse ideal é inatingível!

Os modelos formais são compostos de: a) um catálogo de signos composto de constantes e variáveis; B) um conjunto de regras dividas em regras de formação (para criação de teoremas) e regras de transformação com as quais se cria novos teoremas a partir de outros já conhecidos e provados, que, por sua vez, se dividem em regras de substituição e derivação. Como os sistemas formais possuem uma quantidade mínima de significado seus axiomas costumam ser parte de suas próprias regras formalizadas. São sistemas axiomáticos onde algumas das regras, uma vez formalizadas, passam a atuar como axiomas[225226].

Para melhorar a compreensão vamos ver o exemplo de um sistema formal simples livremente inspirado em um que foi usado por Douglas Hofstadter: o sistema p - q[227].

Esse sistema possui um catálogo composto por três signos "p", "q" e "- " (letra "p"; letra "q" e hífen).

Possui duas regras: 1) Regra de formação: "xp – qx – " será um teorema sempre que "x" for composto só de hifens; 2) Regra de derivação: Suponha que x, y e z são sequencias de hifens. Se "x p y q z" é um teorema. Então "x p y – q z – "também o será.

Como o sistema p - q é um sistema formal e praticamente vazio de significado seus axiomas são as regras já expostas. Não há dogmas nem outros axiomas.

Pela regra de formação" - p - q - - "é um teorema e pela regra de derivação "-p--q---" também é. Já –q-q--p e pp---q---, não o são pois não estão de acordo com as regras de formação ou de derivação.

Com esse exemplo simples, fica claro que em um sistema formal é possível a criação de teoremas e a verificação da teoremicidade de uma expressão (se determinada expressão é ou não é um teorema do modelo) pela simples manipulação de símbolos independentemente de seu significado. Nos modelos formais o processo decisório é tipográfico e binário.

Binário porque só admite dois valores: sim e não ou zero e um; verdadeiro ou falso, tanto faz qual o nome que lhe damos, são apenas dois valores igualmente pouco significativos que denotam o pertencimento da expressão ou não ao modelo, isto é, apenas marcam a expressão como sendo um teorema do modelo ou não[228]. Por causa dessa característica os modelos formais estão aptos a resolver o problema da indução, já que, não a usam como regra de inferência. Os modelos formais usam a dedução[229]. Daí decorre a grande atração por eles exercida. Eles podem nos livrar da malfadada incerteza.

O processo decisório é tipográfico na medida em que não depende de significação. É muito justo que você esteja se perguntando: para que serve um modelo sem significação?

Primeiro quero lembrar a você meu paciente leitor, que segundo os dogmas e os axiomas que expus no início desse texto, do meu ponto de vista, nenhum modelo, formal ou informal possui significados transcendentes, em todos os modelos o que fazemos e a imputação de um significado assim, embora os modelos formais não tenham significado intrínseco, nós atribuímos uma série de significados a ele, uns melhores, mais convincentes e úteis do que outros. Em seguida vamos abordar a questão da significação.

7.1 – Imputação e significação

Quando nos deparamos com uma coisa que não conhecemos nossa primeira atitude é estabelecer uma comparação com outras coisas já conhecidas. Assim que descobrimos elementos que julgamos serem familiares no desconhecido passamos a interpreta-lo de forma análoga ao conhecido. Esse processo depende da comparação e da classificação. Já abordei os problemas inerentes a classificação e não vou me repetir para não ficar maçante, remeto o leitor ao item 5.3 onde trato do assunto. No entanto é preciso lembrar que a classificar é atribuir significado e a significação é uma forma de interpretação e toda interpretação provém da comparação isomórfica entre, pelo menos, dois modelos de mundo distintos. Fazemos essa comparação pela semelhança e pela diferença[230].

Um exemplo, no direito, é a natureza jurídica do casamento. O casamento tem características contratuais e não contratuais. Para definir o casamento como um contrato, ou não, o que fazemos é tentar estabelecer uma relação isomórfica entre o ato jurídico do casamento e o ato de contratar. Se o isomorfismo for exato, específico, ou ao menos muito próximo, caracterizaremos o casamento como contrato, caso contrário não o faremos. Quando não conseguimos estabelecer um isomorfismo aceitável passamos para outro e assim por diante. Quando não tem jeito a saída é criar uma nova classe.

Sempre encontraremos uma forma de enquadrar tudo, isomórficamente, em uma classe. Quando, em princípio, não conseguimos, nossa saída é recorrer a classes cada vez mais gerais, somente após estabelecido esse isomorfismo genérico é que podemos criar a nova classe como espécie distinta desse mesmo gênero. É vital para o entendimento dos modelos formais a distinção entre isomorfismos genéricos com a criação de novas classes e isomorfismos específicos onde estabelecemos uma relação de um-para-um entre dois conceitos. É nesta diferença que está a divisão das regras de criação e de transformação. Mas voltemos ao casamento.

Se o casamento não é um contrato, pode ser encarado como uma espécie distinta do gênero negócio jurídico, caso esse isomorfismo ainda não seja adequado podermos subir mais um nível na generalização e enquadrar o casamento como espécie de ato jurídico, e assim por diante. Invariavelmente, o processo de significação dependerá de uma interpretação e toda interpretação é produto de uma comparação que busca um isomorfismo, ainda que genérico.

Vamos agora aplicar esses conceitos ao modelo formal p-q.(letra "p", hífen, letra "q")

Um modelo com conteúdo significativo irrelevante é um modelo irrelevante e ponto! Os modelos formais possuem conteúdo significativo irrelevante, para que eles sejam de algum interesse e utilidade é preciso lhes atribuir significados e essa atribuição se dá da mesma forma que na linguagem natural, pela imputação de isomorfismos, mas com algumas diferenças decisivas.

Segundo as regras de criação e de derivação o modelo p-q pode ser interpretado como a expressão de somas aritméticas simples. O primeiro passo para que essa interpretação, ou qualquer outra, seja possível é a atribuição de um significado a cada elemento do modelo p-q.. Fazemos isso da seguinte forma:

- é igual a um número natural (1,2,3 e assim por diante);

p é igual a mais;

q é igual ao sinal de igual.

Com isso os teoremas passam a fazer sentido. Veja você mesmo:

- - p - - q - - - - (pode ser lido como dois mais dois é igual a quatro)

190

Mas essa não é a única interpretação possível. Podem existir outras ainda que totalmente inúteis ou estapafúrdias. Por exemplo:

- é igual a pera;

p é igual a uva;

q é igual a maça.

Nesse caso nosso teorema deveria ser lido como pera, pera, uva, pera, pera, maça, pera, pera, pera, pera. Embora essa interpretação seja grotesca ela em nada altera o fato de que - - p - - q - - - - é um teorema do modelo p – q.

Por outro lado, a imputação de um isomorfismo específico entre o sistema p - q e a adição não altera em nada o funcionamento do sistema formal. Por exemplo: a adição 2+3+4+5= 14 é perfeitamente válida, já a expressão - - p - - - p - - - - p - - - - - - q - - - - - - - - - - - - - - não é um teorema no sistema p – q. Isso porque os sistemas formais funcionam independentemente das interpretações que lhes atribuímos. Na linguagem natural a interpretação é recursiva, reflexiva e ativa, isto é, quando criamos um isomorfismo para as palavras usadas nos modelos informais e analógicos, as línguas naturais por exemplo, esse isomorfismo passa a ser determinante para o uso da palavra, e começamos a usá-la como se, de fato, ela possuísse, de forma metafísica, o significado que a atribuímos[231]. A natureza jurídica do casamento que a pouco usei como exemplo ajudará a esclarecer o ponto.

Quando afirmo que o casamento é uma espécie de contrato estou criando um isomorfismo entre essas duas figuras. Isso me autoriza a aplicar ao casamento todos os princípios e as regras atinentes aos contratos em geral. Nessa linha de raciocínio jamais serão devidos alimentos ao cônjuge que der causa a separação pela aplicação da cláusula resolutiva tácita que existe nos contratos sinalagmáticos e bilaterais. De outro lado, se afirmo que o casamento é um ato jurídico não contratual os princípios e as regras atinentes aos contratos não serão utilizados e os alimentos serão devidos mesmo ao cônjuge culpado da separação em virtude do dever de mútua assistência e do princípio da solidariedade.

Um outro exemplo, desta vez tirado do cotidiano, pode ser interessante. Um móvel, comprado em uma loja de móveis usados é muito mais barato que o mesmo móvel comprado em uma loja de antiguidades. Uma coisa usada perde seu valor de mercado, a mesma coisa definida como antiga tem seu valor aumentado, como diz a linguagem popular: móvel é muito mais barato que peça e pano é mais barato que tecido.

Os exemplos de significação ativa e recursiva são inúmeros, na verdade toda e qualquer definição que imputamos a uma palavra ou expressão na linguagem natural importa em uma mudança de atitude, de função e de natureza daquilo que foi significado. De forma um pouco mais pomposa podemos dizer que a atribuição de significado altera o significante, o que não ocorre nos modelos formais. Como vimos, os modelos formais funcionam do mesmo jeito, valendo-se da dedução, independentemente do significado que possamos lhes imputar. Os sistemas formais não reagem a significação. Não interessa a interpretação que daremos aos elementos do modelo p – q, ele sempre retornará os mesmos teoremas. Interpretar o modelo p – q como sendo a imagem isomórfica da adição não altera suas regras nem seu comportamento, inclusive, porque a interpretação do modelo p- q como imagem da adição não é a única interpretação coerente possível. Vamos tentar outra.

Dessa vez vamos dar outros significados ao conjunto de símbolos do sistema p – q, que serão o seguinte:

- é igual a um número natural (1,2,3 e assim por diante);

p é igual a igual;

q é igual a tirado de.

Com essa nova gramática o teorema - - - p - - q - - - - - será lido como 3 é igual a 2 tirado de 5 ou 5-2=3. Essa é uma hipótese igualmente válida e coerente de interpretação para o modelo p - q e ajuda a demostrar três coisas: a) os significados e as interpretações que imputamos aos modelos formais são passivos e não alteram seu funcionamento; b) os modelos formais comportam várias interpretações válidas e coerentes ao mesmo tempo. Qual interpretação usar é questão de escolha e não de natureza metafísica! Demostradas essas afirmações somos levados a uma terceira, por certo mais desconcertante, os modelos formais não tem nenhum compromisso com outros modelos de realidade, podemos fazer comparações e interpretações entre modelos formais e outros modelos de realidade, por vezes essas interpretações funcionarão bem e serão coerentes, outras vezes isso não ocorrerá o que em nada altera a estrutura e o funcionamento dos modelos formais.

Criamos modelos formais para nos ajudar a compreender e manipular outros modelos com um grau maior de certeza e previsibilidade. No processo de formalização deixamos de usar as inferências indutivas e passamos a usar a dedução, afastando, assim, o problema da probabilidade inversa. Deixamos de lado a significação ativa e passamos a significação passiva, o que elimina o problema da ambiguidade. Com isso, podemos nos valer de métodos decisórios sobre a validade e a pertinência de asserções, ou melhor, de métodos de justificação e avaliação tipográficos que podem ser automatizados, codificados e manipulados por computadores. A criação de modelos formais com o aprimoramento dos métodos de justificação é imprescindível para o incremento do conhecimento. Definido conhecimento como asserção justificada que um sujeito faz sobre uma proposição, quanto melhores e menos ambíguos forem os métodos de justificação e de avaliação das justificações, melhor e mais seguro será o conhecimento.

Embora se trate de um instrumento fantástico, a formalização nem sempre funciona como deveria. Há problemas internos, decorrentes de toda e qualquer formalização e problemas externos, que provém da resistência de determinados aspectos da vida que se mostram resistentes ao processo de formalização. Embora os problemas externos sejam histriônicos são de menor importância e apresentam soluções possíveis. Já os problemas internos são insuperáveis e marcam os verdadeiros limites da formalização. Para a correta compreensão dos limites internos da formalização é preciso abordar o problema dos níveis ou dos metamodelos. Sem mais delongas vamos a eles.

7.2 Modelo e metamodelo

Quando apresentei as regras do sistema p – q disse que a regra de formação era a seguinte: "xpyqz será um teorema sempre que x, y e z forem compostos apenas de hifens". Disse, também, que os modelos formais são compostos de: A) um conjunto de símbolos; B) regras de criação e formação e; C) axiomas. Só pertencem aos modelos formais, isto é, somente são teoremas dos modelos formais, as expressões criadas segundo as regras e que se utilizem, exclusivamente, de elementos do conjunto de símbolos. No modelo p - q só existem três símbolos: "p" "-" "q". Logo a regra de formação "xpyqz será um teorema sempre que x, y e z forem compostos apenas de hifens". No entanto, a expressão "xpyqz" não pertence ao modelo formal p – q, é uma regra que fala sobre o modelo, regula o modelo, mas não pertence ao modelo, está fora dele.

Sempre que falamos sobre um modelo, seja qual for, estaremos no campo dos metamodelos. Um metamodelo é um modelo de um modelo. Por exemplo: as regras de gramática são um metamodelo da língua. Um professor dando aulas de gramática cria um metamodelo da gramática. Assim, a aula de gramática é um modelo (aula) de um modelo (gramática) que por sua vez é o metamodelo de outro modelo (língua portuguesa), que, por sua vez, é o metamodelo de um modelo de realidade adotado pelos falantes, e assim por diante. Na matemática acontece a mesma coisa. As regras de aritmética são expressadas, de forma ordinária, em uma língua natural e sua aplicação se dá em linguagem matemática. As regras da matemática, expressas em português, por exemplo, formam o metamodelo do modelo matemático[232]. O direito também não foge à essa regra. A ciência do direito faz afirmações sobre o direito que constituem seu metamodelo. Da mesma forma a norma fundamental imaginada por Kelsen funciona como um metamodelo capaz de justificar a validade e a obrigatoriedade de cada sistema jurídico. Mas não nos adiantemos, isso é assunto para o próximo capítulo.

Não há modelo sem metamodelo e todo modelo é um metamodelo de outro modelo e possui seu próprio metamodelo. Se é assim, como fica a realidade? E as coisas como são? Segundo minha visão esses conceitos se referem a modelos. A existência, a essência e a realidade em si são apenas modelos de mundo, nada mais nada menos. Não existe nenhum conceito absoluto além da relatividade. Por paradoxal que possa parecer só o relativo é absoluto e incontestável, só o profano é sagrado!

197

Mas todo modelo é um sistema? Depende. O mundo não é sistemático, os modelos que criamos podem sê-lo ou não, em geral, a palavra sistema é usada como sendo uma propriedade intrínseca, até meio mágica, do mundo, postura da qual discordo veementemente. Como diz o poeta, a beleza está nos olhos de quem vê, o sistema também.

Para tentar deixar o problema dos metamodelos um pouco mais claro vou recorrer, mais uma vez, a uma adaptação livre de um exemplo criado por Hofstadter[233].

Imagine que um sujeito qualquer achou uma lâmpada mágica. Vocês já conhecem a história! Ele esfrega a lâmpada e, após uma explosão, aparece um cara, usando roupas para lá de estranhas se dizendo um gênio e que irá atender a três desejos. Acontece que nosso herói é esperto, ambicioso e não se contenta com pedidos usuais do tipo: muito dinheiro, sexo selvagem, saúde inabalável ou vida eterna, não mesmo, ele não quer nada disso! Ele pede, como primeiro desejo, que o gênio atenda a cem desejos ao invés de só três. O gênio, em princípio, fica perplexo com a cara de pau do cidadão. Depois de alguns segundos, pensando melhor, ele responde que não pode atender ao pedido. Há um dado importante sobre o indigitado limpador de lâmpadas que você ainda não sabe. Ele é advogado e não se conforma facilmente com um não como resposta e insiste com o gênio e quer saber porque não pode ter cem desejos. O gênio responde que o pedido de cem desejos não é um desejo, mas um metadesejo e gênios de primeira ordem não podem atender a metadesejos e explica que metadesejos são desejos sobre desejos. Para atender a metadesejos o gênio precisará da autorização de um gênio de segunda ordem, um metagênio. Quando o gênio invoca o metagênio pedindo autorização para conceder um metadesejo o metagênio diz que não pode fazê-lo, já que o pedido para atender a um metadesejo é um desejo sobre metadesejos, é, na verdade, um metametadesejo, que só pode ser atendido por gênios de terceira ordem ou metametametagênios. E assim a história se segue indefinidamente.

Qualquer semelhança com o conceito de verdade semântica de Tarski[234] ou com as estruturas em níveis de Russell e Whitehead[235] não é coincidência. A organização dos modelos com sua divisão em vários níveis com a distribuição desses níveis em pilhas foi a solução encontrada para contornar o pesadelo dos paradoxos, embora soe um tanto artificial e arbitrária ela funciona muito bem para tarefas cotidianas e para a criação e operação de sistemas formais indispensáveis nos dias atuais pois sem eles a informatização é impossível.

9 Modelos aninhados em níveis e pilhas.

Mesmo sem perceber usamos, todo tempo, modelos e estruturas aninhadas em níveis e organizadas em pilhas.

O primeiro uso óbvio está nos computadores. Os modelos formais funcionam com significados passivos e podem ser operados de forma tipográfica, com a aplicação de cálculos aritméticos extremamente simples. No entanto, para que isso seja possível o modelo não pode ter contradições ou paradoxos, em resumo, deve ser consistente e a única forma de atingir a consistência é com o uso de estruturas aninhadas em níveis e organizadas em pilhas. Tudo bem, concordo que no campo da informática tudo isso fica muito abstrato, etéreo mesmo. Acontece que, de forma menos marcada, fazemos isso o tempo todo. Passemos para alguns exemplos mais amigáveis.

Encontramos o fenômeno da estruturação em níveis aninhados e organizados em pilhas em vários romances clássicos da literatura brasileira. Isso ocorre sempre que autor usa o artifício de contar histórias dentro de outras histórias, como faz, por exemplo, Jorge Amando em Dona Flor e seus

Dois Maridos. Sempre que um autor começa sua história e o personagem conta outra história temos dois níveis, um aninhado dentro do outro e organizados em forma de pilhas. A coisa funciona mais ou menos assim: você começa a ler a história principal, de repente, um dos personagens se torna narrador de outra história. Nessa altura, o que você faz, mesmo sem perceber, é marcar o lugar onde a história principal parou, descer um nível e começar a acompanhar a nova história narrada pelo personagem. Quando a história secundária termina você volta sua atenção para o ponto onde parou com a história principal. Dona Flor começa com a narrativa da morte de Vadinho, nesse ponto somos transportados para as memórias que Dona Flor tem do finado. As memórias de Dona Flor (história secundária ou de segundo nível) terminam com a morte de Vadinho onde subimos um nível e retomamos a história principal. Organizar uma história dessa forma libera os autores de seguir uma cronologia rígida na narrativa, com o recurso aos níveis é possível contar várias histórias, dentro de um mesmo contexto. A distribuição em níveis permite que o leitor não se perca em um emaranhado de linhas narrativas. O que ele faz é fixar o ponto onde parou, ingressar na narrativa secundária e depois voltar exatamente ao ponto em que deixou a narrativa principal.

No caso de narrativas apenas em dois níveis o recurso a organização em pilhas não é necessário. No entanto, quando nos deparamos com vários níveis diferentes e com subidas e descidas múltiplas precisamos criar uma espécie de índice para saber exatamente onde paramos em cada nível. A organização em forma de pilha nada mais é do que o índice de subidas e descidas. A pilha funciona como um mapa, um guia, que descreve os caminhos de subidas e descidas entre os níveis[236].

O recurso aos níveis e as pilhas foi empregado de forma bastante evidente no filme Inception em que o personagem principal, Cobb, é um especialista em invadir a mente de outras pessoas através de seus sonhos. No filme, para obter as informações desejadas, após invadir o sonho do alvo a equipe de Cobb segue descendo em vários níveis de consciência e em cada um deles se desenrola uma trama distinta. Para retornar à realidade tem que se subir de nível em nível até o ponto de onde partiram.

Mas esses exemplos ainda são muito abstratos. Vamos usar um caso jurídico, que todos concordarão que é, em geral, bem simples. O endereçamento de uma petição inicial.

O correto endereçamento de uma petição inicial depende da determinação da competência para o julgamento da demanda que se pretende propor. Aqui já encontramos a primeira decida – endereçamento para competência.

Uma vez determinado que o endereçamento depende da competência o passo seguinte é verificar quais são os critérios competência vigentes no ordenamento, temos aqui a segunda decida – competência para critérios de competência.

No direito brasileiro o primeiro passo é saber se a competência para a futura demanda é especializada ou comum. Os critérios para essa distinção estão na Constituição Federal e são fixados por exclusão, ou seja, se a competência não for especializada será comum. Vamos denominar esse critério de fixação de competência como primeiro critério de justiça. Descemos mais um nível – justiça especializada ou justiça comum.

Estabelecido o primeiro critério de justiça passamos ao segundo. Precisamos saber agora, se for o caso de justiça especializada, qual delas é a competente – trabalhista, militar, eleitoral, etc., se for o caso da justiça comum, se é estadual ou federal. Descemos outro nível – qual justiça especializada ou qual justiça comum. A esse critério chamaremos de segundo critério de justiça.

Vamos imaginar que nossa demanda é de competência da justiça comum estadual. Agora temos que descer outro nível para saber qual é o foro competente, obedecendo os critérios de território, valor e matéria. Denominaremos esse critério de foro.

Fixado o foro há que se descobrir qual é o juízo, em caso de juízos múltiplos com competências concorrentes, para isso descemos mais um nível ao critério do juízo.

Em alguns casos, depois de estabelecidos todos esses critérios ainda há que se definir quem será o juiz, já que, em determinadas varas, por exemplo, na Vara de Execuções Penais do Rio de Janeiro funcionam dois ou mais juízes. Descemos mais um nível em nossa pilha para o critério: juiz.

Com este exemplo dá para notar que o endereçamento de uma petição inicial, pela ótica dos modelos formais, depende da descida por nada menos que oito níveis. Sempre que precisamos subir ou descer entre níveis distintos dizemos que estamos fazendo uma chamada de nível. A cada chamada se abrem outras tantas. Por exemplo, quando fazemos a chamada do critério foro temos que abrir outras para analisar os condicionantes desse critério, já que, para definir o foro devemos verificar critérios como: território, valor, matéria etc. A cada novo critério abrimos uma outra chamada de nível e descemos mais um pouco em nossa pilha.

Lidar com tantos níveis diferentes sem um mapa é virtualmente impossível. É preciso saber onde paramos em cada nível para que o retorno seja possível e coerente. Ao mapa de navegação entre os níveis chamamos pilha, pilha no sentido tanto de local quanto de forma de armazenamento. Os mais antigos, assim como eu, que já tiveram o desprazer de usar as primeiras versões do Windows se lembrarão da fatídica "tela azul" que aparecia quando o sistema travava. Ao ver o relatório que a acompanhava encontrávamos, invariavelmente, a expressão "esvaziamento de pilha", isso nada tinha a ver com falta de energia, mas sim com o fato de que, por algum problema de software, a máquina havia perdido seu mapa, seu caminho entre os vários níveis de operação.

Ao olhar com maior cuidado algumas ações comuns do dia-a-dia pelas lentes dos modelos formais fica fácil perceber que até mesmo as operações mais simples podem ser estruturadas na forma de níveis organizados em pilhas. Em alguns casos, como a leitura de um texto ou a pesquisa na internet, a estruturação em níveis organizados em pilhas é evidente.

Quando estamos lendo, sempre que nos deparamos com uma palavra cujo significado para nós é desconhecido precisamos descer do nível do texto para o nível da palavra. Quase sempre a palavra desconhecida comporta mais de um significado. Quando isso acontece precisamos voltar ao texto e subir um nível, para o contexto. Uma palavra desconhecida em um texto qualquer implica em uma descida – texto para palavra – e duas subidas – palavra para texto e texto para contexto. De tão simples e corriqueiras não nos damos conta das múltiplas subidas e descidas que fazemos ao ler um texto, ver um filme ou ouvir uma história. Isso só é possível na medida em que, ainda que, sejam várias subidas e descidas elas se dão entre poucos níveis, dessa forma, podemos nos orientar por uma pilha mental simples. As coisas ficam confusas quando somos demandados ou tentamos operar em muitos níveis diferentes como acontece nas pesquisas pela internet.

Com a imensa quantidade de informações disponíveis online somos constantemente tentados a nos aprofundar demais em cada tema de pesquisa descendo de nível em nível, quase sem limites. Com isso, corremos o risco de nos perder e acabar por esquecer o que nos levou inicialmente à pesquisa[237]. Podemos começar pesquisando sobre um filme e acabar perdidos na história da formação da Europa ou pesquisar Shakespeare e acabar estudando a lei sálica. Com a leitura de textos acadêmicos fica tudo mais complicado. Os autores citam fontes, quando vamos procurar as fontes citadas elas remetem a outras fontes e assim por diante. É necessário frear a curiosidade sob pena de perder o fio da meada e esquecer qual era a pesquisa inicial. Falo por experiência própria. Comecei tentando entender a diferença entre conhecimento e a tolice e acabei nos teoremas da incompletude de Kurt Gödel, nos axiomas de Zermelo-Frankel, na teoria dos números transinfinitos de Cantor e por aí vai. Isso sem mencionar os percalços do caminho. Por exemplo: em minha pesquisa descobri que o hobby de Gödel era a física e que um de seus melhores amigos era Albert Einstein. Descobri, também, que Gödel, por hobby, escreveu uma teoria sobre o fluxo do temporal onde é possível a viagem no tempo[238]. A essa altura ocorreu, como nos antigos sistemas operacionais, um "esvaziamento de pilha", e meu sistema travou! Tive que reiniciar a pesquisa me concentrando nos modelos formais e em seus limites. Minha pilha mental não tinha capacidade suficiente para armazenar tantos níveis. Para que isso não ocorra com você, leitor, é preciso voltar ao início desse tópico e ver como a estruturação em níveis e pode ser a solução de que precisamos para fugir dos paradoxos.

10. Paradoxos

O termo paradoxo pode ser entendido em duas acepções. A primeira como expressão contrária ao senso comum e a segunda como um problema lógico que surge das contradições internas de um raciocínio, aparentemente, bem formulado[239]. Uma das regras básicas da lógica é o princípio da não contradição pelo qual uma mesma asserção obtida pela via da dedução não pode comportar dois valores lógicos distintos. Em outras palavras, uma mesma asserção não pode, dentro de um dado modelo de matriz dedutiva, ser considerada, ao mesmo tempo, verdadeira e falsa. Devo deixar claro que sempre que me refiro a paradoxo estou usando o termo na segunda acepção, como problema lógico gerador de inconsistências dentro de um modelo.

É importante lembrar que o termo paradoxo, na segunda acepção, tal como descrito nas linhas anteriores só se aplica aos modelos que usam a dedução como regra de inferência, somente se aplica aos modelos formais. Nos demais modelos a regra de inferência é a indutiva onde os valores dicotômicos, excludentes, empregados se limitam a validade ou invalidade da construção da prova estando as conclusões, necessariamente, sujeitas a valores ambíguos, já que, toda probabilidade implica em uma probabilidade inversa. Por exemplo: noventa por cento de probabilidade de acerto implica em dez por cento de probabilidade de erro. Feito esse esclarecimento vamos aos paradoxos.

O paradoxo do mentiroso a muito tempo serve de paradigma para o problema, não vou fugir à regra. Veja as seguintes asserções:

"1) Essa afirmação é falsa;

2) A afirmação anterior é verdadeira."

Se a primeira afirmação é falsa será verdadeira e se, como diz a segunda proposição, é verdadeira então ela é falsa.

Esse é o exemplo mais simples de paradoxo que conheço. Antes de contar qual é a solução possível vamos ver alguns outros paradoxos.

Acho que o segundo paradoxo mais citado na literatura é o paradoxo do crocodilo. A história é a seguinte: um crocodilo captura uma criança. O pai da criança, querendo o filho de volta, vai conversar com o crocodilo. O crocodilo, então, diz ao pai do garoto que devolverá a criança se ele acertar a resposta à pergunta: "eu vou devolver a criança? "O paradoxo é evidente. Se o pai disser que o crocodilo não devolverá a criança, o que acontece?[240]

Na matemática um dos paradoxos mais famosos é de Russell. Bertrand Russell formulou seu paradoxo ao examinar os axiomas utilizados por Frege para a sistematização da teoria dos conjuntos. Mais especificamente descobriu que o axioma da abstração conduzia a um tipo singular de paradoxo.

Segundo o axioma da abstração dado um conjunto qualquer uma determinada característica que é comum a todos os seus membros será, também, uma característica do conjunto em si.[241]

Russell descobriu que havia um paradoxo quando tentava aplicar o axioma da abstração a um tipo específico de conjunto: os conjuntos que são membros de si mesmos. Alguns conjuntos possuem a incomoda propriedade de serem membros deles mesmos, por exemplo: o conjunto de todos os conjuntos, ou o conjunto de todas as coisas menos esse texto. Já outros conjuntos não padecem desse problema, por exemplo: o conjunto de todos os carros; o conjunto dos doutorandos em direito; etc... O problema se instala quando perguntamos como se enquadra conjunto de todos os conjuntos que não são membros de si mesmo? Veja, a resposta é impossível. Se o conjunto não é membro de si mesmo então é membro de si mesmo, ao contrário, se não é membro de si mesmo teria que sê-lo, já que, por ser o conjunto de todos os conjuntos que não são membros de si mesmos deve incluir a si mesmo.

O próprio Russell tenta esclarecer o problema fazendo a sua tradução para a linguagem natural e faz isso nos contando a história do barbeiro, que é, mais ou menos, a seguinte:

Em uma cidade só existe um barbeiro. Os homens só podem se barbear sozinhos ou pelo barbeiro. O barbeiro só faz a barba daqueles que não se barbeiam sozinhos. Pergunta-se: quem faz a barba do barbeiro? Por um lado, ele não pode fazer a própria barba, porque como barbeiro ele só pode barbear quem não o faz sozinho. Por outro lado, ele deve se barbear, uma vez que, como barbeiro ele deve fazer a barba de quem não se barbeia. Não há solução aparente![242]

Outro paradoxo lógico conhecido é o do conjunto de todos os números cardinais. Como o conjunto de todos os números cardinais é um número cardinal, jamais poderá ser o conjunto de todos os números cardinais.

O mesmo acontece com o conjunto de todos os conjuntos, que não pode ser o conjunto de todos os conjuntos porque ele mesmo é um conjunto.

Embora a sistematização desses paradoxos - não diria descoberta porque a maioria deles é muito antiga - aponte para problemas intrínsecos do modelo racional isso não é uma tragédia. Tanto os paradoxos semânticos como os puramente lógicos[243] podem ser resolvidos ou com um pouco mais de humildade, contornados.

A diferença fundamental entre os paradoxos semânticos e os lógicos está no significado dos termos empregados, está, como o próprio nome diz, na semântica.

Algumas linhas atrás fixei a distinção entre os significados ativo e passivo como sendo uma das diferenças marcantes entre os modelos informais e formais. Nos modelos informais a semântica é fluida e sujeita a grande margem de ambiguidade por conta da multiplicidade de significados possíveis para cada expressão. A multiplicidade é acentuada pela característica ativa da significação nos modelos informais. Quando atribuímos um significado a uma expressão ou palavra começamos a associar a esse significado específico uma série de características que não o seriam se atribuíssemos inicialmente outro significado. O tema já está abordado nos itens 7 e 7.1 desse mesmo texto. O interessante ao tratar dos paradoxos semânticos é que eles podem ser solucionados com a simples reinterpretação dos significados. Atribuindo outros significados ativos aos termos usados na construção do paradoxo o problema pode ser resolvido. Por exemplo, no paradoxo do mentiroso, podemos dizer que é verdade que a frase é uma mentira, ou de outra forma, os termos verdade e mentira podem ser interpretados como validade e invalidade. A solução do paradoxo do crocodilo é mais ridícula ainda. Simplesmente, se interpretarmos de forma estrita, o paradoxo não existe porque crocodilo não fala.

As coisas se complicam um pouco quando os paradoxos são lógicos e surgem nos modelos formais. Nesses casos a única solução é sair do modelo. Isso mesmo, sair do

212

modelo! Passar de um modelo formal a outro, a um metamodelo, em uma regressão, até um ponto determinado ou até que se esgote nossa paciência. Antes de dar uma olhada nas soluções propostas para os paradoxos lógicos precisamos determinar porque os paradoxos são problemáticos e porque é essencial resolve-los ou contorna-los.

Não custa lembrar que os modelos formais são instrumentos da razão criados para a construção do conhecimento humano da forma mais objetiva possível. Quando falo em objetividade não me refiro a um ideal metafísico, ao estilo da caverna platônica, onde um observador imparcial encontra a verdade última do mundo e compartilha com os menos afortunados, mas sim, objetividade como a possibilidade de verificação da pertinência ao modelo das conclusões afirmadas de forma mais ou menos segura com o menor nível de divergências de interpretação possível e isso só é viável com o uso de modelos formais consistentes. Os modelos inconsistentes não se prestam a construção do conhecimento na medida em que dele serão deriváveis, de forma contraditória, a afirmação e a negação de uma mesma proposição. Um modelo será consistente sempre que dele não sejam derivados teoremas contraditórios. Toda vez que

213

encontramos um paradoxo a consistência do modelo é posta em cheque e, com isso, o próprio modelo também o é. Um modelo que permite a justificação de asserções contraditórias não serve para nada já que tudo justifica, por isso resolver ou contornar os paradoxos é tão importante.

Não custa lembrar que modelo formal é aquele que possui um conjunto de símbolos, uma gramática para aplicação dos símbolos, um conjunto de axiomas – dogmáticos ou não -, regras de inferência bem definidas e pouco ou nenhum conteúdo semântico, já que, o significado de seus símbolos é passivo. Em um modelo formal dedutivo é possível verificar se uma dada afirmação é ou não parte do modelo, isso é feito pela via de procedimentos decisórios resumidos a aplicação das regras de inferência até que se encontre os axiomas. Uma vez determinado que uma dada afirmação é parte do modelo dizemos que ela é um teorema do modelo.

Um modelo completo deveria ser capaz de aferir se toda e qualquer afirmação feita com base nos axiomas e seguindo às regras de inferência é ou não um teorema.

Aqui temos os dois conceitos chaves para compreender o problema dos paradoxos e tentar empreender uma solução. A consistência e a completude dos modelos formais. Mas voltemos ao paradoxo de Russell para ver como isso funciona.

No paradoxo de Russell é apontada uma situação em que o conjunto de todos os conjuntos que não têm a si mesmo como membros pertence a si mesmo, o que cria uma contradição evidente, contradição essa que inviabilizaria o modelo formal da teoria dos conjuntos.

O problema do paradoxo de Russell, e de todos os paradoxos puramente lógicos, está em dois pontos: o primeiro é a tentativa de aplicar uma determinada regra sobre si mesma, mais conhecido como problema da recursividade; o segundo é a pretensão de completude e coerência simultâneas do modelo formal, conhecido como o problema de Gödel. Vamos começar pelo problema da recursividade.

11. A recursividade e inconsistência

A recursividade aparece quando tentamos aplicar uma regra, um axioma ou um dogma sobre si mesmo. É o que acontece no paradoxo de Russell. A única forma de resolver esse problema é impedir, dentro do modelo formal, a ocorrência de certos tipos de recursividade. Isso se faz colocando para fora do modelo a justificação das afirmações recursivas.

Vocês devem lembrar da pequena história que contei sobre o gênio e os vários metagênios, quando um sortudo encontra a lâmpada mágica, não se conforma com seus três pedidos regulamentares e deseja fazer cem pedidos. Quando faz isso, está fazendo pedidos sobre pedidos, está criando uma recursividade, a solução encontrada pelo gênio para evitar um paradoxo é chamar um metagênio e assim sucessivamente.

A distinção entre linguagem e metalinguagem, modelo e metamodelo, etc. foi criada originalmente para distinguir o que se fala e como se fala, ou melhor, foi criada para que se pudesse perceber claramente a diferença entre ações e regras. Quando criamos regras sobre regras estamos entrando no campo do "metameta", estamos saindo de um modelo formal para outro, com esse movimento o paradoxo e a consequente inconsistência são evitados.

O mesmo movimento pode ser descrito em termos de modelos aninhados em pilhas que descrevi à poucas linhas. Para contornar o paradoxo, saímos do modelo inicial, descemos ou subimos um ou mais níveis e depois retornamos ao raciocínio inicial com o uso das pilhas. Por isso, nenhum modelo é completo. De duas uma: ou será completo e produzirá paradoxos insuperáveis ou será incompleto, já que, sua justificação última será dada por outro modelo.

Os paradoxos verdadeiros só podem ser contornados, simplesmente são insolúveis, é a maldição da racionalidade. São insolúveis porque mesmo recorrendo a metamodelos, cedo ou tarde, seremos encurralados, condenados ao uso de dogmas, ficções ou a regressão infinita. Não há raciocínio nem provas perfeitas, isentos de contestações legítimas mesmo quando usamos significados passivos.

Foi a descoberta a que chegaram pessoas muito mais espertas e capazes que esse pobre narrador. Russell criou a teoria dos tipos. Zermelo e Frankel criaram o axioma do esquema de separação[244], Gödel e Neumann a teoria das classes e Tarski a teoria semântica da verdade. Criaram teorias brilhantes para lidar com os paradoxos e contornar as inconsistências, mas, por outro lado, fracassaram miseravelmente na tentativa de elimina-los. Isso aconteceu, e ainda acontece, por conta da limitação intrínseca que existe no raciocínio humano. Não somos capazes de criar modelos, formais ou informais, que sejam, ao mesmo tempo, consistentes e completos. Essa conclusão nos leva ao ponto seguinte: a completude.

12 - Completude

Um modelo será completo sempre que for possível decidir se uma dada asserção formulada com seus símbolos, partindo de seus axiomas e com o uso das regras de inferência é ou não um teorema. Em resumo, dentro de um modelo completo não podem existir proposições dogmáticas nem indecidíveis.

No item anterior afirmei que a única forma de evitar os paradoxos lógicos nos modelos formais é sair do modelo, indo para um metamodelo ou para estruturas aninhadas e organizadas em pilhas. Ou fazemos isso, ou o modelo produzirá uma contradição e se tornará inconsistente e, consequentemente, inútil. Ora, se a solução dos paradoxos depende da saída do modelo é porque o modelo é incompleto.

Vamos voltar ao paradoxo de Russell. O conjunto de todos os conjuntos que não têm a si mesmos como membros é inviável porque ele teria que conter a si mesmo. A solução, então e escapar do modelo para uma camada externa, para um metamodelo onde não convivem os conjuntos, seus elementos e os metaconjuntos (que são conjuntos de conjuntos). No modelo original não mais se discute o paradoxo, já que, o conjunto de conjuntos não pode ser criado ou se for criado não pertence a esse modelo, mas sim, a outro que é lhe é externo. Temos aqui um verdadeiro transporte do princípio da alavanca de Arquimedes[245] para a construção de modelos.

Somente somos capazes de criar modelos consistentes a partir de um ponto externo aos modelos que criamos. O problema é que sempre precisaremos de outro ponto, de outro modelo, em uma camada mais externa ainda e vamos nessa toada até encontramos o inexplicável, a crença e os modelos metafísicos.

Você algum dia já deve ter conversado com uma criança na chamada idade do porquê. Elas fazem perguntas e sempre que respondemos elas perguntam de novo, porque? Quando a paciência é grande, como era a do meu pai, vamos respondendo até um determinado ponto, a partir de onde nos limitamos a dizer: porque sim! Ou como diria Chicó, personagem criado por Ariano Suassuna no Auto da Compadecida, "só sei que foi assim. " Isso acontece porque não conseguimos criar modelos completos nem tão pouco regredir ao infinito, o raciocínio sempre chegará a um final dogmático ou fictício.

Mesmo a aritmética elementar padece do problema da incompletude. Foi essa a grande descoberta de Gödel, nenhum modelo pode, ao mesmo tempo, ser completo e consistente. No próximo capítulo veremos o quão forte as crenças na descoberta da prova da consistência e da completude dos modelos formais eram correntes quando

Gödel demonstra a sua impossibilidade. Mas onde entra Kelsen nessa história?

13 -Kelsen e o modelo formal do Direito

Mais ou menos no mesmo momento em que Hilbert tenta usar a lógica formal dedutiva como modelo fundamental do conhecimento e Gödel prova que um modelo formal não pode ser, concomitantemente, completo e consistente, Kelsen está sistematizando a sua Teoria Pura do Direito[246] e, para isso, precisa lidar com os mesmos problemas enfrentados por Hilbert e Gödel. Será possível uma justificação racional do Direito? Qual é o objeto de estudo do Direito? Quais são os limites da ciência jurídica? É possível criar um modelo consistente para o estudo e a aplicação das normas? A Teoria Pura do Direito nada mais é do que a tentativa de responder a essas questões.

Ao que parece Kelsen tem plena consciência de que não é possível justificar o direito de dentro do direito, mas que, por outro lado, o direito precisa delimitar seu campo específico diferenciando-se de outras disciplinas tais como a sociologia e a antropologia. A pergunta que não cala e não tem resposta dentro do modelo é: porque o direito deve ser obedecido? Ou: Porque o direito é válido? A única forma de responder a essas perguntas é, em última análise, jogá-las para fora do modelo e Kelsen faz isso com a criação da norma fundamental[247].

Vendo as coisas mais de perto, dá para notar que a norma fundamental está para o direito como a teoria dos tipos de Russell, o axioma do esquema de separação de Zermelo-Frankel e a teoria das classes de Neuman-Gödel estão para o modelo formal dos conjuntos.

A norma fundamental remete para outro modelo, um não jurídico, os fundamentos do direito. Isso fica claro em um texto de 1965 escrito para o volume 17, número 6, da Stanford Law Review, intitulado: "Professor Stone and the pure theory of law". No texto Kelsen responde às críticas feitas a teoria da norma fundamental pelo Professor Julius Stone da Universidade de Sydney. Quando Kelsen responde as críticas feitas pelo Professor Stone está respondendo a todos os críticos da teoria da norma fundamental e com isso acaba por trazer maior clareza ao conceito.

Não dá para negar a importância da teoria Kelseniana para o direito, tanto em termos de teoria quanto de aplicação prática. Nós, seres humanos, temos por hábito pensar que tudo aquilo que existia quando nascemos sempre existiu e sempre existirá. É muito difícil imaginar, para minha geração, um mundo sem televisão, rádio, telefone e antibióticos. Para os mais jovens é igualmente difícil conceber o mundo sem celulares, internet e TV à cabo. Transportando isso para o direito, é muito difícil pensar em um mundo sem cortes constitucionais, sem hierarquia normativa e com decisões judiciais tomadas de forma exclusivamente subjetiva e com fundamentos muitas vezes obscuros ou sobrenaturais. Pois bem, esse é o mundo de Kelsen, é nesse mundo que ele cria a sua teoria pura e tenta, de alguma forma, dotar o direito de racionalidade, ainda que não seja a racionalidade ideal como a preconizada pelos positivistas lógicos. Ele tenta estabelecer uma racionalidade possível, que respeite não só os limites dos modelos, mas que também de conta da especificidade do direito. Essa é a história que contarei no próximo capítulo, onde tentarei responder a três perguntas: 1) Kelsen tinha consciência das limitações dos modelos racionais? 2) Kelsen chegou a ter algum contato com as teorias de Gödel? 3). Os teoremas da incompletude exerceram alguma influência na teoria da norma hipotética fundamental? 4) É possível fazer um paralelo entre as duas teorias? 5) Como o estabelecimento de tal paralelo, se possível, poderá ser útil para a fundamentação teórica da informatização do direito?

Conclusão do capítulo dois.

Embora todo e qualquer raciocínio, discurso ou opinião só deva ser julgado frente aos seus próprios fundamentos dogmáticos sempre que tentamos aplicar os dogmas aos dogmas, sempre que submetemos os dogmas ao seu próprio crivo, emergem contradições inevitáveis e desconcertantes. É como se acontecesse um curto circuito. Aplicar, recursivamente, os dogmas a eles mesmos na tentativa de criar uma justificação, de duas uma, cria contradições insuperáveis ou cria novos dogmas.

A resposta que damos ao problema do fundamento condiciona todas as demais questões que seremos capazes de formular e as respostas que conseguiremos alcançar. Os conjuntos dogmáticos fundamentais ainda que fictícios, explícitos ou não, são condicionantes decisivos na construção de todos os modelos.

Para que não exista qualquer dúvida repito, nesse trabalho, explicitamente, adoto uma posição relativista quanto aos fundamentos dogmáticos. Parto da premissa que todos os fundamentos são, igualmente válidos e admito que cada fundamento engendrará modelos diferentes de mundo.

Uma vez estabelecidos esses axiomas iniciais vamos seguir em frente. Para que a tese que defendo possa ser razoavelmente compreendida e julgada é preciso fixar, além dos axiomas, o pano de fundo, ou a conjetura, em que ela se insere. Essa conjectura está ligada a metalinguagem que adotei. Sempre que fazemos um discurso sobre qualquer tema estamos atuando em dois níveis: o da linguagem objeto e o da metalinguagem.

A linguagem objeto, aquilo sobre o que se fala, é o objeto, o assunto, de um discurso ou campo de estudo. Meu objeto de estudo presente (linguagem objeto) é a teoria da validade das normas jurídicas e do direito desenvolvida por Hans Kelsen que tem como axioma a norma hipotética que ele localiza fora de seu sistema normativo. A hipótese desse trabalho é que a norma fundamental foi criada por Kelsen como forma de evitar a regressão ao infinito e contradição decorrente da reflexividade sobre o fundamento. O problema da inconsistência gerada pela reflexividade dos fundamentos foi estudado e provado pelo matemático e filósofo Kurt Gödel em seus famosos teoremas da incompletude. Na medida em que Kelsen é contemporâneo de Kurt Gödel e os dois viveram em Viena mais ou menos na mesma época, é lícito imaginar que os escritos de Gödel tenham influenciado a teoria Kelseniana da norma fundamental. Se isso ocorreu ou não é o que descobriremos ao longo desse texto. Como o próprio nome diz isso é apenas uma hipótese que pode ou não ser comprovada. De toda forma, mesmo que a hipótese não seja comprovada há que se avaliar se a interpretação da teoria da norma fundamental de Kelsen sob a ótica dos teoremas da incompletude de Gödel não poderá servir como fundamento teórico para o processo de informatização do direito.

Como não sou matemático, nem tenho a menor pretensão de sê-lo, a metalinguagem adotada será o discurso racional nos termos já descritos. Farei o possível para desenvolver uma prova racional de minhas afirmações sem recorrer a formalização.

Mas qual é a utilidade desse estudo? É uma questão de mero diletantismo engendrada por uma mente criativa? De forma alguma.

O crescente processo de informatização do direito é inevitável e a informatização depende, diretamente, da criação e implementação de sistemas formais. Frente a este fato, os operadores do direito precisam fazer uma escolha. De duas uma: ou deixamos a formalização e o futuro do direito a cargo dos profissionais de análise de sistemas ou tomamos a frente do processo. Ao que me parece tomar a dianteira é a melhor opção, não só para o mundo jurídico, mas também para a sociedade como um todo. A melhor forma de encarar o desafio da informatização, penso eu, é pela criação e adoção de um sistema formal para o direito que tenha como ponto de partida a teoria do direito de Kelsen.

Capítulo III – As Teorias

> "A razão humana, num determinado domínio de seus conhecimentos, possui o singular destino de se ver atormentada por questões, que não pode evitar, pois lhes são impostas por sua natureza, mas às quais também não pode dar resposta por ultrapassarem completamente as suas possibilidades" (Immanuel Kant)

Até aqui expus, brevemente, a biografia e o ambiente intelectual em que viveram os personagens que desenvolveram as duas teorias centrais abordadas nessa tese e necessárias para fundamentação da informatização dos procedimentos judiciais. No capítulo dois falei sobre os pressupostos que fundamentam minha compreensão e, em linhas gerais, sobre as teorias em si. Agora vou contar, com a maior clareza e brevidade, sobre a leitura e interpretação que, nesse momento, posso fazer sobre o problema. Em seguida, ainda nesse capítulo, compararei as duas teorias para apontar-lhes os pontos de contato e de divergência. Mais adiante, na conclusão, se eu e você conseguirmos chegar até lá, veremos como a fusão das teorias pode contribuir não só para a melhor compreensão do fenômeno jurídico, mas também ser extremamente útil para a construção de um fundamento teórico para a inevitável informatização do direito. Vamos lá:

1- Kelsen e a Teoria Pura do Direito

Tinha que escolher uma das duas teorias para dar início ao capítulo. Poderia ter começado por qualquer uma. Preferi começar com a exposição dos principais pontos da teoria Kelseniana por ser mais familiar a mim e, acredito, aos meus leitores.

Kelsen é quem melhor pode definir sua própria teoria[248]:

A Teoria Pura do Direito é uma teoria do Direito positivo - do Direito positivo em geral, não de uma ordem jurídica especial. É teoria geral do Direito, não interpretação de particulares normas jurídicas, nacionais ou internacionais. Contudo, fornece uma teoria da interpretação.

Como teoria, quer única e exclusivamente conhecer o seu próprio objeto. Procura responder a esta questão: o que é e como é o Direito? Mas já não lhe importa a questão de saber como deve ser o Direito, ou como deve ele ser feito. É ciência jurídica e não política do Direito.

Quando a si própria se designa como "pura" teoria do Direito, isto significa que ela se propõe garantir um conhecimento apenas dirigido ao Direito e excluir deste conhecimento tudo quanto não pertença ao seu objeto, tudo quanto não se possa, rigorosamente, determinar como Direito. Quer isto dizer que ela pretende libertar a ciência jurídica de todos os elementos que lhe são estranhos. Esse é o seu princípio metodológico fundamental.

Isto parece-nos algo de per si evidente. Porém, um relance de olhos sobre a ciência jurídica tradicional, tal como se desenvolveu no decurso dos sécs. XIX e XX, mostra claramente quão longe ela está de satisfazer à exigência da pureza. De um modo inteiramente acrítico, a jurisprudência tem-se confundido com a psicologia e a sociologia, com a ética e a teoria política. Esta confusão pode porventura explicar-se pelo fato de estas ciências se referirem a objetos que indubitavelmente têm uma estreita conexão com o Direito. Quando a Teoria Pura empreende delimitar o conhecimento do Direito em face destas disciplinas, fá-lo não por ignorar ou, muito menos, por negar essa conexão, mas porque intenta evitar um sincretismo metodológico que obscurece a essência da ciência jurídica e dilui os limites que lhe são impostos pela natureza do seu objeto.[249]

No primeiro capítulo falei sobre a minha surpresa ao descobrir que Kelsen não era tão positivista quanto pensava. Descobri que mesmo os positivistas eram contrários a vários aspectos de sua teoria. Para os positivistas tradicionais o direito tinha que ser estudado como um fenômeno de fato, nos termos das ciências naturais, aos moldes da sociologia ou da antropologia. Do outro lado, os jusnaturalistas imaginavam que o direito deveria ser comparado com outro sistema, outra ordem de valores superiores que seria capaz de legitimá-lo ou não. Veja, em ambos os casos o direito é visto como um fato empírico. Para os positivistas clássicos como um conjunto de leis e práticas sociais. Para os jusnaturalistas como um conjunto de leis e práticas sociais que devem ser adequadas a um outro conjunto de fatos que são os valores transcendentes. Por incrível que pareça a teoria Kelseniana é uma terceira via entre o jusnaturalismo e o positivismo clássico. Enquanto, de um lado, os jusnaturalistas acreditavam que o direito e a moralidade eram inseparáveis[250], de outro, os positivistas acreditavam que o direito e o fato empírico de sua produção e aplicação eram inseparáveis[251]. Para um positivista clássico não importava se uma dada lei era moralmente absurda ou condenável, desde que fosse aplicada pelos órgãos competentes era direito e ponto. No outro canto do ringue estavam (e ainda estão) os jusnaturalistas que acreditavam que uma lei que fosse injusta não poderia ser considerada como direito.[252] Kelsen consegue a proeza de contrariar a todos quando afirma que o direito não só é independente de qualquer consideração moral como também de qualquer aplicação. Para Kelsen pode existir um direito injusto e imoral e ainda assim válido, por outro lado, podem existir leis e sentenças que mesmo sendo aplicadas não podem ser consideradas como direito, independentemente de seu conteúdo. Para chegar a essa conclusão Kelsen parte de um ponto de vista, que não é empírico como o dos jusnaturalistas e dos positivistas[253], mas normativo. Imagina o direito como um sistema de normas, de deveres e não de fatos. Ao fazer isso o problema da definição do direito e de seu estudo se volta dos valores de verdadeiro e falso (é verdade ou não que tal ou qual ato é direito?) para o campo da validade (a norma ou o ato x é direito válido ou não?)[254]. Esse "giro" embora pareça trivial não é. É a mudança do foco para a validade que permitirá a criação de uma teoria exclusivamente jurídica, ou como preferia Kelsen, uma Teoria Pura do Direito. É dentro da Teoria Pura do Direito que tomará corpo a teoria da norma fundamental. Mas antes de falar dela terei que expor alguns conceitos fixados por Kelsen que são indispensáveis para que a leitura de sua teoria da norma fundamental, altamente inovadora para época e até hoje mal compreendida, seja proveitosa, são eles: ser; dever; norma; sistema; validade; princípio dinâmico; princípio estático; sentido subjetivo e; sentido objetivo. Com esses conceitos a mão, enfim, poderemos chegar a norma fundamental e seus problemas.

1.1 Ser, dever e norma.

No capítulo anterior abordei a diferença entre a ontologia e a deontologia. Naquela oportunidade expus a distinção entre os campos do ser e do dever e a relação lógica que entre eles existe. Para Kelsen o direito é um sistema de normas jurídicas, que devem ser estudadas em seus aspectos de ser (veículo da norma ou proposição normativa) e dever-ser (sentido da norma). Além disso, deve ficar clara a distinção entre as afirmações feitas pela ciência do direito (no campo do ser) e os comandos contidos nas normas (dever-ser)[255]. A ciência do direito descreve, o direito prescreve. Essas distinções são essenciais na medida em que Kelsen tenta criar uma teoria que é alternativa tanto ao direito natural quanto ao positivismo clássico. O direito é visto por ele como um conjunto qualificado de normas, de atos de vontade dirigidos a uma conduta, seu objeto não é um ser (empírico) mas um dever-ser.

Como o próprio nome diz aquilo que deve ser não é. Aqui há uma séria diferença entre as ditas leis da natureza e o direito. As leis da natureza são fixadas por via da generalização indutiva (veja o capítulo dois). Quando um fenômeno é observado e reiteradas vezes de uma determinada causa ou conjunto de causas decorre sempre a mesma consequência as ciências constatam que ali há uma lei natural, em outras palavras, sempre que a causa ou conjunto de causas estiver presente o efeito se verificará. A expressão "leis da natureza" não tem o significado de lei como ato portador de um dever, de proposição normativa, mas sim de constatações de fato feitas dentro de um modelo de mundo e segundo suas regras. A natureza não obedece nem estabelece qualquer lei no sentido Kelseniano, na verdade a natureza não está nem aí para as leis da natureza. As leis naturais estão no campo da epistemologia e da ontologia são afirmações sobre o ser e não um dever-ser. É diferente, totalmente diferente, do que acontece com o direito, a ética, a moral e todos os demais elementos da deontologia. Aqui o que deve ser, deve ser justamente porque não é.

Quando um indivíduo, através de qualquer ato, exprime a vontade de que um outro indivíduo se conduza de determinada maneira, quando ordena ou permite esta conduta ou confere o poder de a realizar, o sentido do seu ato não pode enunciar-se ou descrever-se dizendo que o outro se conduzirá dessa maneira, mas somente dizendo que o outro se deverá conduzir dessa maneira. Aquele que ordena ou confere o poder de agir, quer, aquele a quem o comando é dirigido, ou a quem a autorização ou o poder de agir é conferido, deve. Desta forma o verbo "dever" é aqui empregado com uma significação mais ampla que a usual. No uso corrente da linguagem apenas ao ordenar- corresponde um "dever", correspondendo ao autorizar um "estar autorizado a" e ao conferir competência um "poder". Aqui, porém, emprega-se o verbo "dever" para significar um ato intencional dirigido à conduta de outrem. Neste "dever" vão incluídos o "ter permissão" e o "poder" (ter competência). Com efeito, uma norma pode não só comandar mas também permitir e, especialmente, conferir a competência ou o poder de agir de certa maneira. Se aquele a quem é ordenada ou permitida uma determinada conduta, ou a quem é conferido o poder de realizar essa conduta, pergunta pelo fundamento dessa ordem, permissão ou poder (e não pela origem do ato através do qual se prescreve, permite ou confere competência), apenas o pode fazer desta forma: por que devo (ou também, no sentido da linguagem corrente: sou autorizado, posso) conduzir-me desta maneira?[256]

Na sua obra póstuma, talvez a mais polêmica, a distinção entre ser e dever-ser permanece. Vejamos:

> Um dever –ser não se pode reduzir a um ser, um ser não se pode se reduzir a um dever –ser; assim também não se pode de um ser deduzir um dever-ser, nem de um dever-ser deduzir um ser.
> Dever e ser são dois sentidos completamente diferentes um do outro – aqui a palavra "sentido", se quer dizer tanto quanto "significação", é linguisticamente desusado-ou são dois diferentes conteúdos de sentido[257].

Um exemplo pode ajudar na distinção entre ser e dever. Imagine a frase: "Márcio abriu a porta", e outra frase: "Márcio abra a porta!" A primeira frase é um enunciado do ser. A segunda é a expressão de um dever-ser; quem diz para que Márcio abra a porta está emitindo um ato de vontade dirigida a conduta de Márcio.

Aquilo que deve ser não é! Mas qual é a origem do dever? Ou melhor, como estão expressos os deveres? A resposta é simples: os deveres são formulados e impostos por normas. Mas a simplicidade da resposta é enganosa, apenas remete de um conceito impreciso para outro. Para que a resposta faça algum sentido preciso definir o que é norma.

Santo Agostinho dizia que as perguntas mais fáceis são as mais difíceis de responder[258]. É exatamente o que acontece com a norma. Sempre que pergunto aos meus alunos o que é norma tenho a impressão que eles me responderão que se trata de uma tia que mora no subúrbio. Adiantando a resposta aviso, de antemão, que não é o caso. A definição de norma está umbilicalmente ligada ao conceito de dever.

Se alguma coisa deve ser é porque não é. Se deve ser é porque alguém, um ato de vontade, estabeleceu que deveria ser. A expressão desse ato de vontade é a norma.

Kelsen definiu norma como sendo o sentido de um "ato de vontade dirigida a conduta de outrem"; um ato de vontade daquele que estabelece a norma (dever-ser) dirigida a conduta daquele de quem se espera o cumprimento do dever[259].Beira ao ofensivamente óbvio a afirmação segundo a qual se há um dever-ser existe alguém que determina o que deve ser. O dever é constituído por um ato de vontade, sempre e invariavelmente, um ato humano dirigido a conduta humana.

Com o termo "norma" se quer significar que algo deve ser ou acontecer, especialmente que um homem se deve conduzir de determinada maneira. É este o sentido que possuem determinados atos humanos que intencionalmente se dirigem à conduta de outrem. Dizemos que se dirigem intencionalmente à conduta de outrem não só quando, em conformidade com o seu sentido, prescrevem (comandam) essa conduta, mas também quando a permitem e, especialmente, quando conferem o poder de a realizar, isto é, quando a outrem é atribuído um determinado poder, especialmente o poder de ele próprio estabelecer normas. Tais atos são - entendidos neste sentido - atos de vontade.[260]

O dever-ser que é o sentido da norma não se confunde com o ato que estabelece a norma. Por exemplo: o legislador cria uma lei que contem norma que obriga os cidadãos de um certo pais a pagarem imposto sobre a renda. O ato que põe a norma, no exemplo a lei, é da esfera do ser. Aqui o texto escrito é um fenômeno da ordem do ser. Já o sentido, o dever pagar o imposto, é que constitui a norma propriamente dita. Por isso Kelsen afirma que a norma não possui um sentido, mas ela é um sentido de dever-ser[261].

Como atos, ações dirigidas a fins, as normas – todas elas – só podem ser criadas e impostas por seres humanos, não custa lembrar que todo ato é ato de vontade. Conceituando ação como um efeito da vontade não podemos encontrar ação na natureza. Só podemos conceber a existência de normas naturais (no sentido de um dever-ser) se, antes, imaginarmos que, de alguma forma, a natureza possui vontade e consciência. É por isso que as chamadas leis da natureza não são normas, mas fatos, sistematizados por via de generalizações indutivas. São do que produtos da razão humana.

Parece claro, mas não custa lembrar, que a relação entre ação e norma é de continente e conteúdo: toda norma é um ato, mas nem todo ato é uma norma. As normas são atos de vontade específicos, dirigidos a outros. Questão interessante é imaginar se as normas são atos de vontade sempre dirigidos aos outros, como define Kelsen no texto citado, ou se podem ser atos de vontade dirigidos às nossas próprias condutas.

No capítulo dois expus um modelo de mundo em que o ser se divide em: ontologia, o ser propriamente dito que se subdivide em essência, existência e realidade e; deontologia onde estão agrupadas as normas morais, éticas, técnicas, sociais difusas e jurídicas. Defini moral como sendo os deveres decorrentes da resposta à pergunta íntima fundamental: "o que eu devo fazer?" E a ética como o conjunto de deveres que emergem da resposta a outra pergunta: "como eu quero viver?" Como o dever-ser inserido em um sistema, sempre é expresso por normas e existem deveres morais e éticos só posso concluir que as normas são atos de vontade dirigidas a conduta humana, alheia ou própria.

Parece que Kelsen concorda com isso, fazendo uma distinção sutil e interessantíssima entre os atos de mera vontade e os atos normativos, onde um eu cria uma norma dirigida a conduta de outro eu. Na Teoria Geral das Normas ele afirma o seguinte:

> Existe uma diferença entre o querer de uma própria conduta e o querer que outrem deva conduzir-se de uma determinada maneira, e entre um querer que é dirigido a conduta de outro, também se este alguém é tal como destinatário de uma norma autoposta.
> Só o querer dirigido a conduta de um outro (inclusive do outro eu) tem o sentido de um dever-ser, quer dizer, de um comando, de um mandamento, de uma prescrição, de uma norma[262].

Aqui fica evidente a distinção entre a teoria Kelseniana e as de seus predecessores. Para os adeptos do direito natural ou de qualquer outra forma de justificação transcendente das regulações sociais as normas não são atos de vontade, mas sim, decorrência de processos naturais, divinos ou sociais mais ou menos inevitáveis. São fatos que decorrem de outros fatos e não normas que decorrem de outras normas.

Embora toda norma seja um ato de vontade dirigida a conduta, nem toda norma é jurídica, existem vários conjuntos normativos. Uma vez definido o conceito de norma, a pergunta passa a ser: quais normas são jurídicas?

Kelsen dá sua definição de norma jurídica, explicitamente, no texto onde ele responde as críticas feitas pelo professor Julius Stone, da seguinte forma:

Professor Stone sustenta que nunca ofereci uma definição do conceito de direito em meus principais trabalhos. Mas a Parte II da primeira edição e Seção da segunda edição do meu Reine Rechtslehre, que é o principal trabalho da minha Teoria Pura do Direito, são dedicados à definição deste conceito. Lá eu indico seus elementos essenciais. É verdade que não formulei a definição em uma frase. Isso não é necessário, como mostrado pelo próprio Professor Stone, que, a despeito de sua afirmação de que não ofereci uma definição do conceito de norma jurídica enumera cinco pontos que, segundo ele, "uma definição do direito de Kelsen provavelmente exigiria. . . . "

Quase incrível é a declaração do Professor Stone que "o problema principal, o de indicar a diferença específica entre normas jurídicas e outras normas, remete (de acordo com Kelsen) não a qualquer característica interna de cada norma, mas ao fato de que a norma é parte de um certo tipo de sistema de normas. . . . "Na medida em que o Professor Stone cita frequentemente a minha Reine Rechtslehre podemos supor que ele tenha lido este livro. Se assim for, deve saber que eu lidava com o problema da diferença específica entre norma jurídica e outras normas com muito cuidado, especialmente com a diferença entre as normas legais e morais, e que eu sustentava que a diferença específica é que as normas legais são normas que prescrevem um determinado comportamento humano, anexando ao comportamento contrário um ato coercitivo a uma sanção. De acordo com a Teoria Pura do Direito a característica interna da norma legal é que ele estipula um ato coercitivo. Na minha Probleme der Staatsrechtslehre estabeleço as sanções de punição e de execução civis como os elementos característicos das normas jurídicas.[263]

Mas o fator distintivo das normas jurídicas não se limita a sanção, já que, em princípio, toda norma possui sanção. O ponto chave está na coercitividade da sanção. Além do dever-ser estar vinculado a uma sanção pelo descumprimento, a sanção, na norma jurídica, deve ser aplicada de forma coercitiva, com o uso da força se necessário. Kelsen deixa isso claro no mesmo texto que responde ao Professor Stone:

> "Nesse ponto parece" que digo que não há nenhuma característica interna da norma jurídica que claramente não pode ser verdade, se "é" que considero uma característica interna da norma jurídica. Além disso, o Professor Stone não apresenta corretamente a minha opinião sobre este ponto exposto no meu trabalho principal. Não é o fato de que as normas legais preveem sanções que os distingue das outras, especialmente de normas morais, (como eu assumi em meus escritos anteriores); o que digo expressamente na minha Reine Rechtslehre é que as normas morais, também, preveem sanções. Mas essas sanções são não- como nas sanções das normas jurídicas - coercitivas, mas a aprovação do comportamento em conformidade com, e desaprovação do comportamento contrário ao, as normas morais.[264]

Mas não é só isso. Kelsen não é tolo e sabe que a ordem de um criminoso que ao assaltar uma velhinha diz: "a bolsa ou a vida! " Também é um dever-ser dotado de sanção coercitiva – temos o ato de vontade do ladrão dirigida a conduta da velhinha, cominada uma sanção que será aplicada de forma coercitiva, mas nem por isso, pode ser considerada como uma norma, muito menos jurídica. Norma é, para Kelsen, um ato de vontade dirigida a conduta de outro que tenha sido validamente produzida dentro de um sistema deontológico.

> Mas toda ordem não é – segundo o uso da linguagem – um mandamento, uma prescrição, uma norma. Se um assaltante me ordena entregar-lhe seu dinheiro, então o sentido de seu ato de vontade é realmente que eu devo entregar-lhe o meu dinheiro; mas sua ordem não se interpreta como mandamento, prescrição ou norma. Como norma vale só o ato de comando qualificado de certo modo, a saber: de um ato de comando autorizado pela norma de um ordenamento moral ou jurídico positivo.[265]

Mesmo produzida dentro de um sistema deontológico nem toda norma é jurídica, para sê-lo é preciso que a coerção da aplicação da sanção seja institucional e que, ao sentido subjetivo do ato de vontade (O sujeito "A" diz que o sujeito "B" deve se conduzir da forma "X" sob pena da sanção "S" que será aplicada coativamente), exista a percepção da aplicação como sendo válida e, portanto, obrigatória. A validade das normas jurídicas está condicionada à validade do sistema. O direito não é um aglomerado sem sentido de normas coativas. Para que exista direito é preciso que haja uma ordem, um ordenamento, um sistema[266].

1.2 Sistema, validade, princípios: dinâmico e estático

Para Kelsen direito é "um sistema de normas que regulam o comportamento humano"[267]. No item anterior procurei expor a definição Kelseniana de norma e de direito. Ficou claro que a definição de direito depende dos conceitos de norma e de sistema.

O conceito de sistema é um pouco mais complexo que o de norma. Segundo o dicionário sistema é:

> Um conjunto ordenado, em que cada elemento é necessário à coesão do todo e dela depende. Assim fala-se do sistema nervoso, do sistema solar, de um sistema informático...[268]

As definições esquemáticas que estão nos dicionários dificilmente são suficientes para resolver os problemas do entendimento. É importante notar que um sistema é um conjunto, diferente, que exerce funções e produz efeitos distintos daqueles verificados por suas partes isoladamente.

244

Para que funcione o sistema precisa ser, como diz a definição, ordenado.

Como sistema é um conjunto de elementos há que se definir: 1) qual é a "liga". O que junta os elementos de um sistema entre si; 2) qual critério define se um certo elemento pertence ou não a determinado sistema. Chamarei o primeiro critério de estrutura e o segundo de pertencimento. Esses dois critérios – estrutura e pertencimento- devem ser esclarecidos para que a definição de sistema seja útil[269]. Kelsen ressalta a importância da definição e fixação dos critérios estruturais e de pertencimento.

> O direito como sistema é considerado um sistema de normas legais. A primeira questão a responder aqui é posta pela Teoria Pura do Direito da seguinte forma: o que possibilita a unidade de uma pluralidade de normas legais, e porque determinadas normas legais pertencem a certos sistemas.[270]

Na segunda edição da Teoria Pura do Direito a definição permanece de forma mais explicita e com outras ramificações:

> Se o Direito é concebido como uma ordem normativa, como um sistema de normas que regulam a conduta de homens, surge a questão: O que é que fundamenta a unidade de uma pluralidade de normas, por que é que uma norma determinada pertence a uma determinada ordem? E esta questão está intimamente relacionada com esta outra: Por que é que uma norma vale, o que é que constitui o seu fundamento de validade?[271]

Para Kelsen os critérios de pertencimento de uma norma a um dado sistema jurídico se confundem com os critérios de validade, ou seja, pertencem a um ordenamento determinado todas as normas que nele forem produzidas validamente. Da mesma forma, só as normas válidas existem dentro do sistema. Por isso, para teoria Kelseniana da norma, validade e existência se confundem.

Como o sistema jurídico é um sistema normativo, composto de elementos de dever-ser e não de elementos do ser, a produção de uma norma no sistema somente será válida se derivar de outra norma, afinal de contas de um ser não se pode deduzir um dever, o dever-ser somente poderá derivar de outro dever-ser. O sistema normativo possui suas próprias normas para produção de outras normas. Sempre que uma nova norma está de acordo com as normas de produção será norma.

Mas qual é o conteúdo das normas de produção?

246

Os sistemas podem ser classificados como dinâmicos ou estáticos conforme suas normas de criação e transformação de teoremas[272] forneçam o fundamento ou conteúdo de validade.

Os sistemas são dinâmicos quando dele fazem parte, são teoremas, todas as proposições que obedeçam às regras de criação (produção) e transformação; e as regras de criação e transformação nada deliberem sobre o conteúdo significativo daquilo que será criado. Por exemplo: em um sistema normativo "x" o indivíduo "y" está autorizado a produzir novas normas (teoremas do sistema) independentemente de seu conteúdo. Como você deve se lembrar, vimos no capítulo dois, que os sistemas formais são aqueles cujas regras de criação e transformação são tipográficas, isto é, podem ser expressas em linguagem formal por não possuírem conteúdo semântico significativo. Os sistemas formais são dotados apenas de princípios dinâmicos. Os sistemas que não são formais, mas também são dotados apenas de princípios dinâmicos possuem termos com significados passivos e são especialmente propícios para a formalização e a informatização. Os sistemas dinâmicos são regidos por princípios dinâmicos que nada dizem sobre o conteúdo dos teoremas, apenas fornecem seu fundamento de validade.

Os sistemas estáticos são aqueles em que as regras de produção e transformação são dotadas de forte conteúdo significativo, conteúdo esse cujo significado é ativo[273]. O exemplo aqui seria o seguinte: no sistema normativo "x" o indivíduo "y" está autorizado a criar normas com o conteúdo "z". Os princípios estáticos fornecem o conteúdo de validade de um sistema, não só seu fundamento.

Poderia se pensar que os sistemas normativos, por serem eminentemente valorativos, seriam presididos por princípios unicamente estáticos o que equivaleria dizer que tais sistemas seriam dotados, invariavelmente, de normas capazes de conferir conteúdos de validade aos teoremas. Em tais sistemas deveria ser possível, sempre, a dedução do conteúdo de uma norma específica de outra norma geral e ao final dessa regressão deveríamos ser capazes de encontrar um princípio valorativo último de onde fosse possível deduzir o conteúdo de validade de todo sistema.

Segundo a teoria de Kelsen um tal sistema implicaria em uma contradição lógica, na medida em que o princípio valorativo último seria, necessariamente, um fato da ordem do ser. Como a dedução de um dever de um ser é logicamente impossível todos os sistemas normativos são, em última análise, dotados de princípios dinâmicos, mesmo que, depois a eles viessem agregar outros princípios estáticos.

248

Kelsen adota, expressamente, uma divisão entre vontade e razão. Enquanto os atos de vontade são formas de querer na razão não há vontade. É a razão que propicia o conhecimento. A razão está dirigida a conhecer o que há no mundo do ser e a vontade produz um querer. Com essa lógica todo dever-ser, toda norma, portanto, é ato de vontade e não da razão. Norma é um querer não um conhecer. Um sistema normativo que fosse puramente estático, onde todas as normas tivessem que extrair seus conteúdos de outras normas, teria que pressupor uma norma inicial com conteúdo valorativo, que não teria sido posta, criada por ninguém, não podendo ser considerada como um ato de vontade somente podendo ser percebida pela razão, sendo, portanto, um fato. Se o fundamento último de um sistema puramente estático é um fato (no campo do ser) e não uma vontade (no campo do dever-ser) todo sistema que daí deriva está fadado à inconsistência, já que, de um ser não se pode derivar um dever.

Imaginemos um exemplo que hoje está muito em voga: a dignidade humana como fundamento último de um sistema normativo. Em um tal sistema todas as normas subsequentes deveriam ser redutíveis ao princípio da dignidade. Mas o que é a dignidade? É um ato de vontade ou é um fato que precisa ser apreendido pela razão? Se a

249

dignidade é um ato de vontade (uma norma) o fundamento último desse sistema não é a dignidade, mas a norma que permite a alguém estabelecer a dignidade como fundamento último do sistema. Ao contrário, se o fundamento último do nosso sistema hipotético é o fato autoevidente da dignidade, uma vez descoberto esse fato e fixado seu conteúdo, o sistema normativo é logicamente impossível (de um ser não se pode derivar um dever) e inútil, vez que, já sendo a dignidade um fato ela não precisa dever-ser. Por isso, para Kelsen, mesmo os sistemas normativos, com grande carga valorativa, tais como a moral e a ética, são dotados inicialmente de princípios dinâmicos e só em um segundo momento de princípios estáticos[274275].

Mas preste atenção! Tudo o que foi dito até aqui se aplica a qualquer sistema normativo e existem vários. Os sistemas deontológicos que perpassam nossas vidas – moral, ética, normas sociais difusas e normas técnicas - são todos formados da mesma maneira, com quase as mesmas características. Como é possível identificar o sistema jurídico? Em outras palavras, qual é ou quais são as especificidades que fazem com que o sistema jurídico seja distinto dos demais sistemas normativos (deontológicos)?

A primeira dúvida, que pode em princípio parecer tola, diz respeito a predominância existente entre o todo e suas partes. O sistema jurídico é composto de normas jurídicas ou as normas são jurídicas porque pertencem ao sistema? A pergunta parece tola, mas não é. Veja, se o sistema jurídico é um conjunto de normas jurídicas a característica que lhe é distintiva está em cada uma de suas normas[276], se for o contrário, a característica distintiva estará no sistema e não em cada uma das normas que o compõe.

Segundo a posição de Kelsen uma norma será jurídica sempre que tiver sido produzida, validamente, dentro de um sistema jurídico e sua sanção for coativa. Fica claro que para ele a "juridicidade" está no sistema e nas normas que o compõe, de forma recursiva. Um sistema será jurídico sempre que for composto de normas coativas (impostas com o uso da força quando necessário), cuja sanção é institucionalmente aplicada e quando o sistema for globalmente eficaz, isto é, quando for dotado de eficácia objetiva e subjetiva. Em suma, entre as normas e os sistemas há uma relação de condicionante e condicionado. A existência de normas dotadas de sanção, impostas coercitivamente por instituições e a eficácia global (tanto subjetiva quanto objetiva) são condições necessárias para a existência de um sistema – ordenamento- jurídico e a existência do ordenamento é condição suficiente para a existência (validade) de normas jurídicas. É uma relação de dependência. Não existe direito sem sistema jurídico, já que, a validade das normas depende do sistema e não existe sistema sem normas cuja sanções possam ser coativamente aplicadas.

Com isso parece que respondi à questão sobre os critérios de pertencimento: pertencem a um sistema jurídico todas as normas cuja sanção pode ser aplicada coativamente e que são produzidas obedecendo as regras de criação ou transformação ditadas pelo próprio sistema.

Mas podem existir sistemas dotados dessas características que ainda assim, na visão de Kelsen, não poderiam ser considerados como sistemas jurídicos. Ainda falta uma condição necessária para a caracterização de um dado sistema como jurídico[277].

Para Kelsen, além de normas validamente produzidas no seio do sistema, dotadas de sanção que podem e devem ser aplicadas coativamente é necessário que o sistema, para ser jurídico, seja dotado de um sentido objetivo. O sentido objetivo é a "liga" que ordena o sistema como uma unidade distinta do conjunto de seus elementos. Vamos enfrentar esse espinhoso problema em seguida.

1.3 – Sentido objetivo e sentido subjetivo.

Uma norma é um dever-ser, é um ato de vontade dirigido a conduta alheia, produzido dentro de um sistema deontológico. Norma jurídica é um dever-ser caracterizado pelo ato de vontade dirigida a conduta de outro cuja sanção pelo descumprimento é imposta de forma coativa, se necessário, com o uso da força, e que é produzido validamente dentro de um sistema. No entanto, isso não é o suficiente. O sistema de onde a norma tira sua validade deve ser dotado de um sentido objetivo específico.

O sentido subjetivo da norma consiste no ato de vontade em si. Quando o líder de uma organização criminosa condena um comparsa à morte ou quando a mãe determina à sua filha adolescente que chegue em casa as tantas horas, estamos frente à atos cujo sentido subjetivo é um dever-ser, um ato de vontade dirigida a conduta de outros. Já o sentido objetivo é a possibilidade de justificação da produção do dever-ser com base em outras normas – normas de criação e transformação[278], isto é, na sua validade com referência a um sistema específico. Nas palavras do autor:

Também o ato de um salteador de estradas que ordena a alguém, sob cominação de qualquer mal, a entrega de dinheiro, tem - como já acentuamos - o sentido subjetivo de um dever-ser. Se representarmos a situação de fato criada por um tal comando dizendo: um indivíduo expressa uma vontade dirigida à conduta de outro indivíduo, o que nós fazemos é descrever a ação do primeiro como um fenômeno ou evento que de fato se produz, como um evento da ordem do ser. A conduta do outro, porém, que é intendida (visada) no ato de vontade do primeiro, não pode ser descrita como um evento da ordem do ser, pois este ainda não age, ainda não efetua uma conduta, e porventura nem sequer se conduzirá da forma intendida. Ele apenas deve – de acordo com a intenção do primeiro - conduzir-se por aquela forma. A sua conduta não pode ser descrita como um sendo (da ordem do ser), mas apenas o pode ser, na medida em que cumpre apreender o sentido subjetivo do ato de comando, como um devido (da ordem do dever-ser). Desta forma tem de ser descrita toda a situação em que um indivíduo manifesta uma vontade dirigida à conduta de outro. Quanto à questão em debate isto significa: na medida em que apenas se tome em linha de conta o sentido subjetivo do ato em questão, não existe qualquer diferença entre a descrição de um comando de um salteador de estradas e a descrição do comando de um órgão jurídico. A diferença apenas ganha expressão quando se descreve, não o sentido subjetivo, mas o sentido objetivo do comando que um indivíduo endereça a outro. Então, atribuímos ao comando do órgão jurídico, e já não ao do salteador de estradas, o sentido objetivo de uma norma vinculadora do destinatário. Quer dizer: interpretamos o comando de um, mas não o comando do Outro, como uma norma objetivamente válida[279].

Todo e qualquer sistema normativo (moral, ética, normas técnicas e normas sociais difusas) possui um sentido subjetivo similar. O que os distingue, inclusive o que distingue o sistema jurídico dos demais é a peculiaridade de seu sentido objetivo.

Já vimos que em um sistema normativo as normas são válidas (são teoremas do sistema) quando criadas de acordo com regras postas em outras normas. Vimos, também, que as regras de criação e de formação de outras regras podem funcionar como fundamento ou como conteúdo de validade. Tomando por base um sistema jurídico qualquer é lícito (desculpe, mas não resisti ao trocadilho) afirmar que um contrato tira seu fundamento de validade e, eventualmente seu conteúdo, de uma lei e que a lei tira seu fundamento de validade da constituição. E a constituição, tira seu fundamento de validade de onde? Dito de outra forma: devo cumprir um contrato porque está de acordo com a lei e foi produzido nos termos por ela ditados; devo cumprir a lei porque está de acordo e foi produzida nos termos da constituição. E porque cargas d'água eu devo obedecer a constituição? Segundo Kelsen, porque há fora da ordem jurídica uma norma pressuposta que dá unidade a todo sistema, que dota o sistema de um sentido objetivo e que diz que devemos obedecer a constituição. Essa norma pressuposta que fundamenta a validade e existe em todos os sistemas normativos, sendo diferente de um para outro, chama-se norma fundamental.

Cada sistema normativo possui sua própria norma fundamental. É a pressuposição da norma fundamental, fora do sistema, que dá unidade e validade a todas as demais normas.

Na lógica Kelseniana o fundamento último de um sistema normativo tem, necessariamente, que ser uma norma que apenas fornece seu fundamento e não o conteúdo de validade, daí o nome norma fundamental. Chegamos, enfim, ao ponto da teoria de Kelsen que é objeto desse trabalho: a norma fundamental. Vejamos isso com mais detalhe:

1.4 A Norma Fundamental

O conceito de norma fundamental é o mais complexo e idiossincrático da obra de Kelsen, ainda assim é essencial. Quando Kelsen propõe uma teoria normativa do direito em oposição ao positivismo clássico e ao jusnaturalismo que veem o direito como um fato é imperativo que ele dê ao seu sistema alguma coesão lógica e essa coesão somente é possível assumindo que o sistema é incompleto e seu fechamento é "por fora".

Simplificando, a norma fundamental é o ponto da justificação em que não se admite mais discussões. É um axioma! Imagine uma criança que pergunta o porquê de tudo: cedo ou tarde, não teremos mais respostas e teremos que dizer: "porque é assim e ponto!" O exemplo dado por Kelsen da norma fundamental do cristianismo é lapidar:

> Um pai ordena ao filho que vá à escola. À pergunta do filho: por que devo eu ir à escola, a resposta pode ser: porque o pai assim o ordenou e o filho deve obedecer às ordens do pai. Se o filho continua a perguntar: por que devo eu obedecer às ordens do pai, a resposta pode ser: porque Deus ordenou a obediência aos pais e nós devemos obedecer às ordens de Deus. Se o filho pergunta por que devemos obedecer às ordens de Deus, quer dizer, se ele põe em questão a validade desta norma, a resposta é que não podemos sequer pôr em questão tal norma, quer dizer, que não podemos procurar o fundamento da sua validade[280].

Disse no capítulo dois que em um dado ponto de qualquer prova iremos esbarrar em um dogma, um axioma ou em uma ficção que não admite, ao menos no âmbito da justificação que se apresenta, qualquer tipo de discussão ou justificação. Para Kelsen, nos sistemas normativos o ponto sobre o qual não se admite discussão é a norma fundamental.

257

Como a norma fundamental não possui qualquer fundamento de validade só pode estar fora do sistema. Por outro lado, na medida em que serve de fundamento para um sistema normativo deve, necessariamente, ser uma norma que atribui a alguém o poder de criar outras normas. É uma norma que fornece os fundamentos de validade do sistema, nunca seu conteúdo. Caso a norma fundamental fosse doadora de conteúdo ela não seria fundamental. Precisaríamos de outra norma que lhe atribuísse validade.

Mais uma vez vamos ao exemplo dado pelo próprio Kelsen:

Só que a norma de cujo conteúdo outras normas são deduzidas, como o particular do geral, tanto quanto ao seu fundamento de validade como quanto ao seu teor de validade, apenas pode ser considerada como norma fundamental quando o seu conteúdo seja havido como imediatamente evidente. De fato, fundamento e teor de validade das normas de um sistema moral são muitas vezes reconduzidos a uma norma tida como imediatamente evidente. Dizer que uma norma é imediatamente evidente significa que ela é dada na razão, com a razão. O conceito de uma norma imediatamente evidente pressupõe o conceito de uma razão prática, quer dizer, de uma razão legisladora; e este conceito é - como se mostrará - insustentável, pois a função da razão é conhecer e não querer, e o estabelecimento de normas é um ato de vontade. Por isso, não pode haver qualquer norma imediatamente evidente. Quando uma norma da qual se deriva o fundamento de validade e o conteúdo de validade de normas morais é afirmada como imediatamente evidente, é porque se crê que ela é posta pela vontade de Deus ou de uma outra vontade supra-humana, ou porque foi produzida através do costume e, por essa razão - como acontece com tudo o que é consuetudinário -, é considerada como de per si evidente (natural). Trata-se, portanto, de uma norma estabelecida por um ato de vontade. A sua validade só pode, em última análise, ser fundamentada através de uma norma pressuposta por força da qual nos devemos conduzir em harmonia com os comandos da autoridade que a estabelece ou em conformidade com as normas criadas através do costume. Esta norma apenas pode fornecer o fundamento de validade, não o conteúdo de validade das normas sobre ela fundadas. Estas formam um sistema

> dinâmico de normas. O princípio segundo o qual se opera a fundamentação da validade das normas deste sistema é um princípio dinâmico.[281]

Vamos imaginar outro exemplo, contemporâneo, que está na moda nos nossos tribunais: Por hipótese, vamos assumir como correta afirmação daqueles que dizem que os direitos humanos são a norma fundamental de todos os ordenamentos jurídicos e que somente podem ser tidos como válidos os ordenamentos que os consagrem e respeitem.

Ao analisar de perto essa afirmação seremos obrigados a constatar que, no modelo Kelseniano, ela é insustentável. De um lado, se os direitos humanos são normas, ou seja, sentidos de dever-ser representados por atos de vontade dirigidos a conduta de outros, eles não poderão servir de norma fundamental na medida em que, logicamente, será preciso outra norma que estabeleça como obrigatório o acatamento das normas produzidas por quem criou o dever-ser dos direitos humanos. De outro lado, se os direitos humanos são autoevidentes, "naturais" e comuns a toda humanidade, eles são um fato, da ordem do ser. Fatos da ordem do ser são imprestáveis como norma fundamental de qualquer sistema normativo, já que, de um ser não se pode derivar um dever.

Desta forma, todo sistema normativo possui fundamento dinâmico, já que, sua norma fundamental sempre será uma norma atribuidora de fundamento de validade, nunca de conteúdo de validade. Os sistemas cujo fundamento é dinâmico são passíveis, mais facilmente, de formalização que é o pressuposto para a informatização uma vez que as máquinas só operam com sistemas formais tipográficos.

Nunca tocamos a realidade, trabalhamos todo tempo com modelos de mundo e, no limite, todos os modelos estão errados, mas uns funcionam melhor que outros. O modelo normativista e dinâmico do direito é apenas um entre muitos possíveis. É possível conceber uma ordem jurídica cujo fundamento seja estático, mas para isso é preciso abrir mão da teoria normativista, deixar de encarar o direito como um conjunto de normas entendidas como atos de vontade dirigidos a conduta humana. Kelsen sabe disso e defende seu sistema normativo contra os que se denominam realistas de forma brilhante[282].

Alguns modelos de mundo entendem o direito como um fato social de produção de leis e que tais leis concretamente consideradas seriam seu objeto. Kelsen faz uma clara e nada sutil distinção entre leis e normas. As leis são elementos do âmbito do ser, são atos postos. Já as normas

261

são o conteúdo de dever-ser extraídos das leis, por isso as normas não têm conteúdo são o conteúdo.

Se pensarmos o direito como um conjunto de leis e não de normas é possível criar um modelo não normativo, onde o direito é composto por um ser (as leis) e não por um dever-ser (normas) o problema é que isso não seria direito, mas sociologia ou história. O fato de que existem leis determinando uma conduta não implica que a conduta seja adotada pelos destinatários. Para se alcançar a almejada pureza da teoria do direito seu objeto de estudo deve consistir nos atos de vontade contidos nas leis, as normas.

Ora, se o direito não é um ordenamento de normas (dever-ser) só pode ser um conjunto de fatos (ser). Esses fatos podem ser a efetiva conduta dos tribunais (direito é o que o juiz diz que é), o conjunto de leis promulgadas em determinado país ou um conjunto de verdades autoevidentes dadas pela natureza, por deus ou pela natureza humana. Se admitirmos que o direito se confunde com a efetiva conduta dos tribunais o que temos é arbítrio puro e não direito, e estudar o arbítrio é uma perda de tempo. Se acatarmos a posição de que o direito é um conjunto de leis não estamos tratando de direito, mas de história (se o estudo e voltado para o passado) ou de sociologia (se estudarmos quais são as leis efetivamente aplicadas na atualidade) ou cartomancia (se tentarmos prever quase serão as leis futuras). Se descambarmos para o campo de conceitos autoevidentes a coisa fica ainda pior já que teremos uma arbitrariedade travestida de sagrado.

Ao que parece, se pensarmos a que a função do direito é organizar a vida em sociedade pela via do regramento do uso da força coletiva mediante critérios previamente dados e se tivermos em mente que a informatização é inevitável, o modelo normativo de direito criado por Kelsen, embora problemático, é o que funciona melhor.

Admitindo que o sistema normativo é o que melhor funciona e que sua coesão depende da existência da norma fundamental, só me resta tentar descobrir como ela funciona.

Para Kelsen a norma fundamental é aquela que estabelece que as normas produzidas dentro do sistema devem ser obedecidas, por isso, é a norma fundamental que cria a unidade do sistema. É a norma fundamental que dota as demais normas de seu fundamento de validade.

No modelo normativo, o critério de pertencimento ao sistema se confunde com os critérios de validade que são estabelecidos por outras normas do próprio sistema, e a unidade do sistema é dada pela norma fundamental. Pertencerá ao sistema normativo toda norma cujo fundamento de validade possa ser remetido a norma fundamental.

O argumento por traz da norma fundamental aplicado a qualquer sistema normativo parece ser o seguinte:

A) Ser e dever-ser possuem naturezas distintas;

B) De um ser não se pode derivar um dever nem vice-versa;

C) Um sistema normativo é um conjunto de sentidos de dever-ser ordenados com base em critérios validade, isto é, critérios de pertencimento ao sistema;

D) Um sentido de dever-ser produzido validamente em um sistema chama-se "norma";

E) As normas produzidas em um sistema obedecem a regras de criação (critérios de validade) estabelecidos em outras normas do sistema;

F) Um sistema, como conjunto ordenado, não pode produzir uma regressão infinita, sua cadeia de justificação deve parar em algum ponto;

G) Como de um ser não se pode deduzir um dever, o ponto inicial do sistema só pode ser uma norma;

H) O ponto inicial do sistema é chamado de norma fundamental porque ela confere o fundamento de validade de todas as demais normas, nunca seu conteúdo;

I) A norma fundamental deve estar fora do sistema sob pena de não o fazendo, ocorrer uma regressão infinita;

J) As normas do sistema são positivas, isto é, são postas por um ato de vontade;

K) A norma fundamental deve ser pressuposta, caso contrário, jamais poderia funcionar como fundamento último do sistema;

L) Como pressuposta, a norma fundamental não é posta, não expressa um ato real de vontade, é apenas pensada (como veremos em seguida trata-se de uma ficção Vaihingerliana), já que, sem ela, o sistema normativo é impossível.

Desses argumentos decorre outra cadeia argumentativa exposta por Stanley L. Paulson, a que ele denomina de argumento transcendental regressivo:

No argumento transcendental kantiano, em sua forma regressiva, o filósofo começa com algo que é dado e, em seguida, move-se para a condição ou condições sem as quais o que é dado não seria possível. Usando nossas opiniões sobre o uso da linguagem, o que argumento transcendental de Kelsen parece? Aqui está uma possível reconstrução:

(1). As normas legais, juntas representam um sistema legal que é objetivamente válido (dado).

(2) A validade objetiva destas normas legais só é possível se a norma fundamental é pressuposta (premissa transcendental).

(3). Por conseguinte, a norma fundamental é pressuposta (conclusão transcendental).[283]

Kelsen, embora brilhante, era humano. Com o passar dos anos sua teoria foi se refinando e os conceitos centrais da Teoria Pura do Direito sofreram vários aperfeiçoamentos, o que é admitido pelo próprio Kelsen. Em especial a teoria da norma fundamental sofre um grande aperfeiçoamento, talvez para melhorar seu potencial explicativo mais do que para reformular o conceito originário, que aparece em seus escritos pela primeira vez em 1914 como uma necessidade, como um ponto de partida externo a norma ou ao sistema, sem o qual a compreensão do direito seria impossível[284]. Em outro trabalho de 1925, Kelsen afirma que a norma fundamental, continua como pressuposta e fora do sistema normativo, e adiciona a afirmação que ela representa a constituição lógica jurídica do sistema legal[285]. Em um texto sobre filosofia de 1928, a norma fundamental continua aparecendo fora do sistema e é descrita como a fonte de unidade e validade de todo sistema[286]. Em 1934, na primeira edição da Teoria Pura do Direito, a norma fundamental aparece como necessária, pensada, fora do sistema, mas com uma nova característica: aqui ela passa a ser o princípio dinâmico do sistema.[287] Em 1960, na segunda edição da Teoria Pura do Direito, Kelsen mantém as mesmas características até então descritas sobre a norma fundamental e esclarece que ela deve ser compreendida como a fonte do sentido objetivo de um sistema normativo[288]. Em 1965 Kelsen tenta deixar clara a variada terminologia que usa na exposição da norma fundamental em sua resposta às críticas feitas pelo Professor Julius Stone[289]. Em sua polêmica obra póstuma, Kelsen, sem mudar o que a meu ver é o ponto central da teoria da norma fundamental, a caracteriza como uma ficção nos termos da Filosofia do Como Se de Hans Vaihinger.[290]

Considero como refinamentos e aperfeiçoamentos conceituais o que, em geral, os juristas encaram como problemas e contradições do raciocínio de Kelsen na elaboração da norma fundamental, isso porque, os pontos principais da teoria normativista criada por ele continuam intactos ao longo de toda sua obra.

Para Kelsen o direito não é um conjunto de fatos, mas um conjunto de normas e como tal deve ser compreendido, não como uma realidade do campo do ser (ontológico) mas como um fenômeno do dever-ser (deontológico). Tal construção só é possível com a pressuposição da hipótese ou ficção da norma fundamental.

Atacar a teoria normativista sob a alegação de que ela é fundada em uma ficção não parece ser um argumento válido ou útil. Segundo a visão de mundo que expus no capítulo dois, transitamos entre modelos; e uns modelos se referem a outros como fonte de fundamentação. Sempre que estressarmos um modelo ao limite máximo chegaremos a um dogma, que, no final das contas, nada mais é do que uma ficção útil que não é consciente de si mesma. É a lei do deslocamento das ideias:

Uma pressuposição teórica pode percorrer três etapas, transformando-se a teoria do conhecimento em uma cadeia de enganos úteis: 1) O dogma marca o momento de "repouso" da atividade intelectual, já que a pisque é incapaz de manter uma distância (crítica) das ficções elaboradas. A pressuposição é tida como realidade, como a coisa para a qual servira originalmente como explicação. 2) Uma vez descoberto tal fato, a pressuposição se transforma em hipótese, mas ainda é considerada coincidente com o real. 3) Por fim, a hipótese se revela uma ficção por não corresponder ao real. A hipótese é passível de verificação, formada com a esperança de coincidir no futuro com alguma percepção [291].

As ficções são criações auxiliares, que por não serem hipóteses não podem ser provadas, mas são úteis, por vezes necessárias, para a criação de modelos de mundo. O problema é quando deixamos de encarar as ficções como construções nossas, por isso mesmo, mutáveis de acordo com a nossa vontade e conveniência, e passamos a encará-las como dogmas imutáveis e sagrados, é nesse ponto que saindo do campo dos sistemas dinâmicos e relativos partimos para criar sistemas estáticos e absolutos de mundo. A crítica empirista que vê o direito como um conjunto de fatos sociais e não de normas e se opõe a teoria normativista Kelseniana não se dá conta de que ela própria tem como fundamento algumas ficções muito bem elaboradas, tais como, as pressuposições de que existe uma realidade objetiva e de que

269

esta realidade é apreensível pelos mecanismos intelectuais de que dispomos.

As críticas endereçadas a teoria da norma fundamental são, na verdade, a negação da teoria das ficções recuperada e desenvolvida na "Filosofia do Como Se" que descreve as ficções como instrumentos auxiliares e inevitáveis dos quais o pensamento se vale para poder adaptar-se.

> Como atividade fictícia no interior do pensamento lógico, há de se entender a produção e o emprego de métodos lógicos que procuram alcançar as finalidades do pensamento mediante conceitos auxiliares; nestes está inscrita, mais ou menos a olhos vistos, a impossibilidade de terem um objeto concreto que lhes corresponda de alguma maneira.[292]

Nesses termos as ficções não têm nenhum caráter pejorativo nem devem ser evitadas, no entanto, é indispensável que delas tenhamos consciência. Não podemos perder de vista que a ficção é um autoengano consciente[293], que não pode ser tratado como dogma nem como hipótese.

Mesmo sabendo do caráter ficcional da norma fundamental, encaro a interpretação do direito como um sistema normativo dinâmico dotado de uma norma fundamental que lhe é externa, extremamente útil, senão indispensável, para a formalização coerente e teoricamente responsável do direito, que é pressuposto necessário para o inevitável processo de informatização da atividade judiciária.

O modelo normativo de direito e a ficção da norma fundamental são úteis na medida em que, por um lado, tal sistema é, como já demonstrado por Kelsen, necessariamente dinâmico, portanto seu fundamento último é destituído de conteúdo podendo ser representado em uma linguagem formal com significados passivos. Por outro lado, o posicionamento da norma fundamental fora do sistema evita os problemas da inconsistência apontados por Gödel, na medida em que ao colocar a norma fundamental "para fora" Kelsen assume a incompletude do sistema (o sistema é incompleto porque seu fundamento lhe é externo e não pode ser justificado dentro do sistema). Sendo o sistema normativo imaginado por Kelsen incompleto ele pode ser consistente. A consistência formal do sistema é importante porque a inconsistência impede qualquer tentativa de formalização.

Passemos agora aos teoremas da incompletude de Kurt Gödel.

271

2. Os teoremas da incompletude.

Os teoremas da incompletude dizem o seguinte[294]:

> Em qualquer sistema formal adequado à teoria dos números existe uma fórmula indecidível – ou seja, uma fórmula que não pode ser provada e cuja negação também não pode. (Esse enunciado é as vezes chamado de primeiro teorema de Gödel).
> Um corolário do teorema é que a consistência de um sistema formal adequado à teoria dos números não pode ser provada dentro do sistema (Ás vezes esse corolário que é chamado de teorema de Gödel; também é chamado de segundo teorema de Gödel).[295]

Os teoremas lembram alguma coisa que leu a pouco? O sistema normativo criado por Kelsen atende ao requisito dos teoremas de Gödel já que: 1) a norma fundamental não pode ser provada nem negada dentro do sistema e; 2) a consistência do sistema normativo depende da posição externa (fora do sistema) da norma fundamental. Ao atender os teoremas da incompletude o sistema normativo criado por Kelsen é passível de formalização e serve como base sólida para a informatização do direito. Poderia terminar esse texto aqui, mas seria uma grosseira, como um convidado que termina o jantar e sai correndo sem se despedir. Não farei isso! Vamos abordar com mais detalhes os teoremas da incompletude e suas consequências para a epistemologia e para a racionalidade como um todo.

Os teoremas de Gödel embora aparentemente singelos têm implicações avassaladoras na epistemologia e sobre às ciências em geral. Trata-se de uma das maiores descobertas do Século XX que está ao lado da teoria da relatividade, da mecânica quântica, do princípio da incerteza e da descoberta do DNA[296]. Seu impacto não se dá exclusivamente sobre a lógica ou sobre a matemática, a comprovação da incompletude inevitável dos sistemas formais complexos põe em cheque toda a racionalidade e os fundamentos do conhecimento humano.[297] Vamos tentar entender porque isso acontece:

Por mais de dois mil anos, desde a Grécia antiga até a virada do Século XIX para o Século XX, o paradigma do conhecimento foi dado por modelos axiomáticos criados à imagem da geometria Euclidiana. Até então se imaginava que todo o conhecimento válido deveria ser construído de forma dedutiva a partir de axiomas que eram entendidos como verdades autoevidentes e que, por isso mesmo, não dependiam de qualquer prova. No entanto, para que o conhecimento fosse possível era indispensável que os axiomas de um certo campo de estudo não fossem contraditórios entre si.

Desde a antiguidade havia uma suspeita de que na geometria Euclidiana o axioma das paralelas poderia ser contraditório com os demais. Durante mais de dois mil anos vários matemáticos tentaram sem sucesso construir a prova de que o axioma das paralelas poderia ser derivado dos demais a axiomas criados por Euclides. Até que, no final do século XIX, os matemáticos Gauss, Bolyai, Lobachewsky e Reimann, provaram a impossibilidade de deduzir o axioma das paralelas de outros, note, eles não provaram que o axioma das paralelas era contraditório ou inválido, provaram que a prova da validade não era possível.

A prova teve dois impactos imediatos e vertiginosos: o primeiro foi a demonstração de que é possível provar que a construção de uma prova é impossível; o segundo foi demonstrar que a teoria Euclidiana não era sagrada, que seria possível construir outras teorias com base em outros axiomas, ou melhor, que dado um conjunto qualquer de axiomas seria possível deduzir deles uma série mais ou menos extensa de teoremas[298]. Não era mais necessário o uso de teoremas dados pela tradição como verdades autoevidentes. Mas o que aconteceria se os axiomas, tanto os novos quanto os tradicionais, fossem contraditórios entre si? Caso isso acontecesse os resultados obtidos seriam inconsistentes (contraditórios) e o sistema como um todo não

274

serviria para provar coisa alguma. É a famosa crise do fundamento.

A primeira tentativa de para resolver o problema do fundamento foi pela analogia. Buscava-se comparar modelos novos com outros já conhecidos, se a comparação funcionasse havia um indício de consistência dos novos axiomas. Na verdade, o que se fazia era mudar o problema de lugar. Deslocava-se a necessidade da prova do novo conjunto de axiomas para o antigo. Foi o que aconteceu com a geometria Reimanniana, uma comparação isomórfica com a geometria Euclidiana demonstrou que seus axiomas eram consistentes, no entanto, a prova de tal consistência depende da prova da consistência dos axiomas de Euclides, que não existe.

Outra tentativa foi a comparação, também isomórfica, dos axiomas com a realidade tal como concebida pelos empiristas. Não deu certo! As teorias matemáticas, em geral, dizem respeito ao infinito e a possibilidade de observação em termos empíricos é finita.

Quando se tenta criar a prova de conceitos infinitos com base em experiências finitas o problema da indução (conhecido como problema de Hume que abordei no capítulo dois) emerge e frustra o intento. A prova finita de modelos infinitos serve, no máximo, para demonstrar a probabilidade da correção dos axiomas, não sua certeza.

Na tentativa de resolver o problema Hilbert[299] imaginou a construção de uma prova absoluta mediante a construção de um sistema dedutivo completamente formalizado. Um tal sistema deveria ser composto de símbolos (alfabeto do sistema) que formariam cadeias mediante regras de formação e transformação (gramática do sistema) completamente vazias de significado.

Neste ponto é preciso fazer uma pequena pausa para relembrar de forma breve, seis conceitos, alguns dos quais já expostos no capítulo dois. São eles: 1) sistema e metassistema; 2) isomorfismo; 3) recursividade; 4) infinito; 5) paradoxo; 6) sistema formal.

Sistema e metassistema, linguagem e metalinguagem, modelo e metamodelo, são conceitos análogos, que podem ser definidos como "do que se fala" e "como se fala". Um sistema um modelo e uma linguagem podem ser objeto de estudo, no entanto, o estudo desses fenômenos não se confunde com eles. Quando estabeleço as regras de funcionamento de um sistema essas regras não fazem parte do sistema. Funciona mais ou menos como as regras de um jogo. As regras do pôquer não são o pôquer nem podem se expressar por meio do pôquer. Um sistema tem regras de formação (regras de inferência) que a ele se referem, mas dele não fazem parte. Quem estuda gramática ou semântica usa uma metalinguagem para falar de uma linguagem objeto. No direito, a ciência do direito fala sobre o direito, mas com ele não se confunde (lembre-se da distinção entre afirmações de ser e dever-ser). Uma das principais características do meta... é que ele é maior que seu objeto, tudo o que está no objeto está no meta... mas o contrário não é verdadeiro. Há uma relação de continente e conteúdo. Outro ponto importante está no fato de que todo meta... está contido em outro meta..., ou seja, todo meta é objeto e todo objeto é meta... Com isso, são criados vários níveis de análise e produção a que chamarei de L1, L2, L3 ... Ln[300]. Dois sistemas serão diferentes sempre que usarem axiomas e regras de inferências distintas ou sempre que tiverem teoremas e regras de inferências distintas. Sempre que isso não ocorrer o que teremos é o mesmo sistema com nomes diferentes.

Isomorfismo é a relação funcional que existe entre dois elementos de estruturas complexas distintas. É como um mapa. Uma relação ocorre quando se estipula uma equivalência entre elementos de dois conjuntos diferentes de forma que as afirmações feitas para um são extensíveis ao outro. A relação é funcional quando um elemento do conjunto mapeado (domínio) se relaciona somente com um único elemento do conjunto mapa (contradomínio)[301]. Vale frisar que isomorfismo é diferente de homomorfismo. No isomorfismo os dois elementos não são iguais, eles somente desempenham funções análogas em dois modelos distintos. Por exemplo: as letras R, O, D, R, I, G, O, possuem uma relação isomórfica com os números 82, 79, 68, 82, 73, 71, 79, que por sua vez tem relações isomórficas com as sequências binárias: 01010001, 01001111, 01000100, 01010001, 01001001, 01000111, 01001111. Fica evidente que os elementos postos em relação não são idênticos. O que existe é uma relação funcional dentro de um modelo determinado, no caso a tabela ASCII. Quando se usa o modelo da tabela ASCII todas as operações feitas com um dos elementos isomórficos produzirão efeitos sobre os outros. Se modifico o número 82, para 114, ao invés de "R", terei "r", e ao invés de 01010001, terei 01110010. Da mesma fora que as alterações nas letras ou nas sequencias binárias irão produzir resultados análogos.

   É pela via o isomorfismo que se pode estabelecer a relação entre um sistema e seu metasistema. No exemplo dado tomemos às letras como o sistema L1, os números decimais como sistema L2 e o código binário como sistema

L3. Com o isomorfismo é criada uma interpretação de um sistema como se fosse o outro ou um mapeamento.

A recursividade ocorre quando definimos as coisas em termos de si mesmas. A expressão "a neve é branca, é verdadeira, se e somente se, a neve for branca" é recursiva. Outro exemplo é a sequência de Fibonacci[302] (1,1,2,3,5,8,13.....), formalmente definida da seguinte maneira:

$F0=0$

$F1=1$

$F2=1$

$Fn= Fn-1+Fn-2$

Que em português se lê: Fibonacci zero é igual a zero; O primeiro número da sequência de Fibonacci é um; O segundo número da sequência de Fibonacci é um. Um número qualquer da sequência é definido como sendo a soma dos dois números que lhes são antecessores na sequência. A mesma coisa acontece com os fractais, por exemplo, no triângulo de Sierpinski[303], onde uma mesma figura é repetida e dividida infinitamente. A recursividade é largamente usada na programação de computadores. Sempre que em um código o programador declara uma variável e, posteriormente, faz sua "chamada" há um processo recursivo. Como ficará claro ao tratar dos paradoxos, a recursividade é uma das maiores responsáveis pelas antinomias.

Infinito é aquilo que não tem início e nem fim (definição recursiva e circular). O infinito é, geralmente, associado a coisas gigantescas, como o universo ou a sequência de números inteiros, no entanto, o conceito de infinito também se aplica ao que é demasiadamente pequeno, como no caso dos infinitesimais. Os conceitos de finito e infinito podem ser pensados em termos de conjuntos.

A cardinalidade dos conjuntos é definida pela quantidade de elementos que ele possui. A quantidade, por sua vez, é estabelecida por uma função um-para-um com o conjunto dos números naturais. Um conjunto finito terá uma cardinalidade finita e um infinito uma cardinalidade infinita. Mas o problema ainda não acabou. Existem infinitos diferentes! O conjunto de números reais é infinito e não enumerável, por isso, embora a afirmação pareça contraditória ele é um tipo diferente de infinito[304]. Além da recursividade, o infinito é uma fonte infinita de problemas para a criação de demonstrações absolutas do fundamento. A tentativa de provar a consistência de modelos infinitos valendo-se de isomorfismos com conjuntos finitos esbarrará sempre no problema de Hume[305].

Paradoxo é um raciocínio circular cujos elementos se contradizem ou conduzem a uma conclusão logicamente impossível.[306] Os paradoxos são construídos com a aplicação da recursividade acrescida de "valores de verdade[307]" ou de proposições sobre o infinito. Vejamos alguns exemplos: O primeiro paradoxo é do mentiroso que já foi formulado com um monte de variantes (essa afirmação é mentira. Se a afirmação é verdadeira é falsa, se for falsa é verdadeira); outro paradoxo é o de Russell sobre os conjuntos que são membros de si mesmos. A respeito desses paradoxos já falei no capítulo dois. Em ambos os casos o paradoxo emerge da recursividade associada a um valor de verdade. Afirmações sobre o infinito também costumam produzir paradoxos tais como os de Cantor (o conjunto de todos os conjuntos) ou de Burali-Forti (o maior número ordinal é um número ordinal, então o maior número ordinal é sempre + 1 que o maior número ordinal).

Mas qual é a importância da resolução dos paradoxos? Ora, um sistema que permita a produção de paradoxos pode justificar qualquer coisa e, por isso, não serve para nada!

À primeira vista a solução é bem simples: basta que às regras do sistema proíbam a recursividade e excluam o conceito de infinito. Como toda solução que parece

281

extremamente simples essa também é enganosa, em primeiro lugar porque nem sempre a referência ao infinito e nem toda sentença recursiva produzem paradoxos; em segundo lugar porque os conceitos de infinito e nem operações recursivas são indispensáveis. Veja, sem o uso de operações recursivas a programação de computadores é impossível, sem o recurso ao infinito a contagem é impossível.

Foram propostas outras soluções como a criação da teoria dos tipos por Russell[308], a estratificação dos níveis de linguagem por Tarski[309], a separação entre classes e conjuntos proposta por Gödel e Neumann e a construção do axioma da separação por Zermelo-Frankel.

A teoria dos tipos de Russell divide os elementos em tipos distintos: o tipo 0 é composto pelos conjuntos de indivíduos, o tipo 1 por conjuntos de conjuntos, o tipo 2 por conjuntos de conjuntos de conjuntos e assim sucessivamente. Fazendo essa distinção e incorporando a seu sistema a regra de que não são permitidas relações entre os tipos, os paradoxos seriam evitados.

Tarski usa a mesma técnica, mas envolvendo a linguagem objeto e a metalinguagem. Com os níveis separados é possível criar vários deles em uma relação de continente e conteúdo onde as afirmações sobre a verdade e a falsidade sempre estão na metalinguagem. Com isso a recursividade é preservada e o paradoxo é evitado. Vejamos o paradoxo do mentiroso como é solucionado:

Dividindo as afirmações em linguagem objeto (L1) e metalinguagem (L2) é lícito dizer que é falsa em L2 a frase: "Essa afirmação é falsa", sem que isso crie qualquer paradoxo.

A solução de Gödel-Neumann[310] e o teorema da separação de Zermelo-Frankel[311] partem da mesma lógica. É a lógica que está por traz dessas soluções que será adotada na codificação de programas de computador onde é usada uma estrutura de vários níveis aninhados e organizados em pilhas.

Por fim, o derradeiro conceito prévio a análise da tentativa de solução de Hilbert e dos teoremas de Gödel é o de sistema formal.

Embora muito simples o conceito de sistema formal muitas vezes é de difícil compreensão por ser contraintuitivo. Sistemas formais são compostos dos seguintes elementos: A) Um conjunto de signos que são divididos em constantes e variáveis, as constantes, por sua vez, são dividias em constantes gerais e constantes específicas. As constantes específicas são divididas em: pontuação, conectivos sentenciais e quantificadores. Ao conjunto de signos de um sistema específico chamamos notação;

B) Um conjunto de regras, que se divide em regras de criação e regras de transformação. As regras de criação são aquelas que determinam como as constantes e as variáveis podem se ligar criando fórmulas. Fórmulas são conjuntos de signos ordenados segundo as regras do sistema. As regras de transformação são as que estabelecem as condições de possibilidade para a criação de novas fórmulas a partir de outras já existentes, se dividem em regras de substituição, ou seja, cria-se uma nova fórmula para substituir a antiga e regras de derivação, onde de duas ou mais fórmulas prévias se deriva uma terceira. As fórmulas que obedecem às regras e derivam dos axiomas (quando o sistema os tem) são chamadas de teoremas. Uma demonstração é feita pela explicitação dos passos de aplicação das regras na criação de teoremas (seja com o uso de regras de criação ou transformação). Uma demonstração é eficaz sempre que puder ser obtida por meios mecânicos (tipográficos) com a intervenção dos seres humanos apenas para fazer a pergunta e pegar a resposta;

C) Axiomas que são fórmulas prévias, "grátis" que já vêm prontas com o sistema. Os axiomas são próprios de alguns sistemas formais, não de todos. Há sistemas, como vimos no capítulo dois, em que os axiomas são as regras (B).

Quando um sistema formal possui axiomas é indispensável que sejam poucos e possam ser derivados uns dos outros.

Vale lembrar que dogmas, axiomas e ficções são coisas diferentes. Os axiomas são dados como válidos independentemente de comprovação dentro do sistema, mas que são objeto de prova em outro sistema, em uma metasistema (L2). Dogmas são pontos de afirmação absoluta, pontos de fé, que não admitem discussão alguma nem podem ser provados em sistema algum. Já as ficções funcionam como dogmas relativos. Da mesma forma que os dogmas as ficções não admitem prova nem podem ser justificadas em sistema algum. São afirmações que, por serem úteis a construção do sistema, são aceitas como verdadeiras provisoriamente, só enquanto forem úteis. Os dogmas são ficções com delírios de grandeza.

Outra característica importante dos sistemas formais é a passividade dos significados de seus signos, tanto constantes quanto variáveis, e fórmulas. Já tive oportunidade de falar, no capítulo dois, sobre a diferença entre significados passivos e ativos. Os significados ativos são aqueles que implicam em mudança de atitude quanto ao signo. Por exemplo: quando a mídia veicula uma notícia a imputação dos significados às palavras muda totalmente a disposição do público. Imagine uma mesma notícia dada por um jornal partidário do governo e por um da oposição. No direito acontece o mesmo. Nós advogados, fazemos o possível para atribuir a causa que defendemos uma significação ativa que mude a disposição do julgador a nosso favor. É por isso que quando um plano de saúde nega atendimento à um cliente nunca descrevemos esse fato como mero descumprimento contratual, mas sempre como uma grave ofensa à um pobre e desvalido doente. As linguagens naturais (português, inglês, alemão, etc.) sempre operam com significados ativos. Os significados passivos são aqueles que não interferem na atitude para com o signo ou fórmula. O processador de texto é um exemplo, cada letra corresponde à um número não importando o que a palavra formada com as letras queira dizer, ou quais são seus possíveis sentidos. A matemática é outro exemplo. Dois mais dois é igual a quatro, não importa se são dois limões ou duas laranjas.

Teorema de um sistema é a fórmula que pode ser dele derivável (pode ser provada) com o uso dos signos, das regras de inferência e dos axiomas.

Um sistema formal será consistente sempre que uma fórmula e sua negação não forem deriváveis como teoremas do sistema.

E será completo sempre que todas as fórmulas verdadeiras produzidas pelo sistema possam ser demonstradas.

Vamos a um exemplo de sistema formal familiar. Um jogo de tabuleiro, Xadrez ou War. O que temos é um conjunto de regras que se aplicam a um dado conjunto de peças pouco importando como as iremos chamar. Posso chamar o rei de Zé, a rainha de Maria, ou mudar o formato das peças, ainda assim as regras serão as mesmas.

A significação (interpretação) é sempre obtida pela via de um processo isomórfico de comparação entre dois sistemas distintos.

Por terem conteúdo significativo praticamente nulo e por se prestarem à várias interpretações os sistemas formais são excelentes para deixar expostas as contradições e as premissas ideológicas inconfessáveis de qualquer raciocínio. Uma vez formalizado, o sistema poderá ser operado mecanicamente. Nas palavras de Gödel:

Um sistema matemático formal é um sistema de símbolos juntamente com regras para seu emprego. Os símbolos individuais chamam-se termos primitivos. Fórmulas são sucessões finitas destes termos. Definir-se-á uma classe de fórmulas a que se chamará (a classe das) fórmulas com sentido e uma classe de fórmulas que se chamará axiomas. O número de axiomas pode ser finito ou infinito. Além disso, especificar-se-á uma lista de regras, a que se chamará regras de inferência[312].

Um sistema formal pode ser simplesmente definido como sendo qualquer processo mecânico de produzir fórmulas, chamadas fórmulas demonstráveis[313].

Agora, com os conceitos chave à mão, é possível voltar os olhos para o problema do fundamento enfrentado por Hilbert.

Hilbert estava imerso na "crise do fundamento" que foi produzida pela necessidade de justificar os axiomas da matemática sem recorrer a comparação com outros sistemas que não haviam sido provados nem a intuições sobre a realidade matemática[314].

O problema do fundamento tem origem na transformação de certos dogmas, tidos como autoevidentes e intuitivos, em axiomas que precisariam ser provados sob pena de pairarem dúvidas sobre a consistência dos grandes sistemas matemáticos (tais como a aritmética) ou pior, se fosse provada a inconsistência desses axiomas todo sistema cairia por terra. Para tentar resolver o problema Hilbert imaginava que seria possível uma total formalização da aritmética capaz de oferecer uma prova formal, absoluta e definitiva de sua consistência.

Qual era a importância de provar a consistência da aritmética? Durante o Século XIX o mundo viu um processo de aritmetização pelo qual todos os campos da matemática foram interpretados em termos de operações simples com números inteiros. Assim, uma vez provada a consistência da aritmética estaria provada a consistência de toda a matemática[315].

Para que uma prova absoluta fosse possível Hilbert dividiu o estudo da matemática em matemática (L1) e meta-matemática (L2). O que acontece é o seguinte: um modelo L1 tem sua consistência demonstrada por axiomas estabelecidos em um modelo L2, que por sua vez tem sua consistência demonstrada por outros axiomas que estão no modelo L3, e assim sucessivamente. O projeto de Hilbert era construir uma prova absoluta que consistia em determinar a prova da consistência do modelo L1 com base no modelo L2, e a prova da consistência de L2 com base no próprio L2.

O que precisava ser feito era montar um sistema onde toda aritmética (L1) fosse derivável de um conjunto finito de poucos axiomas que seriam deriváveis uns dos outros (L2).

Caso essa prova fosse possível estaria estabelecida, absolutamente, a consistência da aritmética[316].

As primeiras provas absolutas de consistência foram obtidas em sistemas simples e finitários (lógica formal e cálculo de primeira ordem)[317], mas ao tratar com sistemas mais complexos que envolviam o infinito as coisas não deram muito certo.

Russell, com seus Principia Mathematica[318], tentou fazer uma logicização dos axiomas da aritmética, ou seja, tentou reduzir a aritmética a lógica formal para com isso provar sua consistência. Não deu certo porque o problema só foi trocado de lugar. Para que a logicização da aritmética fosse capaz de provar de forma absoluta a consistência dessa última era preciso que os axiomas da lógica possuíssem uma prova absoluta, o que não era o caso. Aí é que entra Gödel que, aos vinte e poucos anos, com um artigo de poucas páginas[319] e demonstra que a consistência absoluta de sistemas complexos é impossível. Somente há como se provar a consistência relativa à certos axiomas que não serão provados, precisam ser pressupostos.

Vocês têm noção do tamanho da encrenca! A humanidade estava às voltas com a tentativa de demonstrar que a razão seria a solução para todos os problemas, de forma definitiva, absoluta e inconteste. Aí vem um Checo, franzino, paranoico e demonstra, com os instrumentos da razão que a prova absoluta de qualquer, repito qualquer, sistema complexo é impossível! Isso não quer dizer que todos os sistemas são inconsistentes, apenas que a prova, absoluta e irrefutável da consistência é impossível. Estamos condenados a nos conformar em ter fé em alguma coisa, nem que seja na consistência da lógica. Como diz a gíria: as provas e demonstrações, mesmo matemáticas, vão até a página dois. Sempre será necessária a referência a axiomas que só podem ser provados fora do sistema, que somente serão provados com base em outros axiomas fora desse outro sistema e assim infinitamente até encontrar dogmas ou ficções. Deixemos Gödel falar:

É sabido que o desenvolvimento da matemática, no sentido de uma maior exatidão, conduz à formalização de vastos domínios desta ciência, de modo que as demonstrações podem ser efetuadas de acordo com algumas regras mecânicas. Os sistemas formais mais exaustivos até agora são, por um lado, os Principia Mathematica (PM) e o sistema de axiomas de Zermelo-Fraenkel para a teoria dos conjuntos (e re-elaborado por J.v. Neumann), por outro lado. Ambos os sistemas são tão gerais que todos os métodos de demonstração usados atualmente em matemática se podem formalizar neles, i. e., podem ser reduzidos a alguns axiomas e regras de inferência. É razoável por isso supor que esses axiomas e regras de inferência são suficientes para decidir também todas as questões matemáticas que podem ser de todo formalmente expressas nesses sistemas. No que vai a seguir mostrar-se-á que não é assim mas antes que, em ambos os sistemas criados, existem até problemas relativamente simples da teoria dos números inteiros que não podem ser decididos com base nos axiomas.[320]

A prova dos teoremas de Gödel não é de fácil compreensão, mas vamos tentar entender a forma geral da sua produção.

O que ele fez foi, basicamente, atribuir um número a cada expressão dos axiomas da aritmética - axiomas de Peano[321]. De posse desse mapeamento, conhecido como números de Gödel, ele demonstrou que a consistência da meta-matemática (L2) não pode ser provada dentro dela. E não pode ser provada porquê da formalização da meta-matemática derivam questões irrespondíveis, ou melhor, teoremas verdadeiros que não podem ser provados.

Imagine uma fórmula qualquer produzida com o vocabulário do sistema e seguindo suas regras, a que chamaremos de "a". Se "a" for corretamente demonstrada então será um teorema do sistema, caso contrário a negação de "a" deve poder ser demonstrada. Em suma, uma das duas afirmações, "a" ou não "a" (~a) é verdadeira a luz do sistema e isso deve ser demonstrável em seu interior. Um sistema em que uma afirmação, "a" e sua negação não "a" (~a) podem ser provadas é um sistema inconsistente que serve como prova ou justificativa para toda e qualquer afirmação. Se o sistema é consistente, ou seja, se nele contradições não são provadas, uma afirmação ou sua negação será, necessariamente, verdadeira a luz do sistema. Caso não seja possível demonstrar a afirmação ou a sua negação o sistema é incompleto porque não consegue provar uma afirmação verdadeira. A coisa funciona mais ou menos assim:

a) Uma afirmação feita com o uso do vocabulário e das regras de um dado sistema formal deve poder ser provada dentro do sistema;

b) Caso ela não seja provada é porque sua negação é verdadeira;

293

c) Se a negação for verdadeira ela deve poder ser provada dentro do sistema;

d) Se nem a afirmação nem a negação de uma afirmação podem ser provadas estamos frente a uma questão irrespondível. Isso significa que;

e) No sistema em questão há afirmações verdadeiras que não podem ser provadas, por isso;

f) O sistema é incompleto.

A incompletude dos sistemas emerge sempre que nos deparamos com um paradoxo. Lembre-se do paradoxo do mentiroso. Como já vimos, a veracidade da frase: "Essa afirmação é falsa", não pode ser respondida dentro do sistema, será preciso um metasistema para avalia-la e um meta-metasistema para avaliar o metasistema e assim sucessivamente até o infinito, ou ao menos até o fim da nossa paciência. Vamos tentar compreender isso a luz da concepção semântica da verdade de Tarski[322] que nada mais é do que a aplicação dos teoremas de Gödel as linguagens naturais. O autor afirma que:

A oração a "neve é branca" é verdadeira, se e somente se, a neve é branca.

A esquerda, entre aspas, está o nome da oração que é dado pela metalinguagem (L2), a direita temos a oração propriamente dita que está no domínio da linguagem objeto

(L1). Segundo o autor, para falarmos de qualquer coisa temos que nomeá-la e uma vez nomeada sempre usaremos o nome e não a coisa. A oração é a coisa sobre a qual se fala (objeto) e seu nome é o que se fala (meta). O adjetivo verdadeiro ou falso só pode recair sobre a afirmação feita na metalinguagem (L2) e nunca sobre a linguagem (L1). O autor formaliza o conceito atribuindo a variável "x" para os nomes de oração, e a variável "p" para as orações. Usa as constantes verdadeiro/ falso (V/F) e o conectivo sentencial "se e somente se" ($\leftrightarrow$) e criando a fórmula (T) que diz o seguinte: "x" é verdadeiro, se e somente se, "p", ou $(\exists x)\ (\exists p)(x \leftrightarrow p)$.

Ao deslocar o problema da verdade da linguagem objeto para a metalinguagem o paradoxo da recursividade é evitado é possível afirmar em L2 a verdade ou a falsidade de uma afirmação autorreferente sem que isso provoque qualquer contradição. O problema é que os níveis têm que ser infinitos. "É verdade que "a neve é branca"(L2) se e somente se a neve for branca (L1)", mas só é verdade que a "neve é branca (L3)" se e somente se a neve for branca (L2), e assim por diante, indefinidamente.

Se outro metasistema é sempre necessário isso implica na afirmação de que nenhum sistema será completo ou poderá justificar sua própria consistência, é o que dizem os teoremas de Gödel e, em outras palavras, a concepção semântica da verdade de Tarski[323].

Esta demonstração evoluiu para a constatação de que a consistência de nenhum sistema complexo pode ser demonstrada dentro dele mesmo, sempre será necessário outro e outro sistema até que se chegue a uma afirmação dogmática ou que se admita o uso de uma ficção, o que demonstra a impossibilidade da prova absoluta de consistência.

Os impactos filosóficos e práticos dos teoremas de Gödel não são desprezíveis. De um lado os entusiastas do gênero humano comemoraram a constatação de que os processos que ocorrem na mente são tão complexos que não podem ser reduzidos a um sistema mecânico. Segundo eles os teoremas de Gödel provam que não é possível substituir o homem pela máquina. Do outro lado, os mais pessimistas como eu, interpretam os teoremas de Gödel como a demonstração cabal dos limites da nossa capacidade de raciocínio. Gödel prova que nossas explicações sobre o mundo, ou melhor, nossos modelos de mundo, estão condenados ao trilema de Agripa. Todos nós, por mais céticos e racionais que sejamos, estamos condenados a criar nossos mundos com base em pressuposições últimas inexplicáveis e injustificáveis.

Mas o caos é criativo e a crise do fundamento teve efeitos colaterais fantásticos já que produziu um incremento na teoria dos sistemas formais hierarquizados que hoje usamos largamente, a todo tempo, em nossos computadores, relógios, televisões, telefones celulares. Mesmo campos da vida que julgamos imunes aos sistemas formais hierarquizados foram por eles invadidos. A medicina, a religião e as artes a cada dia são mais dependentes de tais sistemas, o direito não é exceção a essa regra, por isso, a importância de compreendermos como é possível fundamentar de forma consistente, mas não absoluta, a construção de sistemas formais específicos. É onde entra Kelsen e seu modelo normativo do direito, que se não sofreu influência direta dos teoremas de Gödel pode, ao menos, ser interpretado a luz deles, já que, Kelsen estava exposto às mesmas ideias e ao mesmo ambiente intelectual de Gödel.

3. Kelsen e Gödel – Convergências e divergências

É preciso que você, meu caro leitor, não fique decepcionado com a brevidade das conclusões aqui expostas. Agi como Kelsen que não condensava suas definições em um único tópico. Se a essa altura do campeonato ainda não tiver sido capaz de lhe mostrar a relação entre os teoremas da incompletude e a norma fundamental, não será em mais umas poucas linhas que conseguirei fazê-lo.

3.1 O metasistema

Tanto Gödel quanto Kelsen estão plenamente conscientes do fato que um sistema consistente só pode ser justificado "de fora", a partir de um metasistema. Gödel não só é consciente disso, como cria a prova matemática dessa afirmação. Kelsen faz o mesmo ao posicionar sua norma fundamental fora do sistema do direito positivo, chegando a admitir que a norma fundamental é parte do metadireito:

> É como uma norma pressuposta no pensamento jurídico que a norma fundamental (se pressuposta) está "no topo da pirâmide das normas de cada ordem jurídica. É "meta-jurídica" se por este termo é entendido que a norma fundamental não é uma norma de direito positivo, isto é, não uma norma criada por um verdadeiro ato de vontade de um órgão legal. Ela é "jurídica" se por este termo entendemos tudo o que tem funções juridicamente relevantes, e a norma fundamental pressuposta no pensamento jurídico tem a função de estabelecer a validade objetiva do significado subjetivo dos atos pelos quais a Constituição de uma comunidade é criada[324].

Kelsen criou um modelo normativo, onde direito é definido como um conjunto sistemático de normas.

Norma, por sua vez, é definida como o ato de vontade dirigida a conduta de alguém, cuja sanção pode ser imposta de forma coercitiva, produzido validamente dentro de um sistema de normas (ordenamento jurídico) sistema esse que é dotado de um sentido objetivo de obrigatoriedade.

Como o sistema é normativo (composto por deveres) o fundamento de validade de uma norma só pode ser outra norma.

Na medida em que não se pode regredir até o infinito na busca do fundamento de validade de um sistema normativo, Kelsen remete o fundamento último para fora, com a criação da norma fundamental que é, sempre, externa ao sistema, atendendo, com isso, ao requisito da incompletude necessária para garantir a consistência.

3.2 Limites da extensão do metasistema e modelo axiomático.

Axiomas, dogmas e ficções são parecidos, mas diferentes[325].

Toda argumentação que se pretenda racional não pode prescindir de justificação. A justificação racional é estruturada na forma de provas lógicas, onde se parte de certas afirmações e com a aplicação de regras pré-definidas (regras de inferência) se chega a outra e a outra até que se

299

atinja a conclusão que é o ponto que se quer provar. Ou, mais comumente, se faz o caminho inverso. Partindo da conclusão que se quer provar vamos subindo de uma afirmação à outra com o uso de regras de inferência. Essa passagem de uma afirmação a outra não pode conduzir ao infinito, deve parar em algum lugar, na afirmação primeira, o ponto de partida (ou chegada) de uma prova que não será discutida dentro do argumento chama-se axioma.

O axioma pode ser simples, ou seja, um enunciado que será justificado em outro sistema (metasistema), pode ser um dogma que, por definição, é absoluto, sagrado, necessário e universal, ou pode ser uma ficção. A ficção não pretende ser absoluta como o dogma e não pode ser provada como o axioma simples. Dessa forma todo dogma e toda ficção são axiomas, mas nem todo axioma será um dogma ou uma ficção.

O fato é que todo argumento, toda justificação, precisa ter um fim. Kelsen e Gödel sabem disso.

Gödel tem como limites de sua argumentação os axiomas da aritmética. Kelsen limita seu sistema ao direito positivo e, por isso, seu metasistema se esgota na ficção da norma fundamental, que fornece o fundamento de validade de um determinado sistema de direito positivo.

3.3. Formalização, significado passivo e fundamento dinâmico.

Assim como o modelo de Gödel, a norma fundamental de Kelsen é dotada de significado passivo o que possibilita a formalização do sistema como um todo.

Vamos, agora, comparar o modelo normativo de Kelsen com o que foi dito sobre os sistemas formais. Para Kelsen o direito é um sistema de normas. O sistema de normas é a linguagem objeto (L1). A linguagem objeto só pode ter sua consistência provada em uma metalinguagem (L2) que para Kelsen é a norma fundamental, que atua como axioma do sistema normativo. Diferentemente de Hilbert, Kelsen não quer provar a consistência absoluta de seu sistema normativo, nem sequer tenta provar a consistência da norma fundamental, muito menos pretende provar a sua consistência dentro do metadireito (L2), o que procura demonstrar é a necessidade da pressuposição da norma fundamental pela via de um argumento regressivo.

Com isso, Kelsen atende aos requisitos postos pelos teoremas de Gödel para a construção de um sistema consistente, ainda que não de forma absoluta, já que, é dotado de um sistema objeto (sistema normativo – L1) e um metasistema (norma fundamental – L2). Construído dessa

301

forma, o sistema normativo contorna os eventuais paradoxos decorrentes da recursividade e garante sua consistência.

No modelo Kelseniano, a norma fundamental fornece apenas um fundamento de validade e não um conteúdo de validade, ou seja, a validade do sistema é estabelecida em termos formais e não materiais. A norma fundamental é destituída de conteúdo significativo, ela apenas exige que os atos de vontade do legislador constituinte devam ser obedecidos.

Ao criar um sistema em que a norma fundamental oferece apenas o fundamento do sistema, não seu conteúdo, Kelsen adota um princípio dinâmico. É a adoção de um tal fundamento que permitirá a construção de uma teoria sólida para a formalização do direito.

Com suas características específicas o modelo de Kelsen oferece uma interessante possibilidade de fundamento para a formalização necessária que antecede a inevitável informatização de vastos campos da atividade jurídica. Como a norma fundamental fornece apenas o fundamento de validade e não seu conteúdo é legítimo afirmar que um tal sistema pode ser interpretado como sendo dotado de significação passiva, em outras palavras, deve ser possível a construção de um modelo em que a validade das normas (teoremas) de tal sistema, possam ser aferidas mecanicamente.

É possível, inclusive, vislumbrar no modelo kelseniano todos os requisitos para a construção do sistema formal em L1, (vocabulário composto de constantes variáveis e pontuação, regras de inferência, o axioma, que é a norma fundamental) mas o detalhamento da formalização do direito à luz do modelo normativo e da Teoria Pura do Direito extrapola os limites desse trabalho.

3.4 Sistema axiomático x sistema normativo: Como deduzir atos de vontade? Verdade x validade

Thevenaz em artigo intitulado "Le théorème de Gödel et la norme fondamentale de Kelsen"[326] aponta dois pontos onde, segundo ele, haveriam graves divergências entre os teoremas de Gödel e a norma fundamental de Kelsen. Esses pontos seriam decorrentes das diferenças dos sistemas normativo (Kelseniano) e axiomático (Godeliano).

O primeiro ponto seria a impossibilidade de se deduzir normas umas das outras. Definindo as normas como atos de vontade e não sendo vontade necessária - como qualquer ato em toda norma há uma certa discricionariedade (livre-arbítrio) - não seria possível deduzir uma norma de

303

outra. Thevenaz usa como exemplo as diversas interpretações existentes nos tribunais a respeito de um mesmo tema, a despeito de todo esforço institucional existente no sentido da uniformização. Afirma que, dificilmente, uma decisão judicial poderá ser reconduzida a uma norma constitucional em uma relação de estreita dedução (continente e conteúdo)[327]. O outro ponto de divergência levantado por Thevenaz que está diretamente relacionado a esse, é a incompatibilidade entre os conceitos de verdade lógica e validade normativa.

Antes de prosseguir é indispensável lembrar que o sistema Kelseniano é normativo e não legal. É um sistema de atos de vontade e não de portadores de atos de vontade, ou se preferir, de proposições normativas. A norma não se confunde com o ato que a institui ou expressa. Kelsen deixa bem claro que as leis, os costumes, a jurisprudência – no sentido coloquial do termo – estão na esfera do ser e não do dever. Para Kelsen essas proposições normativas não são o objeto do direito, apenas as normas. Por isso, afirma que norma não tem conteúdo ela é o conteúdo. De outro lado, a ciência do direito também não se confunde com o direito. Mesmo o conhecimento dedicado ao estudo dos sistemas normativos e das normas que os compõe não é direito, nem metadireito, é outra coisa, está no campo do ser. Só tendo em vista, claramente, essas distinções sutis é que faz sentido a construção do sistema normativo Kelseniano tal como exposto nesse texto.

As objeções que consistem na impossibilidade de deduções entre atos de vontade e na diferença entre os valores de verdade e validade deixam de levar em consideração o princípio dinâmico da norma fundamental. Como a norma fundamental é dinâmica e oferece apenas o fundamento do ordenamento jurídico e não seu conteúdo, a dedução não será entre o conteúdo dos atos de vontade, mas sim de seus fundamentos objetivos de validade. De outro lado, se entendermos os valores lógicos de verdade e falsidade como índices de teoremicidade, ou seja, as afirmações verdadeiras são teoremas do sistema formal axiomático e as falsas não o são, esses valores em nada se distinguem do critério de validade normativa tal qual imaginado por Kelsen.

Talvez o único problema de fato complicado levantado por Thevenaz diga respeito a eficácia global do sistema como condição necessária de validade das normas que o compõe. O problema é complicado porque o conceito de eficácia global em Kelsen é um dos mais polêmicos de sua obra. A conclusão a que pude chegar me leva a imaginar a eficácia global do sistema de duas formas: A) como eficácia subjetiva, que é a capacidade daquele que cria a norma de impor seu cumprimento ou a sanção pelo descumprimento. B) eficácia objetiva, que se confunde com o sentimento de obrigatoriedade, ou melhor, a percepção de validade do sistema, que têm os seus destinatários. Nesse segundo sentido a eficácia objetiva acaba por se confundir com a norma fundamental na medida em que:

> A norma fundamental se refere unicamente a sistemas sociais coercitivos dotados de eficácia global. Isso significa: só se pode pressupor a existência da norma fundamental onde existe uma ordem social coercitiva e globalmente efetiva.[328]

Se estabelecermos uma relação recursiva entre a norma fundamental e eficácia objetiva global de um sistema jurídico determinado o problema se resolve. Só há ordenamento jurídico (sistema) onde há uma norma fundamental; para existir uma norma fundamental o sistema deve ser globalmente eficaz. Assim, sempre que houver norma fundamental e sistema estaremos frente a um sistema globalmente eficaz e só há sistema se houver norma fundamental. A recursividade é inescapável pela opção feita por Kelsen de remeter a norma fundamental para o metasistema e junto com ela o problema da eficácia global que lhe é indissociável. Para Kelsen discutir esse tema dentro do sistema seria uma contradição com seu ponto de partida que é a tentativa de criar uma teoria pura do direito.

Como não canso de repetir, o modelo normativo desenvolvido por Kelsen é um entre muitos possíveis, os positivistas clássicos (empiristas) tendem a ver o direito como um conjunto de leis, as vezes, como um amontoado delas sem que existam quaisquer relações sistemáticas. Os platônicos, conhecidos como jusnaturalistas ou neoconstitucionalistas veem o direito como uma realidade de fato que deve ser descoberta e não criada. Para ambos, o direito como sistema normativo que pode ser formalizado a luz dos teoremas de Gödel e dos conceitos de linguagem e metalinguagem não fazem o menor sentido. Para os primeiros o direito é uma questão de fatos a serem estudados, para os outros é objeto de intuição subjetiva, porque não dizer, poética.

Tudo indica que se Kelsen não teve contato direto com a obra de Gödel foi por mero acaso, já que, ambos estavam expostos as mesmas influências, ao mesmo ambiente e Kelsen, claramente, aplica os mesmos princípios. Talvez isso tenha acontecido por serem ambos, no fundo, homens do Século XIX, preocupados com as mesmas questões filosóficas e epistemológicas.

Em todo caso, me parece inegável que a teoria normativa sistematizada por Kelsen, interpretada a luz dos teoremas de Gödel é a melhor resposta para a criação de um fundamento teórico sólido para a informatização que está por vir.

Conclusão

"Como não escrever sobre aquilo que não se
sabe ou se sabe mal? É necessariamente
neste ponto que imaginamos ter algo a dizer.
Só escrevemos na extremidade de nosso
próprio saber, nesta ponta extrema que
separa nosso saber e nossa ignorância e que
transforma um no outro. É só deste modo
que somos determinados a escrever. Suprir a
ignorância é transferir a escrita para depois,
ou melhor, torna-la impossível. Talvez
tenhamos aí, entre a escrita e a ignorância,
uma relação ainda mais ameaçadora que a
relação geralmente apontada entre a escrita e
a morte, entre a escrita e o silêncio. Falamos,
pois, de ciência, mas de uma maneira que,
infelizmente, sentimos não ser científica. "
(Gilles Deleuze)

Uma colega de trabalho, professora de metodologia
da pesquisa, certa vez me disse que a conclusão de um
trabalho nada mais é do que a introdução escrita em outro
tempo verbal. Pessoalmente acho que fazer isso seria uma
perda de tempo, para mim e para você que teve a paciência
de me acompanhar até aqui. Penso que a conclusão também
não pode ser um resumo de tudo o que foi dito ao longo do
texto. Resumir todo o texto em umas poucas páginas seria a
prova cabal de sua irrelevância. Prefiro compartilhar com
vocês alguns dilemas que me assolaram quando me deparei
com a inevitabilidade da informatização do direito.

Sempre fui um normativista confesso. Acredito que o jogo deve ser jogado pelas regras, que as regras devem ser de conhecimento prévio de todos os jogadores e que não podem ser mudadas de acordo com o resultado da partida. Essa é a única forma de garantir um mínimo de democracia e de liberdade.

Sob meu ponto de vista justificações subjetivas não fazem parte das regras e a aplicação do direito. O direito, tal qual imagino, não leva em consideração conceitos ou afirmações que não possam ser expressos de maneira lógico-discursiva. Mesmo conceitos propositalmente vagos e amplos como: boa-fé objetiva; justiça; dignidade humana; equilíbrio contratual e; dano moral, para serem aplicados em um julgamento precisam ser previamente definidos.

Sempre que externo meu ponto de vista sou duramente criticado. Me chamam de insensível, positivista, exegeta, careta e conivente com o sistema (esses são só os adjetivos publicáveis, já recebi alguns outros menos elogiosos). Quando escolhi o tema dessa tese e comecei a escrevê-la percebi que as coisas ficariam ainda mais complicadas para o meu lado, afinal tive a ousadia de misturar matemática e direito!

Sei que existem outras formas de encarar o direito e sou radicalmente contra algumas delas. Como relativista e democrata não posso admitir que o direito seja definido como aquilo que dizem os tribunais, já que, isso implicaria em reduzir direito à vontade subjetiva dos julgadores e o direito, assim definido, se confunde com mero arbítrio o que é incompatível com a democracia. Além do mais, se o direito se resume ao arbítrio de uns poucos eleitos não há sentido em estuda-lo, ou pior, não há sequer sentido na atividade legiferante que passa a se confundir com o ato de julgar.

Há, também, os positivistas clássicos que identificam direito com lei, com texto legal. Não tenho a menor dúvida de que essa posição é inadequada. A confusão entre direito e lei é cheia de contradições conhecidas tanto lógicas quanto práticas. O pior dos problemas que emerge desse ponto de vista é a inadequação do direito aos usos a que se destina. Podemos imaginar o direito como um conjunto de normas que regulam a conduta social, que regulam o uso da violência ou simplesmente que servem para manter o status quo, em quaisquer dessas opções a identificação entre direito e lei não é funcional, já que, limita o direito à interpretação gramatical de textos legais. Como a modificação dos textos tende a ser lenta o direito estaria sempre e irremediavelmente anacrônico. Se fosse partidário do positivismo clássico teria estudado gramática e não direito.

Outra forma de ver o fenômeno jurídico é encarar a produção do direito como atividade artística ou estética. No capítulo dois, contei a história de um juiz que se julgava um verdadeiro Turner do judiciário e que comparava suas sentenças à arte impressionista. Embora as sentenças que ele proferia fossem, de fato, impressionantes nunca acreditei em seu gênio artístico, mesmo assim, como conheço muita gente boa, com inegável qualidade intelectual, que advoga a tese de que a aplicação do direito, nos julgamentos e na construção da doutrina, é uma espécie de experiência estética ou atividade artística precisei refletir sobre o tema. É fato que nunca tive qualquer simpatia por esse ponto de vista. Ainda assim, diferentemente de minha posição contra as teorias realistas e empiristas do direito, quando perguntado sobre o motivo de minha má vontade com a visão estética do direito não sabia responder. A ausência de uma resposta imediata e coerente me obrigou a pensar sobre o assunto.

Como sou relativista confesso, comecei a pensar que talvez meus críticos tivessem alguma razão. Quem sabe não me falta poesia?

Frente ao dilema que me encontrava fiz o que é da minha natureza: sistematizei os argumentos a favor da visão estética do direito e comparei com meu rude normativismo.

Pelo que pude compreender, a arte se distingue da lógica pela linguagem que utiliza. Enquanto a lógica se vale da linguagem discursiva estrita, encadeada e verificável por critérios previamente dados, a arte utiliza outras linguagens para transmitir suas mensagens: imagens, sons, movimentos, cores e linguagem discursiva, mas com viés metafórico ou mítico, nunca de forma estritamente discursiva ou encadeada.

Como as mensagens da arte não são emitidas em linguagem lógico-discursiva, só poderão ser interpretadas coerentemente a luz dos discursos verificáveis se forem submetidas a tradução intersemiótica. Traduções simples (entre duas línguas) são um pesadelo. As traduções intersemióticas (entre linguagens diferentes) são extremamente complicadas, quase impossíveis.

Umberto Eco diz que traduzir é dizer "quase o mesmo" e que toda tradução implica em interpretação. Interpretar nada mais é do que fazer uma comparação entre duas estruturas complexas (línguas ou linguagens) e estabelecer equivalências funcionais entre os elementos das estruturas comparadas, isto é, criar isomorfismos, logo, toda interpretação implica na criação de isomorfismos. É preciso estabelecer um critério para fazer comparações funcionais entre estruturas complexas distintas, esse critério é denominado de "chave isomórfica" todo isomorfismo precisa de uma "chave" para ser estabelecido. Somente de posse da "chave isomórfica" será possível a avaliação da qualidade do isomorfismo que é estabelecida pela tradução reversa. Pense em um tradutor eletrônico: você digita nele um texto em português traduz para o inglês, depois, volta a traduzir para o português. A qualidade do isomorfismo usado nessa tradução pode ser avaliada pela comparação do texto original em português com a tradução do texto em inglês de volta para o português. Esse é um exemplo simples de tradução dentro de uma mesma linguagem. A tradução intersemiótica é bem mais difícil, isso porque temos que usar duas "chaves isomórficas" que também precisam ser traduzidas. A tradução das "chaves" só é possível com o uso de outra "chave" para traduzi-la e assim por diante.

Em geral, isso não é um problema, já que, na maior parte do tempo não há necessidade de traduzir a arte para outra linguagem, muito menos para uma linguagem lógico-discursiva, muito pelo contrário, a tentativa de tradução das emoções suscitadas pela arte (o sentimento de dor, paixão, beleza ou até mesmo de repulsa) soa caricata. Arte, quando bem-feita, tem o poder de comunicar mensagens diretamente as emoções sem necessidade de outros intermediários.

Ora, então porque traduzir? Por que fazer traduções intersemióticas? Quando as traduções intersemióticas são entre duas formas de expressão artísticas distintas (por exemplo, uma coreografia é a tentativa de tradução da música em movimento) se bem-sucedidas podem resultar em obras de arte fantásticas que igualmente comunicam mensagens subjetivas sem o uso da linguagem lógico-discursiva. São mensagens percebidas sem serem ditas.

Outra característica marcante das obras de arte é que elas despertarão emoções distintas em cada destinatário, em cada espectador. A reação emocional produzida pela obra de arte (catarse) no destinatário é o objeto e objetivo último das manifestações artísticas. Acontece que as emoções despertadas pela linguagem estética são individuais na medida em que cada um irá reagir a mensagem de forma diferente de acordo com sua formação educacional, sensibilidade estética e meio social. Para arte não há como estabelecer uma "chave isomórfica" padrão, que possa ser divulgada junto com a obra visando limitar a extensão e o alcance das interpretações possíveis.

É verdade que a mensagem expressa em uma linguagem discursiva encadeada e dotada de estrutura lógica também comporta múltiplas interpretações que variarão segundo os mesmos fatores condicionantes da interpretação da linguagem estética. No entanto, é possível a redução drástica da margem de interpretação, já que, há como fornecer a "chave isomórfica" e com isso fixar os limites da interpretação, o que não é possível na arte.

Para limitar o escopo de intepretação de uma obra de arte seria indispensável que a mensagem viesse acompanhada de uma "chave isomórfica" que teria que ser expressa em linguagem lógico-discursiva, portanto, já traduzida por outra chave e assim sucessivamente. Fazendo isso a obra de arte acabaria por se desvirtuar.

Ora, se aplicação do direito é uma forma de expressão artística dificilmente será traduzível em uma linguagem lógico-discursiva sem mutilações. Se não for traduzida seu potencial de comunicação com alguma precisão e em larga escala fica seriamente comprometido.

Partindo da premissa que as decisões judiciais têm conteúdo normativo, i.e., são expressões de alguma coisa que deve ser, devem comunicar o dever-ser da forma mais clara e menos ambígua possível sob pena da mais rotunda ineficácia. Se emito um ato de vontade dirigido a conduta de alguém (norma) e se pretendo que o destinatário de meu ato de vontade aja de acordo com a vontade que manifestei, é preciso que minha manifestação de vontade seja a mais direta e clara possível. Além disso, em um Estado Democrático de Direito os atos decisórios devem ser passíveis de controle e revisão que também dependem da clareza com que são criados. As obras de arte são fascinantes, emocionantes e belas, embora sejam um meio legítimo de expressão, não se prestam para transmitir mensagens diretas e claras e por isso são imprestáveis como meio de expressão e comunicação jurídicas.

Mas o que a relação entre arte e direito tem a ver com o resto do texto, com a informatização do direito, com os teoremas de Gödel e com as teorias de Kelsen? Tudo! A maior crítica feita contra a informatização do direito reside na falta de sensibilidade dos meios mecânicos de se obter decisões e gerir procedimentos.

Demonstrado que a expressão estética deve ter pouco ou nenhum papel no direito e que, para que as regras sejam seguidas, a liberdade e a democracia sejam garantidas, o meio de expressão do direito deve ser a linguagem lógico-discursiva, o argumento da falta de sensibilidade cai por terra. Não custa repetir que não estou propondo nada de revolucionário, apenas tenho a pretensão de oferecer a possibilidade de um fundamento teórico sólido para a informatização que já está em curso. Nossas máquinas ainda não são capazes de lidar com a complexidade de fatores envolvidos na prolação de sentenças, mas quem sabe um dia?

Como todos os textos a tese que lhes ofereço não tem fim, outros trabalhos sucederão a ela, em especial o estudo

317

do direito com base na teoria dos modelos, a formalização do modelo Kelseniano e posteriormente a aplicação dos fractais como fundamento para uma teoria das decisões judiciais. Os textos não terminam, nós, os autores, é que em algum momento desistimos deles e os libertamos para que os leitores possam fazer suas críticas e dar suas contribuições.

Para terminar gostaria de pedir desculpas a você meu caro leitor. Sei que por vezes sou muito enfático e ranzinza na defesa de minhas posições, mas peço que seja tolerante com um velho advogado rabugento que já assistiu mais desmandos e arbitrariedades travestidos de direito do que gostaria.

Notas

[1] Doença de quem é normal ao extremo. " É ponto pacífico em ciência dizer-se que, em maior ou menor grau, somos todos neuróticos. Assim, o comportamento neurótico, pode-se concluir, é *normal* na sociedade. Não lhe cause isso alarma ou protestos, pois, na verdade, quanto mais econômica, técnica e politicamente *desenvolvida* uma sociedade, mais grave sua condição neurótica ou normótica". Em HERMOGENS, José. Yoga para nervosos. Rio de Janeiro: Best Sellers, 2013, posição 124,0 / 669.

[2] O ditado popular cabe como uma luva: quem não é socialista aos vinte anos não tem coração, quem continua socialista aos quarenta não tem cérebro.

[3] KELSEN, Hans. **Autobiografia**. Bogotá: Universidade Externado de Colômbia, 2008, posição 424/3591.

[4] KELSEN, Hans. **Introduction to the problems of Legal Theory**. Oxford: Claredon Press, 2002.

[5] Para uma biografia extensa veja: MÉTALL, Rudof Aladár. **Hans Kelsen, Vida y Obra**. Mécxico: Unam, 1976

[6] KELSEN, Hans. **Autobiografia**. Bogotá: Universidade Externado de Colômbia, 2008, posição 670/3591

[7] "Um dos mais notáveis economistas e filósofos do século XX, Ludwig von Mises, no curso de uma longa e altamente produtiva vida, desenvolveu uma ciência dedutiva e integrada para se entender a economia, baseada no axioma fundamental de que seres humanos individuais agem propositadamente para atingir as metas desejadas. Mesmo que sua análise econômica fosse "livre de juízo de valor" -- no sentido de simplesmente descrever as coisas, dizer como elas são, sem defender nenhum ponto de vista em particular —, Mises concluiu que a única política econômica viável para a raça humana seria uma política de *laissez-faire* irrestrito, de livre mercado e de respeito total aos direitos de propriedade privada, com o governo estritamente limitado a defender a pessoa e a propriedade dentro de sua área territorial. " - http://www.mises.org.br/Article.aspx?id=33 consultado em 10/01/2015

[8] "Lise Meitner (1878-1968) was an Austrian physicist. Meitner was part of the team that discovered and explained nuclear fission and saw its explosive potential, creating the idea of the atomic bomb. She refused to work on the Manhattan Project at Los Alamos, declaring, "I will have nothing to do with a bomb!" Her epitaph on her gravestone, written by her nephew Otto Frisch, reads, "Lise Meitner: a physicist who never lost her humanity.In 1905 Meitner became the second woman to obtain a doctorate degree from the University of Vienna. After obtaining her

320

degree she left for Berlin with support from her parents, and attended Max Planck's lectures. After one year, she became his assistant, and worked with Otto Hahn discovering isotopes. In 1913 she got a permanent position at the Kaiser-Wilhelm-Institut. She handled X-ray equipment during World War I, returning to Berlin in 1916. In 1917 Meitner and Otto Hahn discovered the isotope of protactinium. Meitner was awarded the Leibniz Medal and her own physics section at the Kaiser Wilhelm Institute for Chemistry. She discovered the cause of the Auger effect in 1922. In 1926, she began her research on nuclear fission while being the first woman to teach as a full physics professor at the University of Berlin. The research at the time was theoretical, and many knew about the prospect and the honor of the Nobel Prize waiting for the winner who discovered it first. This research was interrupted when Hitler came to power. She remained in Germany longer than most because of her Austrian citizenship, but eventually had to be snuck across the Dutch border in 1938, leaving behind all her possessions. Her work continued upon her arrival in Stockholm, Sweden. She worked in Manne Siegbahn's laboratory and developed a working relationship with Niels Bohr, while still corresponding with German scientists. Hahn isolated the evidence for nuclear fission, but Meitner and her nephew Otto Frisch were the first to articulate how the process occurred. Hahn would receive the Nobel Prize for this work, but never acknowledge Meitner's contribution. This discovery, and Meitner's recognition of the explosive potential of the process, was what motivated Szilard and Einstein to contact President Roosevelt, leading to the establishment of the Manhattan Project. Meitner continued working in Sweden after World War II. She traveled throughout the United States to lecture. Element 109 was named meitnerium in her honor". http://www.atomicheritage.org/profile/lise-meitner. Consultado em 10/02/2015

[9] "Homem de extraordinária versatilidade intelectual, o físico Erwin Schrödinger deixou contribuições importantes em praticamente todos os ramos da ciência e da filosofia. Compartilhou com o físico inglês Paul Dirac o Prêmio Nobel de física de 1933, por suas pesquisas sobre mecânica ondulatória aplicadas à elucidação da estrutura atômica. Erwin Schrödinger nasceu em Viena em 12 de agosto de 1887. Graduou-se em 1910 pela Universidade de Viena e lá trabalhou até 1920. Depois foi para Zurique, onde ficou até 1927 e elaborou suas teorias mais importantes, nas quais já se achavam os fundamentos da mecânica quântica ondulatória. A partir de uma proposição formulada em 1924 por Louis de Broglie, segundo a qual as partículas da matéria têm natureza dual -- em algumas situações, atuam como ondas -- Schrödinger desenvolveu a teoria que demonstrava o comportamento desse sistema por meio da

equação da propagação, ou equação da onda. As soluções da equação de Schrödinger são funções de onda que só podem estar relacionadas com a ocorrência provável de eventos físicos. Em 1927, Schrödinger aceitou um convite para suceder a Max Planck, autor da teoria quântica, na Universidade de Berlim. Permaneceu no posto até 1933, mas deixou a Alemanha por repudiar a perseguição aos judeus. Viveu então na Áustria, Bélgica, Itália e finalmente, em 1940, instalou-se na Irlanda, onde dirigiu por 15 anos o Instituto de Estudos Avançados de Dublin. Nesse período dedicou-se a pesquisas físicas, filosóficas e sobre a história da ciência. Numa tentativa de mostrar como a física quântica pode ser usada para explicar a estabilidade da estrutura genética, escreveu What is Life? (1944; O que é a vida?). Retornou à Áustria em 1956, como professor emérito da Universidade de Viena. Seu pensamento filosófico foi expresso no livro Meine Weltansicht (1961; Minha visão do mundo), no qual manifesta simpatia pelo misticismo do Vedanta, sistema filosófico indiano. Erwin Schrödinger morreu em Viena, em 4 de janeiro de 1961."
-
http://www.mundofisico.joinville.udesc.br/index.php?idSecao=9&idSubSecao=&idTexto=215. Consultado em 13/02/2015

[10] "The gymnasium schools of the imperial and royal monarchy mainly functioned as a sort of 'transmission belt', providing children from relatively modest backgrounds, who were not necessarily recognized as being 'brainchildren', with a good education at an early age. There are many accounts of how the BiMung-conscious Jewish bourgeoisie, to which the Kelsen family belonged, took advantage of this opportunity to help their children move up the social ladder.If one were to gauge the standard of Vienna's gymnasium schools at the turn of the century on the basis of the performance of their graduates, one could be excused for thinking that they were a remarkable academic achievement. Graduates of Kelsen's generation included the famous political economist Ludwig von Mises (the same class as Kelsen), the nuclear physicist Lise Meitner in 1901, the Nobel Prize laureate Erwin Schrodinger in 1906, to name but a few" .JABLONER, Clemens. **Kelsen and his Circle: The Viennese Years**. In European Journal of International Law n° 9, p/p 368/385.

[11] A relação de Kelsen com Sander vale um capítulo à parte. Idem nota 10.p/p 382.

[12] MÉTALL, Rudof Aladár. **Hans Kelsen, Vida y Obra**. Mécxico: Unam, 1976, p/p 56.

[13] "This had to do with the resolution of a conflict of competences which concealed the Issue of 'marriage dispensations'. The Jurisdiction of the Constitutional Court to which Kelsen contributed significantly, brought him opposition from clerical circles. With the subsequent 'constitutional reform' Kelsen lost his post as judge. Out of principle, he rejected an other

of the Social Democratic Party to take part In the newly constituted Constitutional Court as a 'confidential agent" Idem nota 10 p/p 374/375.

[14] Embora seus pais fossem judeus a família Kelsen nunca foi religiosa. Hans era agnóstico e, por razões de conveniência se converteu ao catolicismo em 1905. Ainda assim, por sua ascendência judaica não escapou das perseguições antissemitas empreendidas pelo Terceiro Reich.

[15] A edição usada neste texto é: KELSEN, Hans. **Introduction to the problems of Legal Theory**. Oxford: Claredon Press, 2002.

[16] KELSEN, Hans. **Teoria Pura do Direito**. São Paulo: Martins Fontes, 1987, Prefácio a segunda Edição.

[17] KELSEN, Hans. **Professor Stone and the pure theory of law**, Stanford: Stanford Law Review, 1965.

[18] KELSEN, Hans. **Teoria Geral das Normas**. Porto Alegre: Sérgio Fabirs Editores, 1986

[19] No que diz respeito a norma hipotética fundamental a "grande revelação" feita na teoria geral das normas se dá quando o próprio Kelsen admite que a norma fundamental não é uma hipótese (que pode ou não ser comprovada) mas uma ficção nos termos de Vaihinger. Isso pouco importa para o argumento central do meu texto. De fato, concordo com a afirmação de que a norma hipotética fundamental não é uma hipótese, mas sim uma ficção. No entanto, como instrumento auxiliar para a construção do conhecimento é uma ficção válida. Não há nenhuma teoria que seja completa e consistente, essa é a conclusão de Gödel. Para que qualquer teoria faça sentido será necessário o recurso ao "como se".

[20] Minha dissertação de mestrado aborda a necessidade da fundamentação dos julgados que, embora legalmente imposta, é parcamente oferecida. BASTOS, Rodrigo Reis Ribeiro. **A Justificação Racional das Decisões Judiciais e Garantia da Democracia**. Rio de Janeiro: Sapere Aude, 2014.

[21] KELSEN, Hans. **Autobiografia**. Bogotá: Universidade Externado de Colômbia, 2008.

[22] MÉTALL, Rudof Aladár. **Hans Kelsen, Vida y Obra**. Mécxico: Unam, 1976.

[23] JR, John W. Dawson. **Logical Dilemas**. Massachusetts: A.K. Peters, 1997.

[24] WANG, Hao. **A Logical Journey**. Massachusetts: MIT, 1996

[25] WANG, Hao. **Reflections on Kurt Gödel**. Massachusetts: MIT, 1995

[26] Idem nota 25, p/p 69

[27] O pouco interesse pela música perdurará por toda vida de Gödel. Uma das situações mais pitorescas onde isso se mostra é em sua amizade com Einstein. Embora fossem grandes amigos Einstein nunca consegui incutir em Gödel o gosto pela música, ele preferia ver "Branca de Neve" e

conseguiu convencer o amigo físico de o acompanhar. "Against every stereotype of the pure mathematician-and particularly one who, like Godel, had studied and taught in Vienna-Godel was all but allergic to the masters of classical music, preferring instead light classics and operettas, and was even more so to the abstractions of modern art. He was untouched by intellectual snobbery and made plain his love of fairy tales. His fondness for Walt Disney cartoons was no secret to his friends. Comedies, however, he disliked. Einstein was consumed by his passion for the great AustrianGerman classicists, Bach, Mozart and Beethoven, but especially Mozart" YOURGRAU, Palle. **A World Without Time.** New York: Basic Books, 2005 posição 30,7 / 434

[28] Idem nota 26 p/p 70

[29] JR, John W. Dawson. **Logical Dilemas**. Massachusetts: A.K. Peters,1997, p/p 1

[30] Segundo o próprio Gödel, quatro foram os filósofos que o influenciaram de forma decisiva: Platão; Kant; Leibniz e Husserl. Seu contato com a obra de Leibniz só aconteceu entre 1943 e 1946 e com Husserl em 1959. A informação é relevante na medida em que seus principais trabalhos foram produzidos nas décadas de vinte e trinta do século XX, portanto, antes de seu contato com os textos de Leibniz e Husserl.

[31] JR, John W. Dawson. **Logical Dilemas**. Massachusetts: A.K. Peters,1997, p/p 21/22

[32] Idem nota 31 p/p 23/25

[33] BERMAN, Marshall. **Tudo que é sólido se desmancha no ar**. São Paulo: Cia das Letras, 2008 p/p 62/62

[34] MUSIL, Robert. **O homem sem qualidades**. Rio de Janeiro: Nova Fronteira, 1989, p/p 9/10

[35] KANDEL, Eric R. **The Age of Insight**. New York: Random House, 2012.posição 52/1671

[36] "There is hardly a city in Europe where the drive towards cultural ideals was as passionate as it was in Vienna. Precisely because the monarchy, because Austria itself for centuries had been neither politically ambitious nor particularly successful in its military actions, the native pride had turned more strongly toward a desire for artistic supremacy. The most important and the most valuable provinces, German and Italian, Flemish and Walloon, had long since fallen away from the old Habsburg empire that had once ruled Europe; unsullied in its old glory, the capital had remained, the treasure of the court, the preserver of a thousand-year-old tradition" ZWEIG, Stefan. **The World of Yesterday**. Nebraska: Viking Press, 1964, p/p 44

[37] "When Auguste Rodin visited Vienna in june 1902, Berta Zuckerkandl invited the great French sculptor, together with Gustav Klimt, Austria's most accomplished painter, for a *Jause*, a typical Viennese afternoon of coffee and cakes. Berta, herself a leading art critic and the guiding intelligence of one of Vienna's most distinguished salons, recalled this memorable afternoon in her autobiography:

Klimt and Rodin had seated themselves beside two remarkably beautiful young women—Rodin gazing enchantedly at them.... Alfred Grünfeld [the former court pianist to Emperor Wilhelm I of Germany, now living in Vienna] sat down at the piano in the big drawing room, whose double doors were opened wide. Klimt went up to him and asked: "Please play us some Schubert." And Grünfeld, his cigar in his mouth, played dreamy tunes that floated and hung in the air with the smoke of his cigar.

Rodin leaned over to Klimt and said: "I have never before experienced such an atmosphere—your tragic and magnificent Beethoven fresco; your unforgettable, temple-like exhibition; and now this garden, these women, this music ... and round it all this gay, childlike happiness.... What is the reason for it all?"

And Klimt slowly nodded his beautiful head and answered only one word: *"Austria."* KANDEL, Eric R. **The Age of Insight**. New Yoork: Random House, 2012, posição 13/1671.

[38] Na construção da Ringstrass o modernismo na arquitetura encontra sua expressão nas mãos de arquitetos brilhantes como Otto Wagner, Adolf Loos e Joseph Maria Olbrich.

[39] "Wagner insisted that architecture be modern and original, and he understood the importance of transportation and city planning. This was evidenced by the design of more than thirty beautiful stations for the Vienna city railway system, as well as the design of viaducts, tunnels, and bridges. In all of these efforts, Wagner strove for a harmony between art and purpose. As a result, Vienna had one of the most advanced infrastructures of any major city in Europe". KANDEL, Eric R. **The Age of Insight.** New York: Random House, 2012, posição 38,5 / 1159

[40] SEKED, Alan. **Declínio e Queda do Império Habsburgo**. Lisboa: Edições 70, 2008, p/p 320/321.

[41] É possível imaginar a confusão que foi para o filho caçula e brilhante de uma família rica originária do interior, o casamento com uma dançarina de cabaré, divorciada e seis anos mais velha. "**1928** It was around this year that G met Adele Nimbursky Porkerr (1899–1981), who was working at *Der Nachtfalter*, a Viennese nightspot. She was six years older than he. She had little formal education, had worked as a dancer, or singer, or attendant and was slightly disfigured by a facial birthmark. G's parents, especially the father, objected to this romantic involvement. In

fact, they did not marry until 1938." WANG, Hao. **Reflections on Kurt Gödel.** Massachusetts: MIT, 1995, p/p 80.

[42] JANIK, Allan. **La Viena de Wittigenstein.** Bogotá: Taurus, 1983, p/p 61/62

[43] A necessidade do oposto é o problema dos conceitos que se pretendem absolutos. Um exemplo digno de nota e a oposição entre ser e não ser apontada por Górgias. Para que o conceito de ser só faz sentido e tem alguma utilidade em contraposição ao não ser. Ora, só posso falar sobre o não ser porque ele é alguma coisa. A esse respeito veja: GÓRGIAS. **Tratado do não-ser.** [s.l, s.n., s.d.]

[44] GOETHE, Johann Wolfgang von. **Fausto.** Centaur Editions, 2013, Quadro IV cena 2.

[45] A fixação de datas para processos históricos dinâmicos é sempre arbitrária. Não dá para dizer quando, em que momento exato, as coisas acontecem. Além disso, os movimentos dinâmicos, por serem dinâmicos, não aparecem em todos os lugares ao mesmo tempo nem com características uniformes. Talvez na história, mais do que em outras áreas de estudo, todas as totalizações sejam irremediavelmente arbitrárias, mesmo assim arrisco dizer que o movimento de secularização do mundo tem início com a renascença e está em curso até hoje. Infelizmente não sei se irá adiante, se conseguiremos expulsar todos os fantasmas de nosso mundo.

[46] BERMAN, Marshall. **Tudo que é sólido se desmancha no ar.** São Paulo: Cia das Letras, 2008, p/p 118.

[47] A idealização das "cidades pequenas" não leva em consideração a extrema crueldade que pode transbordar pelos poros, não leva em conta o fato de que os reacionários são muitas vezes tão ou mais destrutivos que os revolucionários.

[48] JANIK, Allan. **La Viena de Wittigenstein.** Bogotá: Taurus, 1983

[49] Gödel foi participante ativo do círculo durante vários anos, já Kelsen, embora não frequentasse o círculo, matinha uma troca de ideias com seus membros. Kelsen e os membros do Círculo de Viena vez por outra trocavam "amabilidades intelectuais". JABLONER, Clemens. **Kelsen and his Circle: The Viennese Years.** In European Journal of International Law n° 9, p/p 368/385.

[50] STADLER, Friedrich. **The Vienna Circle and Logical Empiricism.** New York: Kluwer Academic Publishers, 2003, p/p XI/XXIII

[51] Vários autores se referem a esse período como o primeiro Círculo ou ainda proto círculo.

[52] Você deve se lembrar que Mises foi colega de escola de Kelsen.

[53] "The early history of the Vienna Circle began around 1907 with a discussion group in a Viennese café, about which Philipp Frank (1949a , 1–52) reports at length. This illustrious circle included Catholic

philosophers, romantic mystics, and, alongside Frank, Otto Neurath, Hans Hahn, and Richard von Mises. Stimulated by Mach and taking the allegations of the unscientifi c nature of philosophy as a given, discussions were held about a synthesis of empiricism and symbolic logic, as well as about Brentano, Meinong, Husserl, Schröder, Helmholtz, Hertz, and Freud. The intention was to update Mach's empiricism with French conventionalism (Duhem, Poincaré) and thus also to counter Lenin's opposition to 'empirio-criticism.' In the persons of Hahn, Frank, and Neurath this heterogeneous coffee-house circle constituted the original core of the later Vienna Circle, with which the younger scientists of the Schlick circle began to associate after World War I. After 1924 the meetings of the Vienna Circle proper were held regularly on Thursdays at Vienna's Boltzmanngasse 5". STADLER, Friedrich. **The Vienna Circle.** New York: Springer, 2015, p/p 1 e 2

[54] "After 1910 there began in Vienna a movement which regarded Mach's positivist philosophy of science as having great importance for general intellectual life [..] An attempt was made by a group of young men to retain the most essential points of Mach's positivism, especially his stand against the misuse of metaphysics in science. [...] To this group belonged the mathematician H. Hahn, the political economist Otto Neurath, and the author of this book [i.e. Frank], at the time an instructor in theoretical physics in Vienna. [...] We tried to supplement Mach's ideas by those of the French philosophy of science of Henri Poincaré and Pierre Duhem, and also to connect them with the investigations in logic of such authors as Couturat, Schröder, Hilbert, etc. (cited from Uebel, Thomas, 2003, p.70)". MURZI, Mauro. **Vienna Circle.** http://www.murzim.net/VC/VC02.html, consultado em 15/04/2015.

[55] "The name Mach has ever since been associated with very strong emotions, for he was a radiant symbol of an unusual method of philosophizing. This method seems to be one of the most productive ones ever known in the history of human thought. How much more intense and different my feelings would have been if I had known that I was once to teach at the same place as E. Mach did here at the university". STADLER, Friedrich. **The Vienna Circle.** New York: Springer, 2015, p/p 41

[56] HAHN, Hans. **La Concepción Científica Del Mundo – El Círculo De Viena.** Traducción al castellano de "Wissenschaftliche Weltauffassung — der Wiener Kreis" en Otto Neurath, Wissenschaftliche Weltauffassung Sozialismus und Logischer Empirismus, editado por R. Hegselmann, Francfort del Meno, Suhrkamp, 1995, pp. 81-101.

[57] BLUMBERG, Albert. **Logical Positivism.** The Journal of Philosophy, Vol 28 nº 11 pp 281-296

[58] "As for metaphysics in its various forms, it follows that the great historical systems of metaphysics, in general, can not be characterized as meaningful. They have, of course, tremendous affective efficacy, and often possess genuine esthetic merit. But since their propositions are admittedly incapable of empirical verification, they have no meaning as knowledge. The silent mystic is the sole consistent metaphysician." BLUMBERG, Albert. **Logical Positivism**. The Journal of Philosophy, Vol 28 n° 11 pp 281-296 pp 293

[59] Transcendência no sentido Kantiano, ou seja, características que transcendem ao indivíduo e que são comuns a todos.

[60] "The new logical positivism retains the fundamental principle of empiricism but, profiting by the brilliant work of Poincaré and Einstein in the foundations of physics and Frege and Russell in the foundations of mathematics, feels it has attained in most essentials **a** unified theory of knowledge in which neither logical nor empirical factors are neglected. From the point of view of logical positivism, the Kantian synthesis concedes too much to rationalism by assuming the existence of synthetic a *priori* truths. Against Kant the new movement maintains as a fundamental thesis that there are no synthetic a *priori* propositions. Basing its assertions upon recent developments in factual and formal sciences, it holds that factual (empirical) propositions though synthetic are *a posteriori,* and that logical and mathematical propositions though *a priori* are analytic." BLUMBERG, Albert. **Logical Positivism**. The Journal of Philosophy, Vol 28 n° 11 pp 281-296

[61] As already mentioned, the Vienna Circle did not represent a static, homogeneous "school" of philosophy, with one dominant figure, one main work and basic dogmas. The reception and appraisal of Popper's ideas by different members thus very varied considerably: from positive reactions to the *Logic of Scientific Discovery* (1934) in Carnap, Feigl, Schlick and Frank to the vehement principle criticism in Neurath. In his above cited review essay of 1935 Neurath had mainly taken issue with the false search for a privileged system of statements as the paradigm of empirical sciences.40 Popper found this decisive criticism rather "flattering", although he did not, however, respond to Neurath's counter-interpretation. Neurath had given preference to his meta-theoretical holism and an

epistemological relativism as an alternative to the philosophical absolutism that even Popper himself conceded – and this in spite of the fact that, within the Vienna Circle, there were some like Viktor Kraft, Karl Menger, Kurt Gödel and Herbert Feigl who expressed their allegiance to variants of a metaphysical (constructive) realism and intuitionism. Even Schlick, who – apparently for personal reasons – did not invite Popper to his circle on Boltzmanngasse, paid tribute to

Popper's *Logic of Scientific Discovery* by including it in the series "Schriften zur Wissenschaftlichen Weltanschauung", which he and Frank edited. STADLER, Friedrich. **The Vienna Circle and Logical Empiricism**. New York: Kluwer Academic Publishers, 2003, pp XVII e XVIII.

[62] PAULSON, Stanley. Intruduction on KELSEN, Hans. **Introduction to the problems of Legal Theory**. Oxford: Claredon Press, 2002, p/p XVII - XLII

[63] BOBBIO, Norberto. **Positivismo Jurídico**. São Paulo: Cone, 1995, pg 83-89

[64] Para um amaior compreensão das consequências radicais desse posicionamento veja: ALEXY, Robert. **Una defensa de la fórmula de Radbruch**. La Coruña: Anuário da Faculdade de Derecho da Universidade de Coruña. 2001. p/p 75/95.

[65] KELSEN, Hans. **Society and Nature**. Chicago: University of Chicago Press, 1943.

[66] "Causality is not a form of thought with which human consciousness is endowed by natural necessity; causality is not, as Kant calls it, an "innate notion." There were periods in the history of human thought when man did not think causally-that means, that man connected the facts perceived by his senses not according to the principle of causality but according to the same principles which regulated his conduct toward other men. The law of causality as a principle of scientific thought first appears at a relatively high level of mental development. It is unknown to primitive peoples. Nature, and that means the facts which civilized man conceives of as a system of elements connected with one another according to the principle of causality, is interpreted by early man according to a totally different scheme. The primitive interprets "nature" according to social norms, especially according to the *lex talionis,* the norm of retribution. To him "nature" is an intrinsic part of his society. The dualism of society and nature, so characteristic of the thinking of civilized man, is thoroughly foreign to primitive mentality. Modern science, on the other hand, tries to realize its monistic aim by conceiving society as part of nature and not nature as part of society" iden nota 60 p/p VII.

[67] "In response to your letter of March 31,1 would like to Inform you that I did not belong to the so-called 'Vienna Circle' In the stricter sense of the word. I had personal contacts with this circle through my acquaintance with Prof. Schlick, Dr. Otto Neurath, Prof. Phlllpp Frank and Prof. Victor Kraft What connected me to the philosophy of this circle — without being Influenced by It — was Its antimetaphyslcal thrust From the very beginning I rejected the moral philosophy of this circle — as is formulated in Schlick's 'Issues of Ethics'. However, the writings by

Phillpp Frank and Hans Relchenbach on causality did influence my view of this issue. The Journal 'Erkenntnis' published my essay 'Die Entstehung des Kausalgesetzes aus dem Vergeltungspriniip' in Its 8th volume and an essay titled "Causality and Retribution' In its 9th volume". JABLONER, Clemens. **Kelsen and his Circle: The Viennese Years**. In European Journal of International Law n° 9, p/p 368/385 – p/p 378 e 379.

[68] "When certain legal theoretical problems are no longer dealt with as problems of 'divine law' or of 'natural law' but as problems related to the consistency of certain statements, we are on our way to logical empiricism. But why should we begin such a discussion with speculations on the category of 'being' and 'ought'?" Idem nota 62 página 379.

[69] *"Vergeltung und KausalilM — Eine sozlologische Studlc* (1941. distributed 1946): English translation: *Society and Natun — A Sociological Inquiry* (1943, reprinted 1982). In the English version, the digressions of the German edition are lacking. The work was published as volume II of the 'library of Unified Science, Bookseries', which Neurath published together with Camap. Frank and others. The personal (epistolary) rapprochement between Kelsen and the Vienna Circle did not take place in Austria, but rather mainly between Geneva and the Hague. At the beginning of 1936, Kelsen wrote to Neurath that he wanted to participate in the Ideology-critical studies of his circle. Subsequently. Kelsen participated in the 5th and 6th International Congresses for the Unity of Science. His essay 'Causality and Retribution' was published In both German and English in the *Journal of Unified Selena* in 19 39. He later submitted a large manuscript entitled 'Vergeltung und KausalltSt'. which however was not published until It was translated into English. See Stadler, *supra* note 38. at 429 and Institut Wiener Krets". JABLONER, Clemens. **Kelsen and his Circle: The Viennese Years**. In European Journal of International Law n° 9, p/p 368/385 – p/p 378 e 379.

[70] A essa altura do campeonato eu e você – meu prezado leitor- já temos alguma intimidade, o que nos permite deixar de lado algumas das hipocrisias convencionais. Eu, como de resto toda humanidade, sou incapaz de produzir qualquer tipo de conhecimento verdadeiramente objetivo, por mais que tente, sempre serei tendencioso. Nisso não há qualquer desonestidade ou picaretagem acadêmica, pelo contrário. Fiz o possível para criar uma visão consistente e coerente das teorias que examinei, no entanto, como todo juiz – dos outros e de si mesmo – posso ser imparcial, mas sou incapaz de ser neutro.

[71] O que todos têm em comum é a tentativa de demonstrar que as percepções diretas os sentidos tais como obtidas pelo senso comum são ilusórias e devem passar por uma espécie de filtro. Na alegoria da caverna Platão supõe que só os filósofos são capazes de conhecer à verdade além das sombras. Descartes usa a matemática como forma de perceber a

verdade do mundo já Copérnico e Galileu contam para todos que a percepção diária e elementar do movimento solar é um engano. A respeito dos dilemas filosóficos da física moderna recomendo a leitura de HANSON, Norwood Russel. **Patterns of Discovery**. Cambridge: University Press,1961. Capítulo 1 em especial página 5.

[72] Sobre o conceito de précompreensão e sua aplicação na filosofia e epistemologia veja: GADAMER, Hans-George. **Verdade e Método**. Petrópolis: Vozes, 1999.Especialmente o item 2.1.1 páginas 404 e seguintes.

[73] A influência do observador como parte ativa da observação é tratada na física quântica. A esse respeito veja: GILMORE, Robert. **Alice no País do Quantum**. Rio de Janeiro: Zahar, 1998.Em especial páginas 11 à 23.

[74] Sobre a impossibilidade de articulação da verdade: FLUSSER, Vilém. **Língua e Realidade**. São Paulo: AnnaBlume, 2009. Em especial, página 45: " A verdade absoluta, se existe, não é articulável, portanto, não é compreensível".

[75] "People, not they eyes, see. Cameras, and eye-balls, are blind. Attempts to locate within the organs of sight (or within the neurological reticulum behind the eyes) some nameable called 'seeing' may be dismissed." HANSON, Norwood Russel. **Patterns of Discovery**. Cambridge: University Press,1961, páginas 6 e 7, veja trambém todo capítulo 1 páginas 4 à 30.

[76] RAMOS, Marcus Vinícius Midena. **Linguagens Formais**. Porto Alegre: Bookman, 2009 E ainda, TEOREY, Toby. **Projeto e Modelagem de Bancos de Dados**. São Paulo: Campos, 2014.

[77] Sobre as diferenças entre o absoluto e o relativo veja a brilhante troca de correspondências entre Umberto Eco e o Cardeal Carlo Maria Martini em ECO, Umberto. **Em que Crêem os que não Crêem**. São Paulo: Record, 1999.

[78] São exemplos disso todas as formas conhecidas de radicalismos, dos religiosos aos científicos passando pelos futebolísticos.

[79] ARTSTEIN, Zvi. **Mathematics and The Real World**. Philadelphia: Prometeus Books. 2014. Capítulo 1 nº 5 páginas 37 e seguintes.

[80] MUSIL, Robert. **O homem sem qualidades**. Rio de Janeiro: Nova Fronteira, 1989. "Não se consegue adivinhar nenhuma profissão pela aparência dele, mas por outro lado também não parece um homem sem profissão. Pense um pouco em como ele é: sempre sabe o que deve fazer; sabe olhar nos olhos de uma mulher; sabe refletir bastante sobre qualquer coisa a qualquer momento; sabe lutar boxe. É talentoso, cheio de vontade, despreconceituoso, corajoso, resistente, destemido, prudente. Não quero examinar isso em detalhes, acho que ele tem todas essas qualidades. Mas também não as tem! Elas fizeram dele aquilo que ele é, e determinaram

seu caminho, mas não lhe pertencem. Quando fica zangado, alguma coisa nele ri. Quando está triste, rumina alguma coisa. Quando algo o comove, ele o rejeita. Qualquer má ação lhe parecerá boa em algum aspecto. É um possível contexto que vai determinar o que ele pensa de um assunto. Para ele, nada é sólido. Tudo é mutável, parte de um todo, de incontáveis todos, que provavelmente fazem parte de um supertodo, mas que ele absolutamente não conhece. Assim, todas as respostas dele são respostas parciais, cada um de seus sentimentos é apenas um ponto de vista, e para ele não importa o que a coisa é, e sim um secundário "como é"." (página 48)

[81] COMTE- SPONVILLE, André. **Dicionário Filosófico**. São Paulo: Martins Fontes, 2003. Página 499.

[82] Na verdade, deveria me referir as lógicas e não a lógica. Existem modelos lógicos, por exemplo, em que o terceiro excluído não é um princípio cogente. A respeito das várias modalidades de lógica e da interação entre elas veja: HAACK, Susan. **Filosofia das Lógicas**. São Paulo: Unesp, 2002.Prefácio e Capítulo 1 páginas, 17 à 37

[83] "Since all models are wrong the scientist must be alert to what is importantly wrong. It is inappropriate to be concerned about mice when there are tigers abroad" . BOX, George E.P. **Science and Statistics**. Journal of the American Statistical Association, Vol. 71, No. 356. (Dec., 1976), pp. 791-799 (trecho citado está na página 792).

[84] " Como atividade fictícia no interior do pensamento lógico, há de se entender a produção e o emprego métodos lógicos que procuram alcançar as finalidades do pensamento mediante conceitos auxiliares; nestes está inscrita, mais ou menos, a olhos vistos, a impossibilidade de terem um objeto concreto que lhes corresponda de alguma maneira. Em vez de se dar por satisfeita com o material dado, a função lógica introduz formações híbridas e ambíguas do pensamento. Com apoio destas ela pode cumprir as próprias metas de forma indireta quando a aspereza do material hostil não permite enfrenta-las na via principal. Com prudência instintiva, eu quase diria "astuta", a função lógica dribla tais dificuldades com as suas construções auxiliares. De natureza variada são os métodos especiais, os desvios e os caminhos a pé que o pensamento enevereda quando impedido de avançar na linha do pensamento reto – caminhos que levam não raras vezes por meio da brenha espinhosa, pelo que o pensamento lógico, contudo, não se deixa intimidar, mesmo que perca algo de sua pureza e imaculabilidade lógica." VAIHINGER, Hans. **A Filosofia do Como Se**. Chapecó: Argos, 201, p/p 123 e 124.

[85] "Since all models are wrong the scientist cannot obtain a "correct" one by excessive elaboration. On the contrary
following William of Occam he should seek an economical description of natural phenomena. Just as the ability to devise simple but evocative

models is the signature of the great scientist so overelaboration and overparameterizationis often the mark of mediocrity". BOX, George E.P. **Science and Statistics**. Journal of the American Statistical Association, Vol. 71, No. 356. (Dec., 1976), pp. 791-799 (trecho citado está na página 792).

[86] Sobre a relação entre a arte como expressão estética e a racionalidade veja a conclusão desse trabalho.

[87] "Para perder o homem, Zeus ordenou a seu filho Hefesto que modelasse uma mulher ideal, fascinante, semelhante às deusas imortais. Pandora é, no mito hesiódico, a primeira mulher modelada em argila e animada por Hefesto, que, para torná-la irresistível, teve a cooperação preciosa de todos os imortais. Atená ensinou-lhe a arte da tecelagem, adornou-a com a mais bela indumentária e ofereceu-lhe seu próprio cinto; Afrodite deu-lhe a beleza e insuflou-lhe o desejo indomável que atormenta os membros e os sentidos; Hermes, o Mensageiro, encheu-lhe o coração de artimanhas, imprudência, astúcia, ardis, fingimento e cinismo; as Graças divinas e a augusta Persuasão embelezaram-na com lindíssimos colares de ouro e as Horas coroaram-na de flores primaveris. . . Por fim, o Mensageiro dos deuses concedeu-lhe o dom da palavra e chamou-a Pandora117, porque são todos os habitantes do Olimpo que, com este presente, "presenteiam" os homens com a desgraça! Satisfeito com a cilada que armara contra os mortais, o pai dos deuses enviou Hermes com o "presente" a Epimeteu. Este se esquecera da recomendação de Prometeu de jamais receber um presente de Zeus, se desejasse livrar os homens de uma desgraça. Epimeteu 118, porém, aceitou-a, e, quando o infortúnio o atingiu, foi que ele compreendeu. . . (Trab. 60-89). A raça humana vivia tranqüila, ao abrigo do mal, da fadiga e das doenças, mas quando Pandora, por curiosidade feminina, abriu a jarra de larga tampa, que trouxera do Olimpo, como presente de núpcias a Epimeteu, dela evolaram todas as calamidades e desgraças que até hoje atormentam os homens. Só a esperança permaneceu presa junto às bordas da jarra, porque Pandora recolocara rapidamente a tampa, por desígnio de Zeus, detentor da égide, que amontoa as nuvens. É assim, que, silenciosamente, porque Zeus lhes negou o dom da palavra, as calamidades, dia e noite, visitam os mortais". .BRANDÃO, Junito de Souza. **Mitologia Grega, Volume 1**. Rio de Janeiro: Vozes, 1986, p/p 168.

[88] Vale citar o adágio popular segundo o qual razão só se dá quem não tem.

[89] KRAMER, Heinrich. **O Martelo das Feiticeiras**. Rio de Janeiro: Rosa dos Tempos, 1991.

[90] ARENDT, Hannah. **Eichmann em Jerusalém**. São Paulo: Cia das Letras, 1999.

[91] A distinção entre o discurso e o objeto do discurso (modelo x metamodelo, linguagem x metalinguagem, etc) segundo Ladriere, parece ter se originado em Hilbert." Mais comment opérer cette réduction nécessaire des vérités mathématiques abstraites au domaine de l'intuition sensible ? C'est ici qu'intervient la distinction établie par HILBERT entre mathématique et métamathématique, distinction qui donne tout son sens à sa théoriede l'objet-signe. «Deux points de vue se présentent ici [dans l'entreprise du fondement des mathématiques]. Premièremeît: tout ce qui a jusqu'ici constitué la mathématique proprement dite est maintenant strictement formalisé de teIle sorte que la mathématique Proprement dite ou mathématique au sens étroit devient un corps de formules démontrables. [. . .] Deuxièmement: à cette mathématique proprement dite vient s'ajouter une mathématique en un certain sens nouvelle, une métamathématique, qui sert à assurer la sécurité de celle-là en la protégeant de la terreur des interdictions inutiles aussi bien que des difficultés créées par les paradoxes. Dans cette métamathématique, à l'opposé de ce qui se fait dans les procédés de raisonnement purement formels de la mathématique proprement dite, on applique un raisonnement intuitif et on s'en sert pour établir le caractère non-contradictoire des axiomes.» " LADRIÈRE, Jean. **Les LimItations Internes Des Formalismes.** Paris: Gauthier-Villars, 1957. Página 6.

[92] É o problema conhecido como Trilema de Agripa. WILLIAMS Michael. **Ceticismo.** in Compêndio de Epistemologia. São Paulo; Loyola, 2008, pp 65 a 117. Segundo o trilema toda e qualquer justificação levada ao extremo conduzirá ao dogma, a circularidade ou a regressão infinita. Na medida em que a regressão infinita é impossível nos restam as opções do dogma e da circularidade.

[93] Em certas situações, nos modelos estritamente formais, as regras funcionam como axiomas. A esse respeito veja: HAACK, Susan. **Filosofia das Lógicas.** São Paulo: Unesp, 2002, pp 45,51.

[94] LOLLI, Gabriele. **Da Euclide a Gödel.** Bologna: il Mulino, 2010. Posição 30, 136 e LADRIÈRE, Jean. **Les LimItations Internes Des Formalismes.** Paris: Gauthier-Villars, 1957. Prefácio.

[95] VAIHINGER, Hans. **A Filosofia do Como Se.** Chapecó: Argos, 2011, p/p 123 e 124.

[96] COMTE-SPONVILLE, André. **Dicionário Filosófico.** São Paulo: Martins Fontes, 2003. pp 72, 180, 181 e 182.

[97] " E assim descobrimos um laço em comum que liga os diferenciais da matemática, os átomos das ciências exatas, as ideias da filosofia e mesmo os dogmas religiosos – a compreensão da necessidade de empregarmos ficções conscientes como base indispensável de nossas pesquisas científicas, de nosso deleite estético e de nosso agir na prática" idem nota 25 p/p 99.

334

[98] Sobre a capacidade humana de justificar suas ações de forma discursiva veja: GUIDDENS, Anthony. **A Constituição da Sociedade**. São Paulo: wmf Martins Fontes, 2009. pp 47/129.

[99] É o lema do oráculo de Delfos. Conheça te a ti mesmo.

[100] É o princípio segundo o qual a humanidade não deve ser única na medida em que não possui nada de extraordinário. "At the end of the day, the question of extraterrestrial life is based on two principles: the Copernican principle and the mediocrity principle. The first states that the Earth is not in a central, specially favoured position. The mediocrity principle states that life on Earth is nothing special, so that life (in whatever form) could evolve in many places in the universe." RAUCHFUSS, Horst. **Chemical Evolution and the Origin of Life**. Berlin: Springer, 2008.

[101] ECO, Umberto. **Em que Crêem os que não Crêem**. São Paulo: Record, 1999, p/p 38/57.

[102] A diferença entre ser e dever é a base da teoria normativista de Kelsen, que veremos no capítulo 3.

[103] FONSECA, Márcio Alves da. **Michel Foucault e o Direito**. São Paulo: Mas Limonad, 2002. pp 93,153

[104] Aqui, pela primeira vez, aparece o problema dos paradoxos da auto referência que dão a tônica das limitações dos modelos formais.

[105] A mesma crítica já foi dirigida á Dawkins. DAWKINS, Richards. **The God Delusion**. New York: Mriner Book, 2008.

[106] HAACK, Susan. **Filosofia das Lógicas**. São Paulo: Unesp, 2002, pp 185/189.

[107] Lavelle, Louis. **Introduction à l'ontologie**. 2e édition. Paris: Les Presses universitaires de France, 1951, pp 9/65.

[108] "[Górgias] diz que nenhuma coisa é: se é, é incognoscível: se tanto é quanto [é] cognoscível, não é, no entanto, [comunicável] a outros. E conclui que não é, reunindo (15) as coisas ditas por uns e outros, isto é, todos os que, dizendo coisas contrárias acerca do-que-é, denunciam-se – como parece– uns aos outros" LEONTINOS, Górgias de. **Paráfrase Do Mxg Do Tratado Do Não-Ser**. São Paulo: S.E., S.D.

[109] É a conclusão a que cheguei sobre o modelo do rizoma. Veja: DELEUZE, Gilles e GUATTARI, Félix. **MIL PLATÔS Capitalismo e Esquizofrenia Vol.1** . São Paulo: Editora 34, 2000, p/p 14 e seguintes.

[110] A opção de Wittgenstein pela realidade fica evidente quando ele afirma que: "Os resultados da filosofia são a descoberta de um absurdo simples qualquer e as mossas que o intelecto arranjou ao bater contra o limite da linguagem". WITTGENSTEIN, Ludwig. **Investigações Filosóficas**. Petrópolis: Vozes, 2009, pagina 73.

[111] Life's but a walking shadow, a poor player That struts and frets his hour upon the stage And then is heard no more. It is a tale Told by an

idiot, full of sound and fury. Signifying nothing". (Macbeth Act 5, scene 5)

[112] "As we see, it is simply the pleasure-principle which draws up the program me of life's purpose. This principle dominates the operation of the mental apparatus from the very beginning; there can be no doubt about its efficiency, and yet its program me is in conflict with the whole world, with the macrocosm as much as with the microcosm. It simply cannot be put into execution, the whole constitution of things runs counter to it; one might say the intention that man should be happy is not included in the scheme of Creation. What is called happiness in its narrowest sense comes from the satisfaction—most often instantaneous—of pent-up needs which have reached great intensity, and by its very nature can only be a transitory experience. When any condition desired by the pleasure-principle is protracted, it results in a feeling only of mild comfort; we are so constituted that we can only intensely enjoy contrasts, much less intensely states in themselves." FREUD, Sigmund. **Civilization and Its Discontents**. Buckinghamshire: Chrysoma Associates Limited, 2005, pp 8.

[113] PUGLIESI, Márcio. Trechos de aulas ministradas na pós-graduação stricto sensu da PUC/SP entre os anos de 2009 e 2012.

[114] O perigo da desagregação do grupo social se instala quando a correlação entre deveres e direitos passa a ser tão desigual que deixa de valer a pena para a maioria dos membros pertencera ao grupo.

[115] "Walhausen, bem no início do século XVII, falava da "correta disciplina", como uma arte do "bom adestramento".(1) O poder disciplinar é com efeito um poder que, em vez de se apropriar e de retirar, tem como função maior "adestrar"; ou sem dúvida adestrar para retirar e se apropriar ainda mais e melhor. Ele não amarra as forças para reduzi-las; procura liga-las para multiplicá-las e utilizá-las num todo. Em vez de dobrar uniformemente e por massa tudo o que lhe está submetido, separa, analisa, diferencia, leva seus processos de decomposição até às singularidades necessárias e suficientes. "Adestra" as multidões confusas, móveis, inúteis de corpos e forças para uma multiplicidade de elementos individuais - pequenas células separadas, autonomias orgânicas, identidades e continuidades genéticas, segmentos combinatórios. A disciplina "fabrica" indivíduos; ela é a técnica específica de um poder que toma os indivíduos ao mesmo tempo como objetos e como instrumentos de seu exercício. Não é um poder triunfante que, a partir de seu próprio excesso, pode-se fiar em seu superpoderio; é um poder modesto, desconfiado, que funciona a modo de uma economia calculada, mas permanente. Humildes modalidades, procedimentos menores, se os compararmos aos rituais majestosos da soberania ou aos grandes aparelhos do Estado. E são eles justamente que vão pouco a pouco invadir

essas formas maiores, modificar-lhes os mecanismos e impor-lhes seus processos. O aparelho judiciário não escapará a essa invasão, mal secreta. O sucesso do poder disciplinar se deve sem dúvida ao uso de instrumentos simples: o olhar hierárquico, a sanção normalizadora e sua combinação num procedimento que lhe é específico, o exame. " FOUCAULT, Michel. **Vigiar e Punir**. Petrópolis: Vozes, 1987, p 153.

[116] "A distinção entre ser e dever-ser não pode ser mais aprofundada. É um dado imediato da nossa consciência. Ninguém pode negar que o enunciado: tal coisa é – ou seja, o enunciado através do qual descrevemos um ser fático - se distingue essencialmente do enunciado: algo deve ser - com o qual descrevemos uma norma - e que da circunstância de algo ser não se segue que algo deva ser, assim como da circunstância de que algo deve ser se não segue que algo seja. " KELSEN, Hans. **Teoria Pura do Direito**. São Paulo: Martins Fontes, 1987, pp 6.

[117] Estou tentando evitar, tanto quanto possível, referências a conceitos de técnica jurídica, mas nesse caso específico um paralelo entre o objeto mediato e imediato das obrigações é inevitável. Toda obrigação, se divide em dever de prestar e o objeto sobre o qual incide o dever. Por exemplo: a obrigação de pagar uma certa quantia tem como objeto imediato o dever de entregar e como objeto mediato o dinheiro que será entregue. A divisão entre prescrição e conteúdo normativo funciona de forma análoga.

[118] ""Dever-ser" é o sentido subjetivo de todo o ato de vontade de um indivíduo que intencionalmente visa a conduta de outro. Porém, nem sempre um tal ato tem também objetivamente este sentido. Ora, somente quando esse ato tem também objetivamente o sentido de dever-ser é que designamos o dever-ser como "norma."" KELSEN, Hans. **Teoria Pura do Direito**. São Paulo: Martins Fontes, 1987, pp 8.

[119] É importante não confundir as esferas do ser e do dever. A norma é a fonte dos padrões de normalidade, pelo ato de vontade que cria a norma se tenta estabelecer o que é normal, no isso só funciona quando a maior parte dos destinatários da norma a aceitam, de forma subjetiva. A curva estatística que determina a normalidade é um ser e não um dever.

[120] "Uma sociedade tem muitos grupos, cada qual com seu próprio conjunto de regras, e as pessoas pertencem a muitos grupos ao mesmo tempo. Uma pessoa pode infringir as regras de um grupo pelo próprio fato de ater-se as regras de outro. " BECKER, Howard S. **Outsiders**. Rio de Janeiro: Zahar, 2009, pp 21.

[121] LA TAILLE, Yves de. **Moral e Ética**. Porto Alegre: Artmed, 2006.pp 11/71

[122] GUIDDENS, Anthony. **A Constituição da Sociedade**. São Paulo: Martins Fontes, 2009, pp 104/109

[123] "The strength of this tradition, its hold on Western man's thought, has never depended on his consciousness of it. Indeed, only twice in our history do we encounter periods in which men are conscious and over-conscious of the fact of tradition, identifying age as such with authority. This happened, first, when the Romans adopted classical Greek thought and culture as their own spiritual tradition and thereby decided historically that tradition was to have a permanent formative influence on European civilization. Before the Romans such a thing as tradition was unknown; with them it became and after them it remained the guiding thread through the past and the chain to which each new generation knowingly or unknowingly was bound in its understanding of the world and its own experience. Not until the Romantic period do we again encounter an exalted consciousness and glorification of tradition". ARENDT, Hanna. **Between Past and Future**. New York: The Viking Press, 1961

[124] " Aunque la diferencia entre conocimiento o simplesmente creencia varía em funciób de los grupos y las culturas, tamb́em dentro del mesmo grupo o cultura la gente distingue entre conocimiento e crencia, entre hecho e opinion. Existe um enorme cuerpo de conocimiento que nunca se cuestiona y aceptan todos los membros potencialmente competentes de uma cultura. Este conocimiento se denomina fundamento común (common ground) de um grupo o cultura" DIJK, Teun A. van. **Ideología y discurso**. Barcelona: Ariel, 2003, pp 22.

[125] Nesse ponto ainda não entro nos detalhes da distinção entre o sentido subjetivo e o sentido objetivo do ordenamento. Essa diferença será tratada adiante. Veja sobre o tema. KELSEN. Hans. **Teoria Pura do Direito**. São Paulo: Martins Fontes, 1987, pp 48/54. Outra discussão que deixo de lado é a que questiona se o direito é um conjunto de normas jurídicas ou se as normas são jurídicas porque fazem parte do direito. Ao que me parece a teoria Kelseniana do direito adota a segunda hipótese, assim toda norma será jurídica (direito) quando produzida validamente segundo outras normas. Para um aprofundamento da discussão veja: BOBBIO, Norberto. **Teoría General del Derecho**. Bogotá: Temis, 1994, pp 147/154.

[126] Não julgo que seja relevante, pare efeitos desse trabalho, abordar a distinção entre norma primária e secundária já que para a discussão que envolve a coerência e a consistência do direito pouco importa se o destinatário primário é o sujeito a quem a sanção é aplicada ou o órgão que a aplicará. Além de tudo o tema é controverso até mesmo na obra de Kelsen. Veja. KELSEN, Hans. **Teoria Geral das Normas**. Porto Alegre: Sérgio Fabirs Editores, 1986, p/p 68/76.

[127] KELSEN, Hans. **Teoria Pura do Direito**. São Paulo: Martins Fontes, 1987, p/p2,3, 48/54.

[128] GUIDDENS, Anthony. **A Constituição da Sociedade**. São Paulo: Martins Fontes, 2009, pp 104/109

[129] Aqui se aplica o conceito de "reserva urbana" tal como construído por Becker: " Primeiro a imposição de uma regra é um empreendimento. Alguém – um empreendedor- deve tomar a iniciativa de punir o culpado. Segundo, a imposição ocorre quando aqueles que querem a regra levam a infração à atenção do público (...). Terceiro, pessoas deduram, tornando a imposição necessária, quando vêem alguma vantagem nisso. (...). Também não há conflito semelhante em relação a imposição de regras nas situações menos organizadas da vida urbana anônima. Mas a consequência é diferente, pois a essência do acordo entre as pessoas é que elas não vão interferir – ou chamar a atenção para – nas mais flagrantes violações da lei. O morador da cidade trata de sua própria vida e nada faz com relação a infração de regras, a menos que sua vida seja afetada. Simmel rotulo a atitude típica urbana de "reserva". " BECKER, Howard S. **Outsiders**. Rio de Janeiro: Zahar, 2008, p/p 129/131.

[130] É o imperativo hipotético kantiano. " Para nós, cuja escolha é sensivelmente afetada, e por isso não se conforma por si mesma à vontade oura, mas a esta se opõe amiúde, as leis morais são imperativos (comando e proibições) e realmente imperativos (incondicionais) categóricos; como tais eles se distinguem dos imperativos técnicos (preceitos da arte), que sempre comandam apenas condicionalmente. " KANT, Immanuel. **A metafísica dos costumes**. São Paulo: Edipro, 2008, p/p 64.

[131] "A fuga é uma composição polifônica, escrita em estilo contrapontístico, sobre um tema único ou sujeito, exposto sucessivamente numa ordem tonal determinada pela lei das cadências. O estilo contrapontístico repousa principalmente sobre a imitação, isto é, sobre a reprodução sucessiva dos mesmos desenhos rítmicos ou melódicos, por duas ou mais vozes diferentes, nos diversos graus da escala. A imitação rigorosa de um desenho dado recebe o nome de canon [cânone]. A escrita em imitações e em cânones deu início às primeiras formas de contraponto vocal", de onde a fuga retira as suas origens. " in http://www.clem.ufba.br/queiroz/fuga_01/iniciofuga.html.

[132] GRECO, John. **Compêndio de Epistemologia**. São Paulo: Loyola, 2008, p/p 16.

[133] DUTRA, Luiz Henrique Araújo. **Introdução à Epistemologia**. São Paulo: Unesp, 2010, 99 1/35.

[134] "Daquilo em que devemos crer, não duvidemos por nenhuma falta de fé;" AGOSTINHO, Santo, **De Trindade IX-XII**. Covilhã: Paulinas Editora, 2007, p/p 42.

[135] HAACK, Susan. **Filosofia das Lógicas**. São Paulo: Unesp, 2002, p/p129/133

[136] Iden p/p 133/184

339

[137] ARISTÓTELES. **Metafísica**. São Paulo: Loyola, 2002.
[138] "The word "isomorphism applies when two complex structures can be mapped onto each other, in such way that to each part of one structure there is a corresponding part in the other structure, where "corresponding" means that the two parts play similar roles in their respective structures." HOFSTADTER, Douglas R. **Gödel, Escher, Bach: an Eternal Golden Braid**. New York: Basic Books, 1999, p/p 49.
[139] Veja o conceito de significados e de jogos de linguagem em: WITTGENSTEIN, Ludwig. **Investigações Filosóficas**. Petrópolis: Vozes, 2009.
[140] A formação do direito ocidental está longe de ser um processo uniforme. O direito era aplicado segundo a origem do interessado e não por critérios territoriais. Cada grupo "bárbaro" aplicava seu próprio direito. O caos não era completo porque os vários sistemas de costumes e leis eram parecidos em muitos pontos, principalmente devido à forte influência do direito romano. LE GOFF, Jacques. **Medieval Civilization**. Oxford: Blackwell, 1992, p/p 30/31.
[141] "Until the Lateran Council, the accused were subjected to ordeals by fire or water or trials of combat. In an ordeal by fire, the person on trial would walk through a fire or carry a hot iron object. In an ordeal by water, he or she was thrown into a body of water. Before the trial began, a priest blessed the fire or water and asked God to allow the innocent to go unscathed. If the person was innocent, he or she would not be burned by the fire or would sink in the water. The guilty would float, having been rejected by the blessed water. In trial by battle, the innocent man would win and the guilty man would lose, whatever the natural advantages of either fighter". DUBY, Georges. **The Midle Ages**. Oxford: Oxford University Press, 1998, p/p 104/105.
[142] LE GOFF, Jacques. **Los Intelectuales em La Edad Media**. Barcelona: Gedisa, 1986, p/p 27/31
[143] HAACK, Susan. **Filosofia das Lógicas**. São Paulo: Unesp, 2002, p/p 127/133
[144] Sobre as contradições e mudanças no conceito de ciência veja: KUHN, Thomas. **A Estrutura das Revoluções Científicas**. São Paulo: Perspectiva, 1998, p/p 145/171
[145] Em geral o problema surge por intolerância ou má-fé. As grandes crises acadêmicas são fruto da falta de explicitação dos fundamentos dogmáticos dos contendores ou da tentativa de impor aos outros as suas próprias opções ontológicas.
[146] Sobre o objetivisto e platonismo em Gödel: "In his discussions with me in the 1970s, Codel used the words Platonism and objectivism interchangeably. The two terms usually evoke different associations.

340

Platonism implies the belief in a knowable objective reality of mathematical objects and concepts, while objectivism emphasizes the thesis that propositions about them are either true or false. There is, however no doubt that our intuition of (the objectivity of) the truth or falsity of propositions explicates the content of our belief that the things they are about are objectively real." WANG, Hao. **A Logical Journey.** Massachusetts: MIT, 1996, p/p 209.

[147] DAWKINS, Richards. **The God Delusion**. New York: Mriner Book, 2008 (Ebook - posição 55,3 / 853) "The boy lay prone in the grass, his chin resting on his hands. He suddenly found himself overwhelmed by a heightened awareness of the tangled stems and roots, a forest in microcosm, a transfigured world of ants and beetles and even – though he wouldn't have known the details at the time – of soil bacteria by the billions, silently and invisibly shoring up the economy of the micro-world. Suddenly the micro-forest of the turf seemed to swell and become one with the universe, and with the rapt mind of the boy contemplating it. He interpreted the experience in religious terms and it led him eventually to the priesthood. He was ordained an Anglican priest and became a chaplain at my school, a teacher of whom I was fond. It is thanks to decent liberal clergymen like him that nobody could ever claim that I had religion forced down my throat.

In another time and place, that boy could have been me under the stars, dazzled by Orion, Cassiopeia and Ursa Major, tearful with the unheard music of the Milky Way, heady with the night scents of frangipani and trumpet flowers in an African garden. Why the same emotion should have led my chaplain in one direction and me in the other is not an easy question to answer. A quasi-mystical response to nature and the universe is common among scientists and rationalists. It has no connection with supernatural belief. In his boyhood at least, my chaplain was presumably not aware (nor was I) of the closing lines of The Origin of Species – the famous 'entangled bank' passage, 'with birds singing on the bushes, with various insects flitting about, and with worms crawling through the damp earth'."

[148] GÖDEL, Kurt. **On Formally Undecidable Propositions of Principia Mathematica and Related Systems**. New York: Dover, 1992. p/p 1-34.
[149] TIESZEN, Richard. **After Gödel**. New York: Oxford University Press, 2011." In the Gibbs Lecture (Godel *1951), Godel also illustrates his point about inexhaustibility in connection with the effort to axiomatize set theory. Instead of finding a finite set of axioms, as in elementary geometry, one is faced with an infinite series of axioms that can be extended further and further, but without the possibility of generating all of these axioms by a finite rule. (See how Godel relates this inexhaustibility to the analogy between sensory intuition and rational

intuition in one of the drafts of his paper on Carnap, discussed in chapter 3 below.) In the process of discussing this matter, Godel points out that, as we ascend to axioms for sets of higher level in the set-theoretic hierarchy, we find that the axioms have consequences even for the theory of integers, that is, the axioms entail solutions of certain Diophantine problems which are undecidable on the basis of preceding axioms." EBook – Posição 107,6 / 792.

[150] LADRIERE, Jean. **Les limitations Interns des Formalismes**. Paris: Louvain E; Nauwelarts, 1957.

[151] Sobre a extrema dificuldade do óbvio veja: WATTS, Duncan. **Everything is Obvious**. New York: Crown Business, 2011.

[152] MLODINOW, Leonard. **The Upright Thinkers**. New York: Parthenon, 2015. "One theme is familiar to anyone who works in a field dedicated to innovation and discovery: the difficulty in conceiving of a world, or an idea, that is any different from the world or ideas that we already know. (…)The flip side of the difficulty of conceiving change is the difficulty of accepting it, and that is another recurring theme of our story. We human beings can find change overwhelming. Change makes demands on our minds, takes us beyond our comfort zones, shatters our mental habits. It produces confusion and disorientation. It requires that we let go of old ways of thinking, and the letting go is not our choice but is imposed upon us. What's more, the changes resulting from scientific progress often upend belief systems to which large numbers of people—and possibly their careers and their livelihoods—are attached. As a result, new ideas in science are often met with resistance, anger, and ridicule." (Ebook, posição 24,0 / 781)

[153] GRECO, John. **Compêndio de Epistemologia**. São Paulo: Loyola, 2008

[154] Não vou entrar na discussão sobre o conteúdo das proposições se elas devem ser sentenças enunciados ou proposições em sentido estrito. A esse respeito veja: HAACK, Susan. **Filosofia das Lógicas**. São Paulo: Unesp, 2002. p/p 113 a 126.

[155] GERSTING, Judith L. **Fundamentos matemáticos para a ciência da computação**. Rio de Janeiro: LTC, 1993, p/p 50 à 55.

[156] RAMOS, Marcus Vinícius Midena. **Linguagens Formais**. Porto Alegre: Bookman, 2009, p/p 47 à 51

[157] LADRIÈRE, Jean. **Les Limitations Internes Des Formalismes**. Paris: Gauthier-Villars, 1957, p/p 1 e 2,

[158] "The Vienna Circle was a group of early twentieth-century philosophers who sought to reconceptualize empiricism by means of their interpretation of then recent advances in the physical and formal sciences. Their radically anti-metaphysical stance was supported by an empiricist criterion of meaning and a broadly logicist conception of mathematics

They denied that any principle or claim was synthetic *a priori*. Moreover, they sought to account for the presuppositions of scientific theories by regimenting such theories within a logical framework so that the important role played by conventions, either in the form of definitions or of other analytical framework principles, became evident. The Vienna Circle's theories were constantly changing. In spite (or perhaps because) of this, they helped to provide the blueprint for analytical philosophy of science as meta-theory—a "second-order" reflection of "first-order" sciences. While the Vienna Circle's early form of logical empiricism (or logical positivism or neopositivism: these labels will be used interchangeably here) no longer represents an active research program, recent history of philosophy of science has unearthed much previously neglected variety and depth in the doctrines of the Circle's protagonists, some of whose positions retain relevance for contemporary analytical philosophy." Stanford Encyclopedia.of Philosophy - http://plato.stanford.edu/entries/vienna-circle/

[159] Sobre as diferenças fundamentais entre a lógica dedutiva e indutiva veja: SKYRMS, Brian. **Escolha e acaso**. São Paulo: Cultriz, 1971.

[160] KAUFMANN, Arthur. **Filosofia do direito**. Lisboa: Fundação Calouste Gulbenkian, 2007, p/p 103 à 122

[161] Veja o axioma da extencionalidade em SUPPES, Patrick. **Axiomatic Set Theory**. New York: Dover, 1972, posição 63,1 / 555.

[162] Idem nota 88

[163] " Em todos os juízos, nos quais se pensa a relação entre um sujeito e um predicado (apenas considero os juízos afirmativos, porque é fácil depois a aplicação aos negativos), esta relação é possível de dois modos. Ou o predicado B pertence ao sujeito A como algo que está contido (implicitamente) nesse conceito A, ou B está totalmente fora do conceito. A, embora em ligação com ele. No primeiro caso chamo analítico ao juízo, no segundo, sintético. " KANT, Immanuel. **Crítica da razão pura**. Lisboa: Fundação Calouste Gulbenkian, 1997, p/p 42 a 43.

[164] Classes, conjuntos e conceitos são termos visceralmente interligados. Para Russell classes são conjuntos cujos elementos podem ser agrupados segundo dois critérios: um extensional, onde a única característica que os membros da classe têm em comum é pertencer a classe. A classificação por extensão é apenas uma enumeração dos elementos sem que eles precisem possuir entre si qualquer outra característica em comum. O outro critério é intencional, aqui os elementos de um conjunto ou classe devem possuir uma propriedade em comum e peculiar, isto é, todos os membros de uma classe intencional devem ter uma propriedade em comum que os difira dos não membros. Para todos os efeitos uma classe e a característica exigida para sua formação serão intercambiáveis

Assim, para Russell classe e conceito são equivalentes. Um conceito é, neste contexto, a descrição de uma classe intencional. RUSSELL, Bertand. **Introdução à filosofia matemática**. Rio de Janeiro: Zahar,2007, p/p 28 à 31. Já a definição de Gödel é bem diferente, para ele há conjuntos puros, que não são conceitos e os conceitos são definidos como funções entre conjuntos. A diferença parece sutil mas demonstra, mais uma vez, as tendências platônicas de Gödel. LOURENÇO, M.S. Um filósofo da Evidência (in GÖDEL, Kurt. **O teorema de Gödel e a Hipótese do Contínuo**. Lisboa: Calouste Gulbenkian, 2009, p/p, 835 a 848.

[165] SKYRMS, Brian. **Escolha e acaso**. São Paulo: Cultriz, 1971, p/p 18 a 29.

[166] HUME, David. **Sceptical Doubts Concerning the Operations of Understanding/Problem of Induction**. Versão electrônica. [S.L: S.E. S.D.]. www.opifex.cnchost/philres/. Consultado em 15/04/2015

[167] "Matters of fact, which are the second objects of human reason, are not ascertained in the same manner; nor is our evidence of their truth, however great, *of* a like nature with the foregoing. The contrary *of* every matter *of* fact is still possible; because it can never imply a contradiction, and is conceived by the mind with the same facility and distinctness, as *if* ever so comfortable to reality. *That the sun will not rise tomorrow is* no less intelligible a proposition, and implies no more contradiction than the affirmation, *that it will rise*. We should in vain, therefore, attempt to demonstrate its falsehood. Were it demonstratively false, it would imply a contradiction, and could never be distinctly conceived by the mind.(…) All reasonings concerning matter of fact seem to be founded on the relation of *Cause and Effect*. By means of that relation alone we can go beyond the evidence of our memory and senses. If you were to ask a man, why he believes any matter of fact, which is absent; for instance, that his friend is in the country, or in France; he would give you a reason; and this reason would be some other fact; as a letter received from him, or the knowledge of his former resolutions and promises. A man finding a watch or any other machine in a desert island, would conclude that there had once been men in that island. All our reasonings concerning fact are of the same nature. And here it is constantly supposed that there is a connection between the present fact and that which is inferred from it. Were there nothing to bind them together, the inference would be entirely precarious. The hearing of an articulate voice and rational discourse in the dark assures us of the presence of some person: Why? because these are the effects of the human make and fabric, and closely connected with it. If we anatomize all the other reasonings of this nature, we shall find that they are founded on the relation of cause and effect, and that this relation is either near or remote, direct or collateral. Heat and light are

collateral effects of fire, and the one effect may justly be inferred from the other." HUME, David. **Sceptical Doubts Concerning the Operations of Understanding/Problem of Induction.** Versão electrônica. [S.L: S.E. S.D.]. www.opifex.cnchost/philres/. Consultado em 20/04/2015

[168] POPPER, Karl. **A lógica da pesquisa científica.** São Paulo: Cultrix, 2011, p/p 27 a 61.

[169] SKYRMS, Brian. **Escolha e acaso.** São Paulo: Cultriz, 1971, p/p 22

[170] Idem nota 169 p/p 29 a 32

[171] Sobre a questão dos discursos argumentos e o condicionamento que sofrem em função de seus auditórios veja: PERELMAN, Chaïm. **Tratado da argumentação.** São Paulo: Martins Fontes, 1996, p/p 26 a 50

[172] Sobre a matriz essencialmente analógica dos raciocínios jurídicos veja: ALDISERT, Ruggero. **Logic for law students.** S.l: S.e, 2007

[173] COPI, Irving M. **Introdución a la lógica.** Buenos Aires: Eudeba, 2009, p/p 397 a 417

[174] Idem nota 173, p/p 407 a 409.

[175] SKYRMS, Brian. **Escolha e acaso.** São Paulo: Cultriz, 1971, p/p 116 a 120.

[176] Idem nota 175, p/p 121 a 153

[177] JUNGES, Alexandre Luiz. **Inferência da melhor explicação.** Porto Alegre: Intuito, 2008.

[178] Idem nota 175, P/P 188 A 192

[179] VAIHINGER, Hans. **A Filosofia do Como Se.** Chapecó: Argos, 2011, p/p 124/125.

[180] Dependendo do caso serão hipóteses ou ficções arbitrárias. As hipóteses podem ser, um dia, ainda que em outro modelo, provadas ou refutadas. Já as ficções não.

[181] "Most philosophers believe that, other things being equal, simpler theories are better. But what exactly does theoretical simplicity amount to? Syntactic simplicity, or elegance, measures the number and conciseness of the theory's basic principles. Ontological simplicity, or parsimony, measures the number of kinds of entities postulated by the theory. One issue concerns how these two forms of simplicity relate to one another. There is also an issue concerning the justification of principles, such as Occam's Razor, which favor simple theories. The history of philosophy has seen many approaches to defending Occam's Razor, from the theological justifications of the Early Modern period, to contemporary justifications employing results from probability theory and statistics." Stanford Encyclopedia.of Philosophy - http://plato.stanford.edu/entries/simplicity/.

345

[182] RUSSELL, Bertand. **Introdução à filosofia matemática**. Rio de Janeiro: Zahar,2007, p/p 28 a 37

[183] WITTGENSTEIN, Ludwig. **Investigações Filosóficas**. Petrópolis: Vozes, 2009, p/p 25 a 32

[184] Idem nota 183, p/p 22

[185] Nesse rol tem muita gente. Cito aqui apenas Carnap. A esse respeito veja: STEGMÜLLER, Wolfgang. **A Filosofia Contemporânea**. Rio de Janeiro: Forense Universitária, 2012, p/p 282 a 288 e 309 a 394

[186] Pense, por exemplo, no conceito de gênero masculino e feminino e sua mudança nos últimos dez anos.

[187] A dependência visceral da tecnologia não provém só dos hábitos, mas principalmente da impossibilidade de organizar uma sociedade com tantas pessoas. Isso seria impossível sem a tecnologia digital!

[188] A mesma coisa aconteceu com as músicas, primeiro com a digitalização para os cds, depois a compressão dos arquivos no formato Mp3. Do vinil para o Mp3 há uma perda significativa de qualidade que é tolerada em troca dos benefícios de custo e distribuição.

[189] "There follow from these considerations several noticeable paradoxes; among others that it is not true that two substances may be exactly alike and differ only numerically, solo mumero, and that what St. Thomas says on this point regarding angels and intelligences (quod ibi omne individuum sit species infimd) is true of all substances, provided that the specific difference is understood as Geometers understand it in the case of figures; again that a substance will be able to commence only through creation and perish only through annihilation; that a substance cannot be divided into two nor can one be made out of two, and that thus the number of substances neither augments nor diminishes through natural means, although they are frequently transformed." LEIBNIZ, Wilhelm Gottfried. **Discourse On Metaphysics Correspondence With Arnauld And Monadology.** Chicago: The Open Court Publishing Company, 1908, p/p 14 e 15.

[190] "The Identity of Indiscernibles is a principle of analytic ontology first explicitly formulated by Wilhelm Gottfried Leibniz in his *Discourse on Metaphysics*, Section 9 (Loemker 1969: 308). It states that no two distinct things exactly resemble each other. This is often referred to as 'Leibniz's Law' and is typically understood to mean that no two objects have exactly the same properties. The Identity of Indiscernibles is of interest because it raises questions about the factors which individuate qualitatively identical objects. Recent work on the interpretation of quantum mechanics suggests that the principle fails in the quantum domain (see French 2006)" Stanford Encyclopedia.of Philosophy . http://plato.stanford.edu/entries/identity-indiscernible/

[191] DELEUZE, Gilles. **Diferença e repetição**. São Paulo: Graal, 2009 pp 19 a 25.

[192] WITTGENSTEIN, Ludwig. **Investigações Filosóficas**. Petrópolis: Vozes, 2009. p/p 22 a 64

[193] "The word "isomorphism" applies when two complex structure can be mapped onto each other, in such way that to each part of one structure there is a corresponding part in the other structure, where "corresponding" means that two parts play similar roles in their respective structures." HOFSTADTER, Douglas R. **Gödel, Escher, Bach: an Eternal Golden Braid**. New York: Basic Books, 1999 p/p 49.

[194] ECO, Umberto. **Decir casi lo mismo**. Montevideo: Lumem, 2008, p/p 13 a 46.

[195] Este era o ideal dos positivistas lógicos. A tentativa de produzir uma linguagem ideal se mostrou, durante o final do século XIX e a primeira metade do século XX, irrealizável por conta da multiplicidade de significados das línguas naturais, no entanto, o que parecida irrealizável ou até mesmo indesejável (WITTGENSTEIN, Ludwig. **Investigações Filosóficas**. Petrópolis: Vozes, 2009, p/p 58 a 60) parece ter penetrado de forma irresistível em nosso dia-a-dia com o uso da informática.

[196] " Pode-se então definir ostensivamente o que é um nome próprio, um nome de cor, um nome de material, o nome de um ponto cardeal, tec. A definição do número dois "Isto significa dois" – enquanto mostram duas nozes- é perfeitamente exato.- Mas, como se pode definir o dois assim? Aquele a quem se dá a definição não sabe então o que se se quer denominar com "dois"; ele vai supor que você chama "dois" este grupo de nozes! – Ele pode supor isto; mas talvez não suponha. Ele poderia também, vice-versa, se quero atribuir um nome a esse grupo de nozes, entende-lo erroneamente como nome de um número. E, de igual modo, quando explico um nome próprio ostensivamente, poderia concebe-lo como nome de uma cor, como designação da raça, sim, como nome de um ponto cardeal. Isto quer dizer que a definição ostensiva pode, em cada caso, ser interpretada de um modo ou de outro." WITTGENSTEIN, Ludwig. **Investigações Filosóficas**. Petrópolis: Vozes, 2009, p/p 29.

[197] ECO, Umberto. **Decir casi lo mismo**. Montevideo: Lumem, 2008.

[198] HOFSTADTER, Douglas R. **Gödel, Escher, Bach: an Eternal Golden Braid**. New York: Basic Books, 1999, p/p 158 a 180.

[199] "Se devêssemos sintetizar o objeto das presentes pesquisas, valer-nos-íamos de urna noção já adquirida por muitas estéticas contemporâneas: a obra de arte é uma mensagem fundamentalmente ambígua, uma pluralidade de significados que convivem em um só significante." ECO, Umberto. **Obra Aberta**. São Paulo: Perspectiva, 2010, p/p 22.

347

[200] "En cualquier caso, especulaciones diferentes como la estéticade la recepción, la hermenéutica, las teorías semióticas del lector ideal o modelo, el llamado «reader oriented criticism» y la deconstrucción han elegido como objeto de investigación no tanto los acontecimentos empíricos de la lectura (objeto de una sociología de la recepción) cuanto la función de construcción del texto —o de deconstrucción— que desempeña el acto de la lectura, visto como condición eficiente y necesaria de la misma actuación del texto como tal. El aserto subyacente en cada una de esas tendencias es que el funcionamiento de un texto (no verbal, también) se explica tomando en consideración, además o en vez del momento generativo, el papel desempeñado por el destinatario en su comprensión, actualización e interpretación, así como la manera en que el texto mismo prevé esta participación." ECO, Umberto. **Los limites de la Interpretacion**. Montevideo: Lumen, 1990, p/p 22.

[201] Processo similar ao que se dá com a criação de "chaves" de segurança nos certificados digitais.

[202] Por isso mesmo a ausência ou a deficiência deste adestramento básico é causadora de sérios problemas para qualquer grupo social.

[203] HOFSTADTER, Douglas R. **Gödel, Escher, Bach: an Eternal Golden Braid**. New York: Basic Books, 1999, pp 204 a 230

[204] WITTGENSTEIN, Ludwig. **Investigações Filosóficas**. Petrópolis: Vozes, 2009,p/p 62 e 63

[205] KUHN, Thomas. **A Estrutura das Revoluções Científicas**. São Paulo: Perspectiva, 1998, p/p 30 a 42

[206] GÖDEL, Kurt. **O teorema de Gödel e a Hipótese do Contínuo**. Lisboa: Calouste Gulbenkian, 2009, p/p 5 a 7.

[207] "Resultados matemáticos são normalmente chamados teoremas. Os sistemas da lógica formal manipulam fórmulas como as das Seções 1.1 e 1.2 e atribuem um significado preciso à palavra teorema. Nestes sistemas, certas wffs são aceitas como **axiomas-wffs** que não precisam ser provadas. Um axioma deve, portanto, ser uma wff cuja "verdade" seja evidente. Então, pelo menos, um axioma deve ser uma tautologia ou, se envolve predicados, uma wff válida. Além dos axiomas, sistemas formais contêm regras de inferência. Uma **regra de inferência** é uma convenção que permite a uma nova wff de uma certa forma ser inferida, ou deduzida, de uma a duas outras wffs de uma certa forma. Uma seqüência de wffs na qual cada wff seja ou um axioma ou o resultado da aplicação de uma das regras de inferência às wffs anteriores na seqüência é chamada de **seqüência de prova. Um teorema** é o último componente desta seqüência; a seqüência é a **prova** do teorema. " GERSTING, Judith L. **Fundamentos matemáticos para a ciência da computação**. Rio de Janeiro: LTC, 1993, p/p 20.

[208] "Entende-se por **ponto de fusão** a temperatura em que uma substância passa do estado sólido passa o estado líquido, e por **ponto de ebulição** a temperatura em que uma substância líquida passa para o estado gasoso, à determinada pressão. Por exemplo, a água pura passa do estado sólido para o estado líquido, sob pressão de 1 atm, à temperatura de 0 °C. Diz-se assim que o Ponto de Fusão da água pura é 0 °C. Já essa água pura passa do estado líquido para o estado gasoso, sob a mesma pressão, à temperatura de 100 °C. Diz-se assim que o Ponto de Ebulição da água pura é 100 °C." (http://www.infoescola.com/fisico-quimica/pontos-de-fusao-e-ebulicao/ Consultado em 22/05/2015)

[209] "Uma conjectura matemática é uma proposição que muitos matemáticos acham que deve ser verdadeira, porém, ainda não conseguiram prová-la. Você se lembra do que é um número primo? Um número maior que 1 que só é divisível por 1 e por ele mesmo. São primos o 3, o 5, o 7. O 6 não é primo, pois é divisível por 3 e por 2. A famosa Conjectura de Goldbach diz que **todo número par** maior que 3 é igual a soma de dois números primos. Por exemplo, 6 é igual a3 + 3, 8 é igual a 3 + 5, 20 é igual a 7 + 13. Você pode ir verificando essa conjectura para cada um dos números pares, um a um. Os matemáticos já verificaram para milhares deles. Mas para que a conjectura vire um **teorema** é preciso que alguém encontre uma prova que assegure que qualquer um dos **infinitos** números pares pode ser escrito como soma de dois primos. A proposição é muito simples, mas, até hoje, ninguém conseguiu demonstrá-la"
http://www.uff.br/sintoniamatematica/grandestemaseproblemas/grandes temaseproblemashtml/audio-goldbach-br.html . Consultado em 21/05/2015.

[210] Para uma forma lúdica de compreender a conjectura de Goldbach recomendo: DOXIADIS, Apostolos . **Tio Petrus e a Conjectura de Goldbach**. São Paulo: Editora 34, 210.

[211] COPI, Irving M. **Introdución a la lógica**. Buenos Aires: Eudeba, 2009, p/p 531 a 554

[212] HUME, David. **Sceptical Doubts Concerning the Operations of Understanding/Problem of Induction**. Versão electrônica. [S.L: S.E. S.D.]. www.opifex.cnchost/philres/. Consultado em 10/06/2015

[213] Idem nota 136 p/p 397 a 409

[214] SKYRMS, Brian. **Escolha e acaso**. São Paulo: Cultrix, 1971, p/p 11 a 38.

[215] GERSTING, Judith L. **Fundamentos matemáticos para a ciência da computação**. Rio de Janeiro: LTC, 1993.p/p 20 a 27.

[216] O Estado Nazista e os horrores por ele praticados em nome da "razão" produziu um trauma no ocidente. O trauma do nazismo provocou um

retorno a metafísica e aos universais. Um bom exemplo disso está em Radbruch em seus cinco minutos de filosofia do direito.

217 "Friedrich Ludwig Gottlob Frege (b. 1848, d. 1925) was a German mathematician, logician, and philosopher who worked at the University of Jena. Frege essentially reconceived the discipline of logic by constructing a formal system which, in effect, constituted the first 'predicate calculus'. In this formal system, Frege developed an analysis of quantified statements and formalized the notion of a 'proof' in terms that are still accepted today. Frege then demonstrated that one could use his system to resolve theoretical mathematical statements in terms of simpler logical and mathematical notions. One of the axioms that Frege later added to his system, in the attempt to derive significant parts of mathematics from logic, proved to be inconsistent. Nevertheless, his definitions (e.g., of the*predecessor* relation and of the concept of *natural number*) and methods (e.g., for deriving the axioms of number theory) constituted a significant advance. To ground his views about the relationship of logic and mathematics, Frege conceived a comprehensive philosophy of language that many philosophers still find insightful. However, his lifelong project, of showing that mathematics was reducible to logic, was not successful." http://plato.stanford.edu/entries/frege/.

218 SUPPES, Patrick. **Axiomatic Set Theory**. New York: Dover, 1972, posição 400,9 / 555

219 RUSSELL, Bertand. **Introdução à filosofia matemática**. Rio de Janeiro: Zahar, 2007, p/p 230 a 243.

220 STEGMÜLLER, Wolfgang. **A Filosofia Contemporânea**. Rio de Janeiro: Forense Universitária, 2012, p/p 373 a 486.

221 Idem nota 150 p/p 266 a 307.

222 "We must not believe those, who today, with philosophical bearing and deliberative tone, prophesy the fall of culture and accept the ignorabimus. For us there is no ignorabimus, and in my opinion none whatever in natural science. In opposition to the foolish ignorabimus our slogan shall be: We must know — we will know!" SMITH, James T. David Hilbert's Radio Address. San Francisco: San Francisco University, S.d.

223 NAGEL, Ernest e NEWMAN, James. **A Prova de Gödel**. São Paulo: Perspectiva, 2009, p/p 31 a 38

224HODGES, Andrew. **Alan Turing. The Enigma**. Oxford: Princeton University Press, 2012.

225 HAACK, Susan. **Filosofia das Lógicas**. São Paulo: Unesp, 2002, p/p 45 a 56.

226 SUPPES, Patrick. **Axiomatic Set Theory**. New York: Dover, 1972 posição 18,0 / 555 a 51,0 / 555.

[227] HOFSTADTER, Douglas R. **Gödel, Escher, Bach: an Eternal Golden Braid**. New York: Basic Books, 1999, p/p 46 a 52

[228] O método usado nos sistemas tipográficos é derivado a álgebra de Boole.

[229] Um dos grandes problemas da informatização é a tentativa de "encaixar" a indução dentro de sistemas formais.

[230] Nunca devemos perder de vista que a semelhança pressupõe a diferença. Só o que é diferente pode ser parecido. O isomorfismo acaba por tratar como iguais coisas que são apenas semelhantes. Acontece que "fazemos de conta" que as coisas são iguais e vamos repetindo essa fantasia. DELEUZE, Gilles. **Diferença e repetição**. São Paulo: Graal, 2009.

[231] HOFSTADTER, Douglas R. **Gödel, Escher, Bach: an Eternal Golden Braid**. New York: Basic Books, 1999, p/p 51 a 53

[232] "Any language with such unlimited means of expression is perforce inconsistent.* Consequently it is important to distinguish between the object language — here the language in which we talk about sets — and the metalanguage, that is, the language in which we talk about the object language. Although set theory is not developed in this book in a fully formalized manner, at the beginning of the next chapter we consider an exact definition of *formula* for the object language we use. Our metalanguage is a certain vaguely defined fragment of ordinary English augmented by certain symbols familiar from intuitive mathematics. It will be obvious that our object language is not rich enough to provide any direct means of expressing the semantical paradoxes. In other words, we avoid these paradoxes by severely restricting the richness of our language. It should be noted that when a formalized language is used it is intuitively clear there is little prospect of deriving one of the semantical paradoxes in this language; the intuitive status of the mathematical or logical paradoxes is usually not as immediately clear." SUPPES, Patrick. **Axiomatic Set Theory**. New York: Dover, 1972, posição 43,5 / 555.

[233] HOFSTADTER, Douglas R. **Gödel, Escher, Bach: an Eternal Golden Braid**. New York: Basic Books, 1999, p/p 103 a 126

[234] TARSKI, Alfred. **The Semantic Concepcion of Truth: and the Foundations of Semantic. Philosophy and Phenomenological Research**, Vol 4 , Issue 3, pg 341-346. S.l: Philosophy and Phenomenological Research, 1944.

[235] WHITEHEAD, Alfred North e RUSSELL, Bertrand. **Principia Mathematica**. Cambridge: University Press, 2002.p/p 37 a 65.

[236] HOFSTADTER, Douglas R. **Gödel, Escher, Bach: an Eternal Golden Braid**. New York: Basic Books, 1999, p/p 130 a 152

[237] CARR, Nicholas. **A Geração Superficial**. Rio de Janeiro: Agir, 2011, p/p 29

351

[238]YOURGRAU, Palle. **A World Without Time**. New York: Basic Books, 2005.

[239] AL-KHALILI, Jim. **Paradoxo**. São Paulo: Fundamento, 2014.

[240] HAACK, Susan. **Filosofia das Lógicas**. São Paulo: Unesp, 2002, p/p 185 a 207

[241] SUPPES, Patrick. **Axiomatic Set Theory**. New York: Dover, 1972 Posição 28,5 / 555

[242] Idem nota 166 p/p 192 a 195.

[243] "F. P. Ramsey [1926] seems to be the first person explicitly and clearly to divide the paradoxes into two classes: the logical or mathematical paradoxes, and the linguistic or semantical ones. Roughly speaking, the first class arises from purely mathematical constructions; the second from direct consideration of the language which we use to talk about mathematics and logic" SUPPES, Patrick. **Axiomatic Set Theory**. New York: Dover, 1972, posição 37,5 / 555.

[244] "The *axiom schema of separation* $(\exists B)(\forall x) x \in B \leftrightarrow x \in A$ & $\varphi(x)$). It is understood in the axiom schema of separation that the variable 'B' is not free in $\varphi(x)$. An exact metamathematical formulation of this schema was given in the preceding section.*For intuitive working purposes we shall hold to the form just now used, which is a mixture of the object language and metalanguage; but the reader should keep clearly in mind that this is an axiom schema, not a single axiom. The restriction that 'B ' not be free in $\varphi(x)$ is essential, for without it we can derive a contradiction whenever A is a non-empty set. To see this, let $\varphi(x)$ be '$-(x \in B)$' and let A be the set consisting of the empty set". SUPPES, Patrick. **Axiomatic Set Theory**. New York: Dover, 1972, posição 65,3 / 555

[245] ARENDT, Hanna. **A Condição Humana**. Rio de Janeiro: Forense Universitária, 2007, 260 a 280.

[246] Todos esses eventos acontecem na primeira metade do século XX e têm o ápice na década de 1930.

[247] Essa opção fica nítida no texto: Professor Stone and the Pure Theory of Law. Hans Kelsen and Albert A. Ehrenzweig *Stanford Law Review* Vol. 17, No. 6 (Jul., 1965), pp. 1128-1157 Published by: Stanford Law Review Article DOI: 10.2307/1227237 Stable URL: http://www.jstor.org/stable/1227237 Consultado em 10/06/2015

[248] A opinião do autor ao que parece não variou ao longo dos anos sobre o tema. O texto citado aparece nas duas edições da Teoria pura do Direito "The Pure Theory of Law is a theory of positive law, of positive law as such, and not of any special system of law, It is general legal theory, not an interpretation of particular national or International legal norms. As theory, the Pure Theory of Law aims solely at cognition of its subject-matter, its object. It attempts to answer the questions of what the law is

and how the law is made, not the questions of what the law ought to be or how the law ought to be made. The Pure Theory of Law is legal science, not legal policy.2

It characterizes itself as a 'pure' theory of law because it aims at cognition focused on the law alone, and because it aims to eliminate from this cognition everything not belonging to the object of cognition, precisely specified as the law. That is, the Pure Theory aims to free legal Science of all foreign elements. This is its basic methodological principle. The principle may appear obvious, but a glance at traditional legal Science as it has developed in the nineteenth and twentieth centuries shows clearly just how far the tradition is from meeting the requirement of purity. In an utterly uncritical way, jurisprudence3 has been entangled in psychology and biology, in ethics and theology, Today the legal scholar regards almost no specialized held of enquiry as beyond his purview. Indeed, he believes that it is precisely by borrowing from other disciplines that he can enhance his scholarly reputation, The result, of course, is that legal Science as such is lost." KELSEN, Hans **Introduction to the problems of Legal Theory**. Oxford: Claredon Press, 2002, p/p 7.

[249] KELSEN, Hans. **Teoria Pura do Direito**. São Paulo: Martins Fontes, 1987, p/p 1

[250] "Of course it is true that the public benefit, along with justice, is an objective of the law. And of course laws have value in and of themselves, even bad laws: the value, namely, of securing the law against uncertainty. And of course it is true that, owing to human imperfection, the three values of the law—public benefit, legal certainty, and justice—are not always united harmoniously in laws, and the only recourse, then, is to weigh whether validity is to be granted even to bad, harmful, or unjust laws for the sake of legal certainty, or whether validity is to be withheld because of their injustice or social harmfulness. One thing, however, must be indelibly impressed on the consciousness of the people as well as of jurists: There can be laws that are so unjust and so socially harmful that validity, indeed legal character itself, must be denied them." RADBRUCH, Gustav. **Five minutes of legal philosophy**. Oxford: Oxford Journal, 2006, p/p 2

[251] É interessante a leitura do artigo em que Kelsen responde as teorias de Ross. KELSEN, Hans. **A 'Realistic' Theory of Law and Pure Theory of Law: Remarks on Alf Ross's On Law and Justice**. Em D'ALMEIDA, Luís Duarte. **KELSEN REVISITED.** Oxford: Hart Publishing, 2013, p/p 221/248

[252] Os problemas de então eram os mesmos que assolam, até hoje, os modernos jusnaturalistas: o que é justiça? Qual critério usar? A moralidade pública? Alguma forma de transcendência, tal como Deus ou

a vontade geral? O jusnaturalismo esbarra no mesmo problema da metafísica em geral: É uma questão de fé.

253 Tanto os jusnaturalistas quanto os positivistas usavam e abusavam do empirismo. Os primeiros buscavam a fonte e a legitimidade do direito na natureza, na moralidade social, em deus etc. Os segundos pretendiam estudar o direito em seu uso efetivo, sem maiores considerações.

254 Sobre diferença entre verdade como critério, como definição e validade veja o capítulo dois.

255 "In order to avoid the confusion of legal norms prescribing a certain human behavior and statements made by the science of law describing legal norms, I suggested speaking in the latter case of Rechts-Satz as distinguished from Rechts-Norm. This was merely a terminological suggestion. I myself never confused the legal norm with the statements of the legal science whose object is legal norms. Already in my Haupt-probleme der Staatsrechtslehre (1911) I distinguished between the law, i.e., norms whose essence is to stipulate that something ought to be clone, and the science of law whose object is norms.16   Professor Stone says that I now-in my Reine Rechtslehre-admit the confusion. He speaks of "this now admitted confusion." But there I do not at all admit that I have been guilty of this confusion. On the contrary! I insist on having distinguished norms and statements about norms already in my Haupt-probleme der Staatsrechtslehre and in the first edition of my Reine Rechtslehre. I only say that "terminologically I did not clearly enough characterize the difference in question" ("[I]ch habe diesen Sinn nichtklar genug gemacht, da ich den Unterschied zwischen Rechtssatz undRechtsnorm noch nicht terminologisch zum Ausdruck gebracht habe.") 1ª The meaning of the two terms Rechtsnorm and Rechtssatz used in the Pure Theory of Law is as clear as the meaning of words can be. Professor Stone asserts that my language "seems confused. The term 'Rechtssatz' seems incapable of designating without ambiguity a juristic proposition about law, as op posed to a legal norm (or proposition of law). That the term Rechtssatz is "incapable of designating" a proposition of the science of law describing legal norms, is, from the point of view of the German language, unfounded. The German language is my-not Professor Stone's-mother tongue. Therefore I may consider myself in questions of the use of German words more competent than Professor Stone. And, since 1 say precisely what I mean when l use the term Rechtssatz, there is not the slightest reason to say that my language is "confused."

Professor Stone maintains that "while Kelsen has now repudiated it [the confusion of legal norm and proposition about law] in so many words, it may be doubted whether even this latest statement has removed all the implications of the now admitted error."2º He says that I myself am confusing Rechtsnorm and Rechtssatz in my statement: "The doc- trine of the basic norm is the result of an analysis of the procedure employed at all times f or knowledge (Erkenntnis) of the positive law." Professor Stone interprets this statement to mean that the science of law creates the basic norm, which is in conflict with my thesis that science cannot create a norm because it can only describe and not prescribe. But the statement quoted by Professor Stone means only that a basic norm has always been presupposed by those who interpret the subjective meaning of the norm-creating acts as their objective meaning. In my Rei°ne Rechtslehre, I say expressly: "The science of law, referring to the basic norm, does not arrogate a norm-creating authority."22 Whatever "refer- ring to the basic norm" may mean-and I explain this very carefully in my work-it certainly does not mean that the science of law creates this norm." KELSEN, Hans. **Professor Stone and the pure theory of law**, Stanford: Stanford Law Review, 1965. p/p 1132/1133.

[256] KELSEN, Hans. **Teoria Pura do Direito**. São Paulo: Martins Fontes, 1987, p/p 5.

[257] KELSEN, Hans. **Teoria Geral das Normas**. Porto Alegre: Sérgio Fabirs Editores, 1986, p/p 70.

[258] AGOSTINHO, Santo. **Confissões; De magistro**. São Paulo: Abril Cultural, 1989.

[259] "Com o termo "norma" se quer significar que algo deve ser ou acontecer, especialmente que um homem se deve conduzir de determinada maneira. É este o sentido que possuem determinados atos humanos que intencionalmente se dirigem à conduta de outrem." Idem nota 254 p/p 5

[260] KELSEN, Hans. **Teoria Pura do Direito**. São Paulo: Martins Fontes, 1987, p/p 5

[261] " Como se depreende do que precedeu, urge distinguir-se entre um ato de comando, de prescrição, de fixação de norma, que é um ato de vontade e, como tal, tem caráter de evento, i.e., do ser, e entre o sentido desse ato, e isto significa: um dever ser. Mais corretamente diz-se: a norma é um sentido, em vez de: a norma tem um sentido." KELSEN, Hans. **Teoria Geral das Normas**. Porto Alegre: Sérgio Fabirs Editores, 1986, p/p 34.

[262] KELSEN, Hans. **Teoria Geral das Normas**. Porto Alegre: Sérgio Fabirs Editores, 1986, p/p 31 a 41

[263] "Professor Stone maintains that I never offered a definition of the concept of law in my main works. But Part II of the first edition and Section of the second edition of my Reine Rechtslehre which is the main work of my Pure Theory of Law, are devoted to the definition of this concept. There I indicate its essential elements. It is true that I did not formulate the definition in one sentence. This is not necessary as shown by Professor Stone himself, who—in spite of his statement that I do not

offer a definition of the concept of law—enumerates five points which he says "a definition of law by Kelsen would probably require . . . ." Almost incredible is Professor Stone's statement that "the main problem, that of indicating the specific difference of legal from other norms, has still to be referred (according to Kelsen) not to any internal characteristic of each norm but to the fact that the norm is part of a certain kind of system of norms . . . ." Since Professor Stone quotes frequently from my Reine Rechtslehre we may assume that he has read this book. If so, he must know that I dealt with the problem of the specific difference of legal from other norms very carefully, especially with the difference between legal and moral norms, and that I maintained that the specific difference is that the legal norms are norms prescribing a certain human behavior by attaching to the contrary behavior a coercive act as a sanction. According to the Pure Theory of Law the internal characteristic of the legal norm is that it stipulates a coercive act. In my probleme der Staatsrechtslehre I designated the sanctions of punishment and civil execution as the characteristic elements of the norms of national law." KELSEN, Hans. **Professor Stone and the pure theory of law**, Stanford: Stanford Law Review, 1965, p/p 1130/1131

[264] "That it " seems at points" that I say there is no internal characteristic of the legal norm cannot be true if "it is " that I regard one internal characteristic of the legal norm. Besides, Professor Stone does not presente correctly my opinion on this point exposed in my main work. It is not the fact that legal norms provide for sanctions that distinguishes them from other, especially from moral, norms (as I assumed in my earlier writings); for—as I say expressly in my Reine Rechtslehre the moral norms, too, provide for sanctions. But these sanctions are not—like the sanctions of legal norms—coercive acts, but approval of the behavior in conformity with, and disapproval of the behavior contrary to, the moral norms." KELSEN, Hans. **Professor Stone and the pure theory of law**, Stanford: Stanford Law Review, 1965,1131

[265] Me parece que norma, assim conceituada, acaba por se confundir com o sentido objetivo da norma. Estressando o argumento, uma norma sem sentido objetivo não é válida, portanto não existe dentro do sistema. KELSEN, Hans. **Teoria Geral das Normas**. Porto Alegre: Sérgio Fabirs Editores, 1986, p/p 35.

[266] "Também o ato de um salteador de estradas que ordena a alguém, sob cominação de qualquer mal, a entrega de dinheiro, tem - como já acentuamos - o sentido subjetivo de um dever-ser. Se representarmos a situação de fato criada por um tal comando dizendo: um indivíduo expressa uma vontade dirigida à conduta de outro indivíduo, o que nós fazemos é descrever a ação do primeiro como um fenômeno ou evento que de fato se produz, como um evento da ordem do ser. A conduta do

outro, porém, que é intendida (visada) no ato de vontade do primeiro, não pode ser descrita como um evento da ordem do ser, pois este ainda não age, ainda não efetua uma conduta, e porventura nem sequer se conduzirá da forma intendida. Ele apenas deve – de acordo com a intenção do primeiro - conduzir-se por aquela forma. A sua conduta não pode ser descrita como um sendo (da ordem do ser), mas apenas o pode ser, na medida em que cumpre apreender o sentido subjetivo do ato de comando, como um devido (da ordem do dever-ser). Desta forma tem de ser descrita toda a situação em que um indivíduo manifesta uma vontade dirigida à conduta de outro. Quanto à questão em debate isto significa: na medida em que apenas se tome em linha de conta o sentido subjetivo do ato em questão, não existe qualquer diferença entre a descrição de um comando de um salteador de estradas e a descrição do comando de um órgão jurídico. A diferença apenas ganha expressão quando se descreve, não o sentido subjetivo, mas o sentido objetivo do comando que um indivíduo endereça a outro. Então, atribuímos ao comando do órgão jurídico, e já não ao do salteador de estradas, o sentido objetivo de uma norma vinculadora do destinatário. Quer dizer: interpretamos o comando de um, mas não o comando do Outro, como uma norma objetivamente válida. E, então, num dos casos, vemos na conexão existente entre o não acatamento do comando e um ato de coerção uma simples "ameaça", isto é, a afirmação de que será executado um mal, ao passo que, no outro, interpretamos essa conexão no sentido de que deve ser executado um mal. Assim, neste último caso, interpretamos a execução efetiva do mal como a aplicação ou a execução de uma norma objetivamente válida que estatui o ato de coerção; no primeiro caso, porém, interpretamo-lo - na medida em que façamos uma interpretação normativa - como um delito, referindo ao ato de coerção normas que consideramos como o sentido objetivo de certos atos que, por isso mesmo, caracterizamos como atos jurídicos".
KELSEN, Hans. **Teoria Pura do Direito**. São Paulo: Martins Fontes, 1987, p/p 48/49.
[267] KELSEN, Hans. **Teoria Pura do Direito**. São Paulo: Martins Fontes, 1987, p/p 4
[268] COMTE- SPONVILLE, André. **Dicionário Filosófico**. São Paulo: Martins Fontes, 2003, P/P 555.
[269] Há várias críticas as teorias Kelsenianas e vários outros critérios para a definição de sistemas, principalmente de sua aplicação ao direito. Dado aos limites de tempo que me são impostos pelos imperativos (normas) acadêmicas – atos de vontade emitidos pela autoridade universitária e dirigidos a conduta de outrem, no caso o escritor que vos fala – não tenho como abordar o tema. Me limitarei a expor a teoria de Kelsen. Para uma melhro compreensão recomendo a leitura de RAZ, Joseph. **El Concepto de Sistema Jurídico**. Cidade do México: Universidad Nacional

Autonoma de México, 1986. E também CANARIS Claus-Wilhem. **Pensamento Sistemático e Conceito de Sistema na Ciência do Direito.** Lisboa: Fundação Calouste Gulbenkian, 1996.

[270] "The law qua system- the legal system-is a system of legal norms. The first question to answer here have been put by the Pure Theory of Law in following way: what accounts for the unity of plurality of legal norms, and why does certain legal norm belong to a certain legal system?" KELSEN, Hans. **Introduction to the problems of Legal Theory.** Oxford: Claredon Press, 2002, pg 55.

[271] KELSEN, Hans. **Teoria Pura do Direito.** São Paulo: Martins Fontes, 1987, pg 205.

[272] No capítulo dois expliquei o conceito de teorema como sendo uma afirmação que pode ser provada dentro de um dado modelo. Aqui, propositalmente, insiro conceito de teorema no modelo normativo de Kelsen.

[273] Sobre a diferença entre significado ativo e passivo vide capítulo 2.

[274] " Segundo a natureza do fundamento de validade, podemos distinguir dois tipos diferentes de sistemas de normas: um tipo estático e um tipo dinâmico. As normas de um ordenamento do primeiro tipo, quer dizer, a conduta dos indivíduos por elas determinada, é considerada como devida (devendo ser) por força do seu conteúdo: porque a sua validade pode ser reconduzida a uma norma a cujo conteúdo pode ser subsumido o conteúdo das normas que formam o ordenamento, como o particular ao geral. Assim, por exemplo, as normas: não devemos mentir, não devemos fraudar, devemos respeitar os compromissos tomados, não devemos prestar falsos testemunhos, podem ser deduzidas de uma norma que prescreve a veracidade. Da norma segundo a qual devemos amar o nosso próximo podemos deduzir as normas: não devemos fazer mal ao próximo, não devemos, especialmente, causar-lhe a morte, não devemos prejudicá-lo moral ou fisicamente, devemos ajudá-lo quando precise de ajuda. Talvez se pense que a norma da veracidade e a norma do amor do próximo se podem reconduzir a uma norma ainda mais geral e mais alta, porventura a norma: estar em harmonia com o universo. Sobre ela poderia então fundar-se uma ordem moral compreensiva. Como todas as normas de um ordenamento deste tipo já estão contidas no conteúdo da norma pressuposta, elas podem ser deduzidas daquela pela via de uma operação lógica, através de uma conclusão do geral para o particular. Esta norma, pressuposta como norma fundamental, fornece não só o fundamento de validade como o conteúdo de validade das normas dela deduzidas através de uma operação lógica. Um sistema de normas cujo fundamento de validade e conteúdo de validade são deduzidos de uma norma pressuposta como norma fundamental é um sistema estático de normas. O princípio segundo o qual se opera a fundamentação da validade das normas deste

sistema é um princípio estático. Só que a norma de cujo conteúdo outras normas são deduzidas, como o particular do geral, tanto quanto ao seu fundamento de validade como quanto ao seu teor de validade, apenas pode ser considerada como norma fundamental quando o seu conteúdo seja havido como imediatamente evidente. De fato, fundamento e teor de validade das normas de um sistema moral são muitas vezes reconduzidos a uma norma tida como imediatamente evidente. Dizer que uma norma é imediatamente evidente significa que ela é dada na razão, com a razão. O conceito de uma norma imediatamente evidente pressupõe o conceito de uma razão prática, quer dizer, de uma razão legisladora; e este conceito é - como se mostrará - insustentável, pois a função da razão é conhecer e não querer, e o estabelecimento de normas é um ato de vontade. Por isso, não pode haver qualquer norma imediatamente evidente. Quando uma norma da qual se deriva o fundamento de validade e o conteúdo de validade de normas morais é afirmada como imediatamente evidente, é porque se crê que ela é posta pela vontade de Deus ou de uma outra vontade supra-humana, ou porque foi produzida através do costume e, por essa razão - como acontece com tudo o que é consuetudinário -, é considerada como de per si evidente (natural). Trata-se, portanto, de uma norma estabelecida por um ato de vontade. A sua validade só pode, em última análise, ser fundamentada através de uma norma pressuposta por força da qual nos devemos conduzir em harmonia com os comandos da autoridade que a estabelece ou em conformidade com as normas criadas através do costume. Esta norma apenas pode fornecer o fundamento de validade, não o conteúdo de validade das normas sobre ela fundadas. Estas formam um sistema dinâmico de normas. O princípio segundo o qual se opera a fundamentação da validade das normas deste sistema é um princípio dinâmico". KELSEN, Hans. **Teoria Pura do Direito**. São Paulo: Martins Fontes, 1987, p/p 207/208.

[275]" Professor Stone's statement that I think the distinction between a static and a dynamic basic norm "represents a distinction between nonlegaland legal normative orders"is without foundation. In my GeneralTheory of Law and State, which Professor Stone in this connection quotes, I presented first, as an example of a normative order under a static basic norm, a system of moral norms.14 But immediately afterward I referred to moral norms whose objective validity is based on a dynamic basic norm. The example is: the validity of the moral norm: "Do not lie," directed by a father to his child, based, in the last instance, on the dynamic basic norm: "Obey the commands of God" who commanded to obey the commands of your father. Thus I do not only— as mentioned above—refer to the static principle within a order under a dynamic basic norm, but also to a dynamic basic norm of a moral order. Besides, later Professor Stone admits this expressly by referring to the

last-mentioned example". KELSEN, Hans. **Professor Stone and the pure theory of law**, Stanford: Stanford Law Review, 1965, p/p 1131/1132

[276] É possível fazer um paralelo com o teorema da abstração da teoria dos conjuntos. Vide capítulo2.

[277] Pense nas organizações sociais das favelas do Rio de Janeiro. Nelas há sistemas normativos, impostos por criminosos, com todas as características descritas até aqui para o direito. Existe uma discussão interessantíssima sobre a juridicidade ou não de tais sistemas. O tema pode ser melhor estudado em: FARIA, José Eduardo. **Direito e Justiça.** São Paulo: Ática, 1989

[278]" It is necessary, then, to distinguish between the subjective and the objective meaning of an act. The subjective meaning may, but need not, coincide with the objective meaning attributed to the act in the system of all legal acts, that is, the legal system. The act of the famous Captain from Kopenick was to have been— its subjective meaning— an administrative directive. Objectively, however, it was not an administrative directive bur a delict. When members of a secret society, intending to rid their country of undesirables, condemn to death someone they regard as a traitor, they themselves consider their act, subjectively, to be a pronouncement of the death penalty. They call it that, and instruct their agent to kill the condemned party. Objectively— in the system of objective law— the killing is murder by secret tribunal, and not the carrving-out o f a death penalty. And this is so even though the external circumstances of the act cannot be distinguished from those of carrying out a death penalty". KENSEN, Hans. **Introduction to the problems of Legal Theory**. Oxford: Claredon Press, 2002. p/p 9/10

[279] KELSEN, Hans. **Teoria Pura do Direito**. São Paulo: Martins Fontes, 1987, p/p 48/49.

[280] Idem nota 279, p/p 209

[281] Idem nota 279, p/p 208

[282] KELSEN, Hans. **A "Realistic" Theory of Law and the Pure Theory of Law: Remarks on Alf Ross's On Law and Justice**. Em D'ALMEIDA, Luís Duarte. **KELSEN REVISITED**. Oxford: Hart Publishing, 2013, p/p 221/248.

[283] "The Kantian transcendental argument in its regressive form has the philosopher beginning with something that is given and then moving to the condition or conditions without which what is given would not be possible. Taking our cues from language such as this, what does Kelsen's transcendental argument look like? Here is a possible reconstruction:
(1) These legal norms, together representing a legal system, are objectively
valid (given).

(2) The objective validity of these legal norms is possible only if the basic norm is presupposed (transcendental premise).

(3) Therefore, the basic norm is presupposed (transcendental conclusion). PAULSON, Stanley L. **The Great Puzzle: Kelsen's Basic Norm.** Em D'ALMEIDA, Luís Duarte. **KELSEN REVISITED.** Oxford: Hart Publishing, 2013, p/p 56.

[284] "In an important paper of 1914, "Reichsgesetz and Landesgesetz nachosterreichischer Verfassung",' Kelsen mentions the idea of a "Grundnorm" for the first time, understanding, by it, a conceptual necessity in the shape of

an ultimate norm. Legal constructions in general, he says, necessarily have as their point of departure an ultimate or highest norm or system of norms that is "presupposed" as valid;' the validity of this ultimate norm or system

of norms is taken for granted qua presupposition of legal knowledge. Legal science presupposes this ultimate norm, albeit extra-systemically.10 For this idea of "Ursprung" in the shape of a fundamental norm, Kelsen was actually indebted to Walter Jellinek: In a paper of 1913, Jellinek had alluded to a highest norm, a norm that cannot be justified by appeal to a still higher norm and that is independent of reality, with its validity due not to human action but to a conceptual necessity (Denknotwendigkeit)." BINDREITER, Uta. **Why Grundnorm?** Londres: Kluwer Law International, 2002, p/p 117

[285] "According to Allgemeine Staatslehre (1925), Kelsen's early treatise on what we would call constitutional law, legal science presupposes a Grundnorm, a Grund- oder Ursprungsnornt or an Ursprungsrechtssatz.t' These terms refer to a fundamental and hypothetical norm that is not really a part of positive law.rs Still, this hypothetical norm - an early basic norm, so to speak - is seen as grounding the validity of positive law qua authorizing norm or, as Kelsen puts it, qua "juridico-logical constitution"." Idem nota 278, p/p118

[286] "Naturrechtslehre and des Rechtspositivismus (1928), marks a new development in this and other respects. Hitherto, the basic norm had mainly figured as the ground of formal unity - that is, as the sole criterion by means of which the membership of legal norms (and, thus, the identity of the legal system as a whole) can be established. In Philosophische Grundlagen, the basic norm likewise figures as the ground of material unity; as such, it ensures not only that law is that which is issued by an authority but also that what the authority issues fits into a meaningful whole". Idem nota 278 p/p 120

[287] "The basic norm is the source of a dynamically grounded unity as well as the source of the normativity of the law, transmitting, by means of delegation, the quality of "ought" (Sollen) to the other norms of the

system.37 From this point henceforth, Kelsen argues that this basic norm is to be understood in Kantian or neo- Kantian terms, and he set himself the task of working up an epistemic justification of his notion of the normativity of law: without the presupposition of the basic norm - this is his argument - that which we know to be the case (namely, that law is normative) could not be the case". Idem nota 278 p/p 122

[288] "In about 1960, Kelsen changes his mind still another time. As revealed inthe Second Edition of the Reine Rechtslehre,b5 he now distinguishes between, on the one hand, the (purely cognitive) presupposition of legal science and, on the other, the (normative) presupposition of the basic norm on the part of the lawapplying organs. Owing to this distinction, Kelsen feels justified in asserting, once again, that legal science can be said to presuppose the basic norm. The basic norm, he now says," is presupposed by all who interpret - or wish to interpret67 - the subjective meaning of a legislative act as its objective meaning, that is, as an objectively valid norm. In contrast, however, to an interpretation provided by the norm positing organs - inter alia, the courts - the interpretation by legal science is purely cognitive in nature".Idem nota 278 p/p 127.

[289] KELSEN, Hans. **Professor Stone and the pure theory of law**, Stanford: Stanford Law Review, 1965, p/p 1140/1151.

[290] " A norma fundamental de uma ordem jurídica ou moral positivas - como evidente do que precedeu – não é positiva, mas meramente pensada, e isso significa uma norma fictícia, não no sentido de um real ato de vontade, mas sim de um ato meramente pensado. Como tal, ela é uma pura ou verdadeira ficção no sentido da vaihingeriana Filosofia do Como Se, que é caracterizada pelo fato de que ela não somente contradiz a realidade como é contraditória em si mesma." KELSEN, Hans . **Teoria Geral das Normas**. Porto Alegre: Sérgio Fabirs Editores, 1986 p/p 328.

[291] VAIHINGER, Hans. **A Filosofia do Como Se**. Chapecó: Argos, 2011, p/p 50

[292] VAIHINGER, Hans. **A Filosofia do Como Se**. Chapecó: Argos, 2011, p/p 124

[293] Idem nota 287, p/p 94

[294] Existe uma demonstração matemática extremamente complexa que fica ainda mais difícil porque Gödel adota uma notação própria. Para maiores detalhes veja: GÖDEL, Kurt. **O teorema de Gödel e a Hipótese do Contínuo**. Lisboa: Calouste Gulbenkian, 2009, p/p 6/115

[295] GOLDSTEIN, Rebecca. **Incompletude**. São Paulo: Cia das Letras, 2008, p/p 20.

[296] "I teoremi di incompletezza stabiliti da Kurt Gödel nel 1930-31 sono tra i risultati più notevoli – e chiacchierati– del ventesimo secolo, in compagnia della relatività, della meccanica quantista, del DNA. Insieme, condividono il destino dell'ignoranza e della chiacchiera, che degenerano spesso o in pettegolezzo o in mitologia. Adesso nessuno più equipara la teoria dela relatività alla tesi che tutto è relativo, ma solo perché della relatività si parla poco; per la fisica quantista continuano invece a girare storie di gatti vivi e morti; sul DNA l'ignoranza è più pericolosa e si manifesta non in chiacchiere ma in fanatici scontri politici ed economici". LOLLI, Gabriele. **Da Euclide a Gödel**. Bologna: il Mulino, 2010, p/p 6

[297] "La crisi dei fondamenti è stata esorcizzata nella storia della filosofia come un episodio della crisi della ragione classica, il crollo dele ambizioni di una fondazione assoluta e definitiva di cui è positivo essersi liberati – salvo poi lamentarsi per l'odierna assenza di dibattito e interesse. Tutte le soluzioni sperimentate allora si sarebbero rivelate, secondo la vulgata, fallimentari o insoddisfacenti, e non poteva essere altrimenti, ala luce di una sobria filosofia laicamente disincantata. I teoremi di Gödel sarebbero il sigillo della chiusura di un sogno impossibile". LOLLI, Gabriele. **Da Euclide a Gödel**. Bologna: il Mulino, 2010, p/p 7

[298] NAGEL, Ernest e NEWMAN, James. **A Prova de Gödel**. São Paulo: Perspectiva, 2009, p/p 18/19.

[299] "The development of proof theory can be naturally divided into: the prehistory of the notion of proof in ancient logic and mathematics; the discovery by Frege that mathematical proofs, and not only the propositions of mathematics, can (and should) be represented in a logical system; Hilbert's old axiomatic proof theory; Failure of the aims of Hilbert through Gödel's incompleteness theorems; Gentzen's creation of the two main types of logical systems of contemporary proof theory, natural deduction and sequent calculus (see the entry on automated reasoning); applications and extensions of natural deduction and sequent calculus, up to the computational interpretation of natural deduction and its connections with computer Science". Em http://plato.stanford.edu/entries/proof-theory-development/.

[300] TARSKI, Alfred. **The Semantic Concepcion of Truth: and the Foundations of Semantic**. Philosophy and Phenomenological **Research**, Vol 4 , Issue 3, pg 341-346. S.l: Philosophy and Phenomenological Research, 1944.

[301] RAMOS, Marcus Vinícius Midena. **Linguagens Formais**. Porto Alegre: Bookman, 2009, p/p 39

[302] Sequencia de Fibonacci conhecida como a proporção áurea capaz de refletir o concito ocidental de beleza e harmonia.

[303] Triângulo de Sierpinski é uma figura geométrica composta de vários triângulos exatamente iguais que se dividem em outros menores, mas com as mesmas proorções até o infinito.

[304] GÖDEL, Kurt. **O teorema de Gödel e a Hipótese do Contínuo**. Lisboa: Calouste Gulbenkian, 2009, p/p 915/937.

[305] Sobre o problema de Hume veja o capítulo dois.

[306] AL-KHALILI, Jim. **Paradoxo**. São Paulo: Fundamento, 2014, p/p 8.

[307] Valores de verdade devem ser entendidos como posições arbitrárias e excludentes usados pela lógica tais como: 0 e 1; sim e não. O valor de verdade lógico não possui nenhum conteúdo axiológico.

[308] WHITEHEAD, Alfred North e RUSSELL, Bertrand. **Principia Mathematica**. Cambridge: University Press, 2002.

[309] TARSKI, Alfred. **The Semantic Concepcion of Truth: and the Foundations of Semantic. Philosophy and Phenomenological Research**, Vol 4 , Issue 3, pg 341-346. S.l: Philosophy and Phenomenological Research, 1944.

[310] " There is one alternative so intimately tied to Zermelo-Fraenkel set theory that it should be mentioned here, namely, von Neumann-Bernays-Godel set theory. There are two essential differences. The latter theory may be finitely axiomatized. No axiom schema of construction like that of separation is required, but instead a finite number of specific set and class constructions suffices. And in what we shall call for brevity von Neumann set theory, there is a technical distinction between classes and sets. Every set is a class, but not conversely. Those classes which are not sets are called proper classes, and their distinguishing characteristic is that they are not members of any other class. The class of all ordinal numbers and the class of all sets both exist, but both are proper classes. Thus the Burali- Forti and Cantor paradoxes cannot be constructed, for they require these classes to be members of other classes. Similar remarks apply to Russell's paradox. In subsequent chapters informal indications are often given toindicate the slight variations in theorems, definitions or proofs required in von Neumann set theory. Zermelo and von Neumann set theory are so closely connected that anyone familiar with the one will soon find himself at home in the other". SUPPES, Patrick. **Axiomatic Set Theory**. New York: Dover, 1972, p/p 23.

[311] Idem nota 307 p/p 20

[312] GÖDEL, Kurt. **O teorema de Gödel e a Hipótese do Contínuo**. Lisboa: Calouste Gulbenkian, 2009, p/p 53.

[313] Idem nota 313, p/p 115.

³¹⁴ "Mais, en même temps qu'elies expriment une confiance inébranlable dans les possibilités de la raison, les affirmations qui précèdent manifestent l'existence d'un certain doute. Si elles ont été rendues nécessaires, c'est que la pensée mathématique, placée devant certaines difficultés (liées au développement de la théorie des ensembles), avait été menacée de découragement et de scepticisme à l'égard d'elle-même. La foi mise par Hilbert dans le pouvoir de l'intelligence mathématique avait été partagée par tous les mathématiciens jusqu'aux dernières années du dix-neuvième siècle. Elle reposait sur l'acceptation spontanée de certaines évidences dont les unes étaient relatives à l'existence des objets mathématiques et dont les autres étaient relatives aux procédés logiques de démonstration. A un moment donné, ces évidences furent mises en question à la suite de certaines circonstancesdont le détail sera rappelé plus loin. On s'aperçut alors que l'on avait fait trop confiance à l'intuition et que les évidences sur lesquelles on s'était appuyé ne pouvaient aucunement être tenues pour des critères de vérité.

Pourtant, on ne peut supprimer le recours à l'évidence: toute démonstration doit pouvoir s'appuyer, en définitive. sur des évidences et ce qu'on appelle le raisonnement n'est qu'un procédé au moyen duquel on propage l'évidence de certains termes tenus directement pourvrais à dyautres termes dont la vérité n'apparaît pas de manière immédiate. Et l'évidence s'accomplit dans l'intuition: il est donc nécessaire de préciser sur quelles intuitions on s'appuie et de justifier le rôle qu'on leur accorde. C'est l'interrogation que la pensée mathématique s'est vue obligée de porter sur ses intuitions premières qui a ouvert ce qu'on a appelé la crise des fondements." LADRIÈRE, Jean. **Les Limitations Internes Des Formalismes**. Paris: Gauthier-Villars, 1957, p/p 4/5.

³¹⁵ " Tendo reduzido toda a matemática pura tradicional à teoria dos números naturais, o passo seguinte em análise lógica foi reduzir essa teoria ela própria ao menor conjunto de premissas e termos indefinidos de que era possível derivá-la. Esse trabalho foi levado a cabo por Peano. Ele mostrou que toda a teoria dos números naturais podia ser derivada de três idéias primitivas e cinco proposições primitivas além daquelas da lógica pura. Essas três idéias e cinco proposições tornaram-se dessa maneira, por assim dizer, reféns de toda a matemática pura tradicional. Se elas pudessem ser definidas e provadas em termos de outras, toda a matemática pura também poderia sê-lo. Seu "peso" lógico, se podemos usar esse termo, é igual ao de toda a série de ciências que foram deduzidas da teoria dos números naturais; a verdade dessa série toda é assegurada se a verdade das cinco proposições primitivas estiver garantida, contanto, é claro, que não haja nada errôneo no aparato puramente lógico que também está aí envolvido. O trabalho de análise matemática é extraordinariamente facilitado por esse trabalho de Peano". RUSSELL,

Bertand. **Introdução à filosofia matemática**. Rio de Janeiro: Zahar,2007, p/p 22

[316] NAGEL, Ernest e NEWMAN, James. **A Prova de Gödel**. São Paulo: Perspectiva, 2009, p/p 32/38

[317]GÖDEL, Kurt. **Obras Completas. Madrid: Alianza Editorial, 2006**, p/p 23/41

[318] WHITEHEAD, Alfred North e RUSSELL, Bertrand. **Principia Mathematica**. Cambridge: University Press, 2002

[319] GÖDEL, Kurt. **On Formally Undecidable Propositions of Principia Mathematica and Related Systems**. New York: Dover, 1992.

[320] GÖDEL, Kurt. **O teorema de Gödel e a Hipótese do Contínuo**. Lisboa: Calouste Gulbenkian, 2009, p/p 5/6.

[321] "As três idéias primitivas na aritmética de Peano são:

0, número, sucessor.

Por "sucessor", ele entende o número seguinte na ordem natural. Isto é, o sucessor de 0 é 1, o sucessor de 1 é 2, e assim por diante. Por "número" ele entende, nessa conexão, a classe dos números naturais.[2] Ele não está supondo que conhecemos todos os membros dessa classe, apenas que sabemos o que temos em mente quando dizemos que isso ou aquilo é um número, assim como sabemos o que temos em mente quando dizemos "João é um homem", embora não conheçamos todos os homens individualmente.

As cinco proposições primitivas que Peano supõe são:

(1) 0 é um número.

(2) O sucessor de qualquer número é um número.

(3) Dois números diferentes nunca têm o mesmo sucessor.

(4) 0 não é o sucessor de nenhum número.

(5) Qualquer propriedade que pertença a 0 e também ao sucessor de qualquer número que tenha essa propriedade pertence a todos os números". RUSSELL, Bertand. **Introdução à filosofia matemática**. Rio de Janeiro: Zahar,2007, p/p 21/22

[322] TARSKI, Alfred. **The Semantic Concepcion of Truth: and the Foundations of Semantic**. **Philosophy and Phenomenological Research**, Vol 4 , Issue 3, pg 341-346. S.l: Philosophy and Phenomenological Research, 1944.

[323] "the inconsistency of semantically closed languages. If we now analyze the assumptions which lead to the antinomy of the liar, we notice the following:

(I) -We have implicitly assumed that the language in which the antinomy is constructed contains, in addition to its expressions, also the names of these expressions, as well as semantic terms such as the term "true" referring to sentences of this language; we have also assumed that all sentences which determine the adequate usage of this term can be asserted in the language. A language with these properties will be called "semantically closed."

(II) We have assumed that in this language the ordinary laws of logic hold.

(III) We have assumed that we can formulate and assert in our language an empirical premise such as the statement which has occurred in our argument.

It turns out that the assumption (III) is not essential, for it is possible to reconstruct the antinomy of the liar without its help.11 But the assumptions (I) and (II) prove essential. Since every language which satisfies both of these assumptions is inconsistent, we must reject at least one of them. It would be superfluous to stress here the consequences of rejecting the assumption (II), that is, of changing our logic (supposing this were possible) even in its more elementary and fundamental parts. We thus consider only the possibility of rejecting the assumption (I). Accordingly, we decide *not to use any language which is semantically closed* in the sense given. This restriction would of course be unacceptable for those who, for reasons which are not clear to me, believe that there is only one "genuine" language (or, at least, that all "genuine" languages are mutually translatable).

However, this restriction does not affect the needs or interests of science in any essential way. The languages (either the formalized languages or—what is more frequently the case—the portions of everyday language) which are used in scientific discourse do not have to be semantically closed. This is obvious in case linguistic phenomena and, in particular, semantic notions do not enter in any way into the subjectmatter of a science; for in such a case the language of this science does not have to be provided with any semantic terms at all. However, we shall see in the next section how semantically closed languages can be dispensed with even in those scientific discussions in which semantic notions are essentially involved.

The problem arises as to the position of everyday language with regard to this point. At first blush it would seem that this language satisfies both assumptions (I) and (II), and that therefore it must be inconsistent.

But actually the case is not so simple. Our everyday language is certainly not one with an exactly specified structure. We do not know precisely which expressions are sentences, and we know even to a smaller degree which sentences are to be taken as assertible. Thus the problem of consistency has no exact meaning with respect to this language. We may at best only risk the guess that a language whose structure has been exactly specified and which resembles our everyday language as closely as possible would be inconsistente". Idem nota 315, p/p 348/349   367

[324]"It is as a norm presupposed in juristic thinking that the basic norm (if it is presupposed) is "at the top of the pyramid of norms of each legal order." It is "meta-legal" if by this term is understood that the basic norm is not a norm of positive law, that is, not a norm created by a real act of will of a legal organ. It is "legal" if by this term we understand everything which has legally relevant functions, and the basic norm presupposed in juristic thinking has the function to found the objective validity of the subjective meaning of the acts by which the constitution of a community is created". KELSEN, Hans. **Professor Stone and the pure theory of law**, Stanford: Stanford Law Review, 1965. p/p 1141

[325] A semelhança pressupõe a diferença. Só o diferente pode ser parecido. DELEUZE, Gilles. **Diferença e repetição**. São Paulo: Graal, 2009.

[326]   THEVENAZ, Henri **Le théorème de Gödel et la norme fondamentale de Kelsen** Droit et société lien Année   1986   lien Volume 4   lien Numéro 1   lien pp. 435-443

[327]"Pour Kelsen, la création d'une norme juridique est le résultat d'un acte de volonté, individuel ou collectif, dont le sens est d'influencer le comportement d'individus plus ou moins nombreux, en les obligeant à se conduire d'une manière déterminée, sous la forme d'actions ou d'abstentions. De tels actes de volonté se produisent notamment lors de l'adoption de la Constitution d'un Etat, puis des lois prévues dans cette Constitution, des ordonnances ou règlements prévus par des lois, lors de la conclusion d'un contrat ou sous la forme de décisions prises par des organes administratifs ou judiciaires. En présence de cette cascade d'actes de volonté, on ne saurait dire, par exemple, que les sentences des tribunaux d'un Etat peuvent être déduites logiquement de la Constitution de cet Etat. Sans doute le pouvoir législatif doit-il, dans son activité, respecter les normes de la Constitution qui lui ont donné la compétence de légiférer et qui ont indiqué, au moins dans les grandes lignes, la procédure à suivre ; il doit donc prendre connaissance des dispositions de la Constitution qui le concernent et em déterminer le sens aussi correctement que possible, mais des divergences d'interprétation apparaissent fréquemment quand il s'agit de dispositions aussi générales que celles d'une Constitution. Il n'est donc pas rare qu'une loi puisse être tenue, sur un point ou sur un autre, pour contraire à la Constitution. Des distorsions semblables peuvent apparaître lors de l'application d'une loi par un organe administratif ou judiciaire ; aussi bien, diverses procédures, par exemple de recours ou de révision, sont-elles prévues pour diminuer le nombre des normes contradictoires, mais on ne peut jamais en assurer l'élimination complète, soit parce que ces procédures ne sont pas utilisées dans tous les cas, soit parce qu'il y a toujours un organe suprême, dont les décisions ne peuvent plus être juridiquement contestées, même

si elles recèlent des contradictions avec d'autres normes en vigueur."
THEVENAZ, Henri **Le théorème de Gödel et la norme fondamentale de Kelsen.** Droit et société lien Année 1986 lien Volume 4 lien Numéro 1 lien pp. 440.

[328] "What I say is that the basic norm refers only to a coercive social order which is by and large effective. That means: we presuppose the basic norm only if there exists a coercive social order by and large effective". KELSEN, Hans. **Professor Stone and the pure theory of law**, Stanford: Stanford Law Review, 1965. p/p 1142

Referências Bibliográficas

AGOSTINHO, Santo. **De Trindade IX-XII**. Covilhã: Paulinas Editora, 2007

_____ **Confissões; De magistro**. São Paulo: Abril Cultural, 1989.

ALEXY, Robert. **Una defensa de la fórmula de Radbruch**. La Coruña: Anuário da Faculdade de Derecho da Universidade de Coruña. 2001. p/p 75/95.

ALDISERT, Ruggero. **Logic for law students**. S.l: S.e, 2007.

AL-KHALILI, Jim. **Paradoxo**. São Paulo: Fundamento, 2014

ARENDT, Hanna. **A Condição Humana**. Rio de Janeiro: Forense Universitária, 2007.

_____. **Eichmann em Jerusalém**. São Paulo: Cia das Letras, 1999

_____. **Between Past and Future**. New York: The Viking Press, 1961

ARISTÓTELES. **Metafísica**. São Paulo: Loyola, 2002

ARTSTEIN, Zvi. **Mathematics and The Real World**. Philadelphia: Prometeus Books. 2014

BASTOS, Rodrigo Reis Ribeiro. **A Justificação Racional das Decisões Judiciais e Garantia da Democracia**. Rio de Janeiro: Sapere Aude, 2014

BECKER, Howard S. **Outsiders**. Rio de Janeiro: Zahar, 2008

BERMAN, Marshall. **Tudo que é sólido se desmancha no ar**. São Paulo: Cia das Letras, 2008

BOBBIO, Norberto. **Positivismo Jurídico**. São Paulo: Cone, 1995.

_____. **Teoría General del Derecho**. Bogotá: Temis, 1994

BOX, George E.P. **Science and Statistics**. Journal of the American Statistical Association, Vol. 71, No. 356. (Dec., 1976), pp. 791-799

BLUMBERG, Albert. **Logical Positivism**. The Journal of Philosophy, Vol 28 nº 11 pp 281-296.

BRANDÃO, Junito de Souza. **Mitologia Grega, Volume 1**. Rio de Janeiro: Vozes, 1986.

BINDREITER, Uta. **Why Grundnorm?** Londres: Kluwer Law International, 2002.

CANARIS Claus-Wilhem. **Pensamento Sistemático e Conceito de Sistema na Ciência do Direito**. Lisboa: Fundação Calouste Gulbenkian, 1996.

CARR, Nicholas. **A Geração Superficial**. Rio de Janeiro: Agir, 2011

COMTE- SPONVILLE, André. **Dicionário Filosófico**. São Paulo: Martins Fontes, 2003

COPI, Irving M. **Introdución a la lógica**. Buenos Aires: Eudeba, 2009.

D'ALMEIDA, Luís Duarte. **KELSEN REVISITED**. Oxford: Hart Publishing, 2013.

DAWKINS, Richards. **The God Delusion**. New York: Mriner Book, 2008

DELEUZE, Gilles. **Diferença e repetição**. São Paulo: Graal, 2009.

_____. **A Filosofia Crítica em Kant**. Lisboa: Edições 70,1994.

DELEUZE, Gilles e GUATTARI, Félix. **MIL PLATÔS Capitalismo e Esquizofrenia Vol**. São Paulo: Editora 34, 2000.

DESCARTES, René. **Discurso do Método**. Versão eletrônica. http://br.egroups.com/group/acropolis/. [S.L: S.E. S.D.].

DIJK, Teun A. van. **Ideología y discurso**. Barcelona: Ariel, 2003

DOXIADIS, Apostolos . **Tio Petrus e a Conjectura de Goldbach**. São Paulo: Editora 34, 210.

DUBY, Georges. **The Midle Ages**. Oxford: Oxford University Press, 1998

DUTRA, Luiz Henrique Araújo. **Introdução à Epistemologia**. São Paulo: Unesp, 2010

ECO, Umberto. **Obra Aberta**. São Paulo: Perspectiva, 2010

_____. **Decir casi lo mismo**. Montevideo: Lumem, 2008

_____. **Em que Crêem os que não Crêem**. São Paulo: Record, 1999.

_____. **Los limites de la Interpretacion**. Montevideo: Lumen, 1990

FARIA, José Eduardo. **Direito e Justiça**. São Paulo: Ática, 1989

FLUSSER, Vilém. **Língua e Realidade**. São Paulo: AnnaBlume, 2009

FONSECA, Márcio Alves da. **Michel Foucault e o Direito**. São Paulo: Mas Limonad, 2002

FOUCAULT, Michel. **Vigiar e Punir**. Petrópolis: Vozes, 1987

FREUD, Sigmund. **Civilization and Its Discontents**. Buckinghamshire: Chrysoma Associates Limited, 2005

GADAMER, Hans-George. **Verdade e Método**. Petrópolis: Vozes, 1999

GERSTING, Judith L. **Fundamentos matemáticos para a ciência da computação**. Rio de Janeiro: LTC, 1993.

GETTIER, Edmund l. **Is justified belief knowledge?** S.l: S.e., 1997.

GILMORE, Robert. **Alice no País do Quantum**. Rio de Janeiro: Zahar, 1998

GOETHE, Johann Wolfgang von. **Fausto**. Centaur Editions, 2013

GÖDEL, Kurt. **O teorema de Gödel e a Hipótese do Contínuo**. Lisboa: Calouste Gulbenkian, 2009

_____. **Obras Completas**. Madrid: Alianza Editorial, 2006

_____. **On Formally Undecidable Propositions of Principia Mathematica and Related Systems**. New York: Dover, 1992.

GOLDSTEIN, Rebecca. **Incompletude**. São Paulo: Cia das Letras, 2008.

GÓRGIAS. **Tratado do não-ser**. [s.l, s.n., s.d.]

_____. Elogio à Helena. Limeira: USP, 2003.

GRECO, John. **Compêndio de Epistemologia**. São Paulo: Loyola, 2008

GUIDDENS, Anthony. **A Constituição da Sociedade**. São Paulo: Martins Fontes, 2009

HAACK, Susan. **Filosofia das Lógicas**. São Paulo: Unesp, 2002

HAHN, Hans. **La Concepción Científica Del Mundo – El Círculo De Viena**. Traducción al castellano de "Wissenschaftliche Weltauffassung — der Wiener Kreis" en Otto Neurath, Wissenschaftliche Weltauffassung Sozialismus und Logischer Empirismus, editado por R. Hegselmann, Francfort del Meno, Suhrkamp, 1995, pp. 81-101.

HANSON, Norwood Russel. **Patterns of Discovery**. Cambridge: University Press,1961.

HARMAN, Gilbert H. **Reasoning, meaning and mind**. Oxford: Clarerndon Press, 1999.

_____. **The inference to the best explanation**, in The Pholosophical review. S.l.: Cornell University, 1965.

HODGES, Andrew. **Alan Turing. The Enigma**. Oxford: Princeton University Press, 2012.

HOFSTADTER, Douglas R. **Gödel, Escher, Bach: an Eternal Golden Braid**. New York: Basic Books, 1999

HUME, David. **Tratado da natureza humana**. São Paulo: Usp, 2009.

_____. **Investigação acerca do entendimento humano**. S.l.: eBooksBrasil.com, 2005.

_____. **Sceptical Doubts Concerning the Operations of Understanding/Problem of Induction**. Versão electrônica. [S.L: S.E. S.D.]. www.opifex.cnchost/philres/.

JABLONER, Clemens. **Kelsen and his Circle: The Viennese Years**. In European Journal of International Law n° 9, p/p 368/385.

JANIK, Allan. **La Viena de Wittigenstein**. Bogotá: Taurus, 1983

JR, John W. Dawson. **Logical Dilemmas**. Massachusetts: A.K. Peters,1997.

JUNGES, Alexandre Luiz. **Inferência da melhor explicação**. Porto Alegre: Intuito, 2008.

KANDEL, Eric R. **The Age of Insight**. New York: Random House, 2012.

KANT, Emmanuel. **A metafísica dos costumes**. São Paulo: Edipro, 2008

_____. **Metafísica dos Costumes**. São Paulo: Edipro, 2008.

_____. **Crítica da razão prática**. São Paulo: Ìcone, 2005.

_____. **Crítica da razão pura**. Lisboa: Fundação Calouste Gulbenkian, 1997.

376

_____. **Crítica da faculdade do juízo**. Rio de Janeiro: Forense Universitária, 1995.

KAUFMANN, Arthur. **Filosofia do direito**. Lisboa: Fundação Calouste Gulbenkian, 2007.

KELSEN, Hans. **Autobiografia**. Bogotá: Universidade Externado de Colômbia, 2008.

_____. **Introduction to the problems of Legal Theory**. Oxford: Claredon Press, 2002.

_____. **Teoria Pura do Direito**. São Paulo: Martins Fontes, 1987.

_____. **Teoria Geral das Normas**. Porto Alegre: Sérgio Fabirs Editores, 1986

_____. **Professor Stone and the pure theory of law**, Stanford: Stanford Law Review, 1965.

_____. **Society and Nature**. Chicago: University of Chicago Press, 1943.

KANDEL, Eric R. **The Age of Insight**. New Yoork: Random House, 2012

KRAMER, Heinrich. **O Martelo das Feiticeiras**. Rio de Janeiro: Rosa dos Tempos, 1991

KUHN, Thomas. **A Estrutura das Revoluções Científicas**. São Paulo: Perspectiva, 1998

LA TAILLE, Yves de. **Moral e Ética**. Porto Alegre: Artmed, 2006

LADRIÈRE, Jean. **Les Limitations Internes Des Formalismes.** Paris: Gauthier-Villars, 1957

LAVELLE, Louis. **Introduction à l'ontologie.** 2e édition. Paris: Les Presses universitaires de France, 1951

LE GOFF, Jacques. **Medieval Civilization.** Oxford: Blackwell, 1992.

_____. **Los Intelectuales em La Edad Media.** Barcelona: Gedisa, 1986

LEIBNIZ, Wilhelm Gottfried. **Discourse On Metaphysics Correspondence With Arnauld And Monadology.** Chicago: The Open Court Publishing Company, 1908.

LEONTINOS, Górgias de. **Paráfrase Do Mxg Do Tratado Do Não-Ser.** São Paulo: S.E., S.D

LOLLI, Gabriele. **Da Euclide a Gödel.** Bologna: il Mulino, 2010

MÉTALL, Rudof Aladár. **Hans Kelsen, Vida y Obra.** Mécxico: Unam, 1976

MLODINOW, Leonard. **The Upright Thinkers.** New York: Parthenon, 2015

MURZI, Mauro. **Vienna Circle.** http://www.murzim.net/VC/VC02.html

MUSIL, Robert. **O homem sem qualidades.** Rio de Janeiro: Nova Fronteira, 1989

NAGEL, Ernest e NEWMAN, James. **A Prova de Gödel**. São Paulo: Perspectiva, 2009.

PAULSON, Stanley. Intruduction on KELSEN, Hans. **Introduction to the problems of Legal Theory**. Oxford: Claredon Press, 2002, p/p XVII – XLII

PERELMAN, Chaïm .**Lógica jurídica**. São Paulo: Martins Fontes, 2004.

_____. **Ética e direito**. São Paulo: Martins Fontes, 1996.

_____. **Tratado da argumentação**. São Paulo: Martins Fontes, 1996.

_____. **Retóricas**. São Paulo: Martins Fontes, 1994.

PLATÃO. **Cartas e epigramas**. São Paulo: Edipro, 2011.

_____. **Teeteto**. Versão eletrônica. [S.L: S.E. S.D.]. http://br.egroups.com/group/acropolis/.

POPPER, Karl. **A lógica da pesquisa científica**. São Paulo: Cultrix, 2011.

RADBRUCH, Gustav. **Five minutes of legal philosophy**. Oxford: Oxford Journal, 2006.

RAMOS, Marcus Vinícius Midena. **Linguagens Formais**. Porto Alegre: Bookman, 2009.

RAUCHFUSS, Horst. **Chemical Evolution and the Origin of Life**. Berlin: Springer, 2008

RAZ, Joseph. **El Concepto de Sistema Jurídico**. Cidade do México: Universidad Nacional Autonoma de México, 1986

RUSSELL, Bertand. **Introdução à filosofia matemática**. Rio de Janeiro: Zahar,2007.

SEKED, Alan. **Declínio e Queda do Império Habsburgo**. Lisboa: Edições 70, 2008

SKYRMS, Brian. **Escolha e acaso**. São Paulo: Cultrix, 1971.

SMITH, James T. **David Hilbert's Radio Address**. San Francisco: San Francisco University, S.d.

STADLER, Friedrich. **The Vienna Circle**. New York: Springer, 2015

_____. **The Vienna Circle and Logical Empiricism**. New York: Kluwer Academic Publishers, 2003.

STEGMÜLLER, Wolfgang. **A Filosofia Contemporânea**. Rio de Janeiro: Forense Universitária, 2012

SUPPES, Patrick. **Axiomatic Set Theory**. New York: Dover, 1972

TARSKI, Alfred. **The Semantic Concepcion of Truth: and the Foundations of Semantic. Philosophy and Phenomenological Research**, Vol 4 , Issue 3, pg 341-346. S.l: Philosophy and Phenomenological Research, 1944.

THEVENAZ, Henri **Le théorème de Gödel et la norme fondamentale de Kelsen** Droit et société lien Année 1986 lien Volume 4 lien Numéro 1 lien pp. 435-443

TEOREY, Toby. **Projeto e Modelagem de Bancos de Dados**. São Paulo: Campos, 2014.

TIESZEN, Richard. **After Gödel**. New York: Oxford University Press, 2011

VAIHINGER, Hans. **A Filosofia do Como Se**. Chapecó: Argos, 2011.

WANG, Hao. **A Logical Journey**. Massachusetts: MIT, 1996

_____. **Reflections on Kurt Gödel**. Massachusetts: MIT, 1995.

WATTS, Duncan. **Everything is Obvious**. New York: Crown Business, 2011.

WHITEHEAD, Alfred North e RUSSELL, Bertrand. **Principia Mathematica**. Cambridge: University Press, 2002.

WITTGENSTEIN, Ludwig. **Investigações Filosóficas**. Petrópolis: Vozes, 2009.

WITTGENSTEIN, Ludwig. **TractatusLogico-Philosophieus**. São Paulo: Companhia Editora Nacional, 1961.

YOURGRAU, Palle. **A World Without Time.** New York: Basic Books, 2005.

ZWEIG, Stefan. **The World of Yesterday**. Nebraska: Viking Press, 1964

Stanford Encyclopedia.of Philosophy -

www.ingramcontent.com/pod-product-compliance
Lightning Source LLC
Chambersburg PA
CBHW070220190526

45169CB00001B/29

* 9 7 8 1 5 3 7 2 7 4 1 0 2 *